荊棘路 獨立路

—— 陳子明自述

陳子明 著

推薦序

「四五」一代的心靈史

丁東

發生於 1976 年以北京天安門廣場為中心的四五運動，已經成為中國現代歷史的一個座標。這場運動，預示了毛澤東時代的終結，標誌著中國人新一次覺醒的開始。而陳子明正是四五運動的一個代表。他不僅是這場短暫的公民政治運動的骨幹，而且是四五精神的堅守者，從七十年代後期到今天，無論是投身民主牆、民辦刊物，參加人民代表競選，創辦民辦研究機構，出書辦報，介入八九學潮，還是身陷囹圄，堅持閱讀、思考、寫作、表達，都延續了四五運動的基本追求──讓中國大陸告別極權專制，走向民主憲政。本書就是陳子明心路歷程的回顧，也是四五一代人奮鬥史、命運史和心靈史的縮影。

我和陳子明是初識於六年前。後來我家和他家先後搬到同一小區，比鄰而居，交往漸多。我感到，他雖然頭戴荊冠，身處逆境，卻並不激憤，而是從容不迫，以極大的定力保持著理性精神。夫人王之虹，和他相濡以沫，在中國續寫了俄國十二月黨人妻子的佳話。

1

　　陳子明的志向本來在政治領域，但還沒有來得及充分施展，便失去自由。不能在政治舞臺上亮相，就在思想天地裏耕耘。他博覽群書，古今中外，諸子百家，幾乎都在他的視野之內。他博採眾長，廣泛吸收先哲和時賢的智慧，冷靜梳理批判，最後自成一說。十幾年來，他的著述達數百萬言之多。從現實，到歷史，從中國，到世界，對政治、經濟、文化、社會諸領域的重大問題，幾乎都有真知灼見。他的思想和觀點，有的已經得到中文讀者的共鳴或回應，隨著時間的推移，還將對現實產生更大的影響。

　　在平庸的時代，青年人只能按既定的秩序跟隨長輩亦步亦趨。而在歷史急遽轉折的關頭，一些青年則可能衝上社會的風口浪尖，喚起遠大的政治抱負。學潮風雨催人傑。1919 年的「五四運動」，1935 年的「一二九運動」，其中的代表人物在中國政治思想的舞臺上的影響都超過半個世紀。我想，未來還將證明，1976 年和 1989 年天安門事件的參加者，也將會給中國留下同樣深刻的印記。

2008 年 9 月 10 日　於北京

■ 推薦序

陳子明與中國自由主義

王軍濤

　　很早就想寫一篇關於中國自由主義的文章，但是一直沒有一個好的理由。現在，我發現了一個，這就是通過評價陳子明先生的政治選擇，討論我對中國自由主義的看法。

　　現在在中國，許多人都自稱是自由主義。這不奇怪，在一個專制政權暴露出那麼多問題之後，自由主義自然是有德有識之士嚮往的思想。然而，自由主義是有不同種類的。自由主義、保守主義和激進主義，都是難以定義的辭彙；在一個國家的具體政治實踐中，他們往往相互重疊。這個特徵表明，這些主義，雖然在概括成理論後是意識形態，但是他們真正的生命力和影響力，其實是實踐中的政治傾向。離開具體的政治態勢和情勢，我們很難把握包括自由主義在內的各種思潮的政治意義。自由主義需要概念和原則，但是這些概念和原則必須是實踐的，在實踐中展現意義，體現出力量。

　　這就凸顯出中國自由主義的一個局限：這些自由主義一般都過於注重概念以及從概念出發對現實做出的批判。概念和對現實

的批判都是自由主義運動的應有之義，但是，這些只是自由主義運動的一個部分；作為改革現實的政治思潮而言，自由主義最重要的不是概念和對現實的批判，而是實踐，即針對現實的政治力量態勢、制度結構框架和文化心態分佈，提出改革的戰略和策略，並加以實踐。

我在國內閱讀政治學專著時，早就知道，英美自由主義與歐陸自由主義的區別。一位政治思想史專家說，這個區別來源於他們的社會身分的差異；英美自由主義的引領者都是社會改革的引領者，因此是從實踐中提出問題，設定條件，探討解決方案；他們的表述，都很在意社會共識和常識。但歐陸特別是法國的自由主義者是從概念上提出問題，不是象牙寶塔式的抽象邏輯，就是玩世不恭地針砭現實，在實踐中，嚴重脫離社會主流力量的利益關切、心態感受和心理世界。在英美，自由主義陣營中最有力量的是政治領袖，他們表述、代表和引領社會通過辯論和衝突，不斷進步。而在歐陸，自由主義者往往是啟蒙主義者，他們界定自己的任務是對社會灌輸新的觀念和知識。

關於 19 世紀啟蒙主義者與 20 世紀的極權主義的關係，已經有大量的政治學討論。這不是我在這裏要討論的話題。我想指出，在中國，自由主義取歐陸特徵後產生的幾個弱點。

第一，中國的自由主義者太容易把自己與社會其他力量和思想藉其他思想作出原則性區分。這樣既脫離社會主流意識，又容易與本來可以作為自由主義陣營的思想決裂。在實踐中，這是自我畫地為牢。思想討論與政治實踐不一樣。在思想分析中，普通人看起來是一回事的，思想家要看出不同，這是析義理於微妙處，辯詞句於毫髮間。但是，實踐者要能通過談判、交易和妥

協，把普通人認為是不同的力量結合到一個陣營中，取得某個話題上的政治勝利。

第二，中國的自由主義者容易高度聚焦在一個價值上；讓一個價值不顧或壓倒其他價值。在實踐中，每個政治行動，都不是純粹的價值判斷後的選擇，而是多種價值平衡後的選擇，還受社會一般認知狀況的限制。

第三，中國的自由主義者往往看重言辭中表現出的風骨和氣節，而忽略甚至誤解實踐中的包容心態和策略理性。自由主義，作為改變社會的思潮，是要有堅守的；這一點毫無意義。但是，作為改革社會的現實努力，需要政治運作和社會說服，並不刻意拘泥於某個情感充沛的說法和姿態。這種情感和姿態，雖然在具體的政治情境中煥發出偉岸的風采，構成自由主義陣營中亮麗的風景線，但是局限於此甚至排斥其他，會損毀自由主義的思想深度和政治廣度。

不過，當我說這些中國的自由主義者的這些局限時，這有些不公道，因為中國從 20 世紀的 70 年代中期到現在，取得了很多政治進步，無論政治力量結構，還是制度框架，抑或文化心態，都有很大變化。這些進步和變化的主要的推動者，如果他們出現在英美政治史上，是會被歸結為自由主義者的，而且會成為自由主義的主要人物來介紹。但是，在中國，自由主義的陣營中，常常不見他們；在中國的自由主義者的賢良祠中，只有思想家和正氣歌，缺乏那些實踐者和策略推手。

陳子明，正是在這個意義上尤其難能可貴的過人之處。他填補了中國自由主義者陣營中的一個空白。不僅在思想理論、政治原則和知識譜系上，他是一個走在時代前列的先驅，如果你看看他的文章和著述以及他策劃的知識理論項目，就知道到現在為

止，還鮮有人能達到他的境界；而且更可貴的是，在實踐中，他是一個全面的開拓者。我在紀念包遵信的文章中說過，包先生是知行合一的自由主義者；不僅引進，促進中國進步的知識譜系，而且善於利用制度空間、敢於發動政治風潮，在實踐中推動政治進步！其實，這也可以是對子明的評價。子明的成就更突出。在20世紀推動極權主義制度變化的歷史過程中，陳子明一個人作出的開拓性努力，幾乎涵蓋了除了武裝暴動和做官之外的所有事業。他打過選戰，組織過街頭抗議，主編過獨立民刊，辦過大學，出版過叢書，建立過民間智庫，引進過新知識和思想，開展過政策批判分析，進行過填補國家空白的理論研究，做過牢，在牢獄中進行過維權抗爭。他還甚至辦過高科技開發公司、基金會和影音圖書印製發行企業。所有這些，他都在那個時代做出了民間的一流成績。儘管在政治史和政治思想史上還沒有任何理論闡述，在一定的性格心向與思潮選擇之間存在著系統的關聯，人們還是傾向認為，自由主義者應當是性格敦厚、心胸開闊的人。子明與所有人一樣，可以找到兩重性格，但是在討論思想和實際運作策略時，子明的性格很匹配一個自由主義者。

我讀子明《荊棘路、獨立路》這本書稿，是從政治史角度咀嚼的。這是一個很好的證據，我們可以據以透視、分析和理解20世紀後期中國經歷後共產黨極權主義轉型的真實圖景、動力機制和變化進程。感謝子明，不僅給我們提供了一個標本，而且著述作證。

2008 年 9 月 26 日

■ 自序

走向憲政民主
──一個「四五人」的心路歷程

　　何家棟在〈我們來自何處、又去往哪裡──當前「中國問題」研究的三種進路〉一文中把 1919 至 1989 年間登上中國思想政治舞臺的佼佼者分為四代:「五四」一代、「一二九」一代、「四五」一代和世紀末的一代。如採用余世存的說法,世紀末的一代也可以稱為「八九」一代。十分湊巧,這四代人都是以天安門廣場作為自己登臺亮相的地點。本來,在「一二九」一代和「四五」一代之間,應該還可以插入一代人。但是,由於他們在 1950 年代沒有獲得在天安門廣場獨立表達政治見解的機會(官方組織的遊行集會不能算數),更由於「『反右派』、『大躍進』和『文革』毀了這一代人的思想創造力,三十年代和四十年代前期出生的人中具有獨立思想者寥寥無幾」,何家棟認為,可以把他們或者向上歸併到「一二九」一代,或者向下歸併到「四五」一代。按照梁啟超的劃分法,五四運動和一二九運動主要是「對外的」、「外交的」國民運動(雖然帶有「半內政」的性質),四五運動和八九民運則是「對內的」、「內政的」國民運動。

「對內的」國民運動取代「對外的」國民運動，是二十世紀中國進步的一種標誌。

我生於 1952 年，在四五運動爆發前的幾年中，人生觀、世界觀和政治立場已經基本確立。從那以來，時間過去了三十年，中國社會已經發生了巨大的變化。「四五」一代在中國社會轉型中起到了什麼樣的作用，他們的思想和政治軌跡是怎麼樣的，現有的研究還是十分薄弱的。海外的胡平、楊小凱和劉小楓，大陸的徐友漁和朱學勤，是「四五」一代研究的先行者。此次子華命我寫一篇回顧和反思性質的文章，我願意借此機會，通過自己的個案，為研究「四五」一代人的心路歷程提供點滴素材。

一、獨立探索的一代

當我從童年進入少年，逐漸有了自己的思想的時候，中國已經進入了極端貧乏的年代。一方面是物質和食品的貧乏。我在 1961 年得了一場肝炎，當時得不到任何的營養品，同樓一位鄰居的娘家在郊區，家裏有一些雞蛋，外婆好說歹說，以五毛錢一個的代價，為我討來了幾個寶貴的雞蛋，我對此印象極為深刻。另一方面是文化和思想的貧乏。從俄國和蘇聯小說到《林海雪原》、《紅岩》和《雷鋒日記》等「革命文學」，再退縮到八個「樣板戲」。我在得肝炎期間看爛了一部硬封皮的合訂本《三國演義》，算是當時同學中的一個異數。

自從毛澤東決定「一面倒」，中國「新社會」便逐步被「全盤蘇化」了。蘇聯模式制度比中國傳統文化對我們這代人的影響

要大得多。我現在能夠回憶起來的人生最早的一個情景，就是四歲的時候到黃浦江邊媽媽單位去看來華訪問的蘇聯艦隊。蘇聯影響在當時的中國是無所不在的。史達林體制和毛澤東體制只是蘇維埃制度的兩個亞種，二者的類似性大大超過了它們之間的差異。史達林主義又可以稱為馬彼主義（馬克思加上彼得大帝），毛澤東主義又可以稱為馬秦主義（馬克思加上秦始皇）。正如中國傳統統治思想是「儒表法裏」，斯、毛是以馬克思主義為表象，以專制主義為內瓤的。如果說斯、毛有什麼差異的話，大致可以歸納為以下四個方面：史達林更加依賴克格勃專政；毛澤東則喜歡採用群眾專政的手段。史達林在蘇俄建國初期沒有統領過紅軍，因此有一種「統帥情結」，熱衷當大元帥、穿大禮服；毛澤東早年是小知識份子的時候，受過大知識份子的白眼，因此有一種「導師情結」，醉心於把軍隊和全國辦成「毛澤東思想大學校」。史達林鼓吹「幹部決定一切」、「技術決定一切」，到他晚年時已經培養出以勃列日涅夫、柯西金為代表的一支技術官僚隊伍；毛澤東則痛恨程序化和官僚化，情願維持一個非正規化、胥吏化的幹部隊伍，王洪文、陳永貴、吳桂賢等官至極品，仍然沒有納入行政幹部的正式序列，導致黨內技術官僚集團推遲到鄧小平時代末期方告形成。史達林積極推動了蘇聯的城市化，雖然其原始積累是建立在「剝奪農民」的基礎上；毛澤東同樣「剝奪農民」，卻奉行了一條實質上是反城市化的路線，在 1952-1969年間，中國城市化起起落落，最終回到了十七年前的出發點。

　　毛澤東在我們這代人心目中威望的頂點，是「反修」運動和學雷鋒運動方興未艾的 1963-1965 年。一方面是受到「中國是世界革命中心」的民族自豪感和「解放全人類」的國際主義的激

勵；一方面是對「毫不利己、專門利人」、「為人民服務」的道德情操的嚮往。到「文革」拉開帷幕的 1966 年，面對突然暴露出來的種種政治黑幕與道德敗壞，對於政治敏感的青少年來說，便已經從「崇拜的年代」進入到「懷疑的年代」。

「懷疑一切」是「文革」初期十分流行的馬克思推崇的一句格言，毛澤東一開始容忍它，是要把懷疑的目標指向以劉少奇為首的「資產階級司令部」，青年人則自然而然地將其延伸到以毛本人為首的「無產階級司令部」。「揪鬥黑幫」和「破四舊」中種種反人道主義和人類同情心的行為（我曾目睹北京八中「老紅衛兵」如何用木槍捅死「地主婆」），使我懷疑毛澤東「革命不是請客吃飯」、「造反有理」的教導。對於「毛選」四卷和《毛澤東著作選讀》的反覆精讀，使我產生了「文革」中「最高指示」不如「文革」前尤其是「解放」前毛澤東思想的「反動」思想。下鄉插隊後的親身經歷，使我感到「階級鬥爭」和「無產階級專政」理論完全不符合社會現實，僅僅是一種維持統治和「促生產」的工具。「批陳整風」一開始，我更陷入了思想的迷宮，難道「稱天才」、「設主席」就是此次路線鬥爭的真實原因嗎？陳伯達曾鼓吹過「電子中心論」（比趙紫陽宣傳「世界新技術革命」早十八年），也說過「文革」的目的還是要「發展生產」、「提高勞動生產率」，批判者稱之為鼓吹「唯生產力論」，這使我豁然領悟到，陳伯達之輩還有「促生產」的念想，毛澤東則對「吃穿住行」的人間俗務根本不感興趣，他夢寐以求的是通過改造人性來建設一個精神的烏托邦。農村的普遍貧困使下鄉知青深知「促生產」的必要性和緊迫性，馬克思主義的經典著作（當時毛澤東要求讀「六本書」）則論證了發展生產力的合理性和規律

性，實踐和理論全都指向否定毛澤東「無產階級專政下繼續革命」的學說。林彪「折戟沉沙」和據說是 1966 年 7 月毛澤東致江青一封信的發表，使一大批青年人徹底喪失了對毛澤東的信仰。

胡平最近在〈恐懼、殘酷與自由主義〉一文中指出：這次自由主義在中國大陸的復興究竟有何特殊的歷史背景，當今中國大陸的自由主義具有哪些特點，我以為在考察這些問題時，有必要追溯我們這一代自由主義者的心路歷程。在這方面，對引起恐懼的殘酷行為的深惡痛絕或「恐懼的自由主義」具有特殊的意義。「在我形成自由主義信念的思想過程中，有兩個因素最為重要：一個是我對社會上殘酷現象的強烈反感，一個是我對於人類理性知識的某種懷疑精神。」「不錯，我並不是從抽象的自然法理論或人權理論出發獲得言論自由概念的。相反，我是在獲得了言論自由的概念之後，才回過頭去發現那個抽象的自然法理論和人權理論的。這不足為奇。既然中國本來就缺少自然法一類的文化傳統，而共產黨的意識形態壟斷又使我們無法直接從西方那裏獲得這一精神資源。因此，我們的自由觀念便只能是產生於我們自己的經驗，產生於我們自己對自身經驗的思考。我想，這恐怕是當代中國自由主義者的共同歷程。」我完全同意胡平的觀點，我自己心路歷程的出發點，與他非常相似。「破四舊」運動以及後來內蒙古反「內人黨」運動中種種慘無人道的暴行，引起我內心深處的極度厭惡與強烈懷疑。

伴隨「懷疑的年代」的是「重新發現的年代」。早在「文革」前，我就在姑姑家看過安娜・路易士・斯特朗的《史達林時代》和錫蘭共產黨領導人寫的《赫魯雪夫主義》。這些著作雖然也是「反修」讀物，卻不同於官方報刊上的正統論述，給我的思

11

想造成很大的衝擊。20 歲生日前夕閱讀車爾尼雪夫斯基的《怎麼辦》，幫助我確立了「自主選擇」與「合理個人主義」的人生觀。閱讀馬克思主義經典著作時的心態，已經完全不同於精讀《毛澤東選集》時的那種感受，因為我是帶著評判毛澤東思想的明確目的從中找尋理論武器的。當時，除了「六本書」外，我還讀了《資本論》三卷和《馬克思恩格斯全集》、《列寧全集》的一些卷。不過，對原教旨馬克思主義的熱情沒有持續多久，我便發現了新的思想資源。在插隊的大部分時間裏，我和一兩個知青住在遠離其他人家的蒙古包中，可以不受妨礙地收聽所謂的「敵臺」。季辛吉、尼克森訪華前後，我便讀到了《選擇的必要》與《六次危機》。此後，我開始有意識地尋找各種「內部發行」的「灰皮書」、「黃皮書」來讀，例如胡克批判馬克思主義的書，考茨基等人批判列寧主義的書。於是，從當代政治家的著作引至現代理論家的著作，又從後者引至世界文明主流的思想源頭——洛克《政府論》、孟德斯鳩《論法的精神》、盧梭《社會契約論》、《聯邦黨人文集》、穆勒（密爾）《論自由》和《代議制政府》等。我的思想探索是帶著實踐中的困惑到理論中尋找答案，又從當代、現代回溯到近代、古代（如柏拉圖的《理想國》、亞里斯多德的《政治學》），逐步確立了自由民主主義的價值觀和政治立場。1970 年代末，我開始從期刊文章上接觸到波普的思想，波普的「試錯論」讓我放棄了對「科學真理」的尋覓，以更加開放的胸懷來擁抱各種各樣的有助於解決「中國問題」的「主義」和學說。

胡適和毛澤東都承認，他們的思想曾深受梁啟超等上一代人的影響。「一二九」一代的思想更是長期被「五四」一代的思想

所籠罩，胡喬木、艾思奇、胡繩等人的創造力只是用來詮釋毛澤東的思想。「四五」一代卻是沒有直接師承的一代人。胡平、楊小凱、秦暉的思想探索與顧准、李慎之的思想探索是同步和並行的，後者的思想成果在 1990 年代才陸續發表，對於前者在 1970年代的思想形成沒有產生直接的影響。不能依託上一代人的肩膀攀登，對於「四五」一代的成長是一個不利因素，需要付出更多的時間、更多的精力來摸索前進路向和積澱學術成果，從而推遲了一代人的思想成熟期。但是從另一方面說，這也造成了「四五」一代人的某些特殊性格。一個是思想的獨立性，敢於嘗試，敢於創新，不怕困難，不怕挫折；一個是思想的草根性，立足本土，依託實踐，始終與民眾保持著緊密的聯繫。

　　「四五」一代的中堅分子一般都具有三段經歷：「老三屆」——1966 至 1968 屆高中畢業生和初中畢業生，或者再延伸至1969、1970 屆初中畢業生（實際上是小學高年級文化水平）；「上山下鄉」——插隊知青、兵團戰士、農村教師、赤腳醫生，以及做工、當兵的經歷；「新六級」——「文革」結束後 1977 至1982 級大學本科生或研究生，有些人直接讀研究生，有些人 1982年本科畢業接著讀研究生。他們之中多數人的思想轉折，發生在無所依傍、只能偷偷自學的上山下鄉階段，極個別人是在上山下鄉之前，也有一些人是在上大學以後。

二、中國二十世紀歷史的轉捩點

中國二十世紀前七十五年的歷史，基本上是一個日益激進化、左傾化的歷史。先是「以日為師」，然後是「以俄為師」，最後是「世界革命的中心轉移到中國」，與威爾遜「十四點計畫」、羅斯福「四大自由」所代表的二十世紀世界文明主流愈行愈遠。1976 年的四五運動和毛澤東離開中國政治舞臺，是帶有根本性的轉捩點，此後的歷史進程，本質上是一種撥亂反正，一種向主流文明的回歸。

政治激進的一翼走到它的極端時，便成了孤家寡人。即使是在中共黨內，彭（德懷）張（聞天）路線、劉（少奇）鄧（小平）路線、林（彪）陳（伯達）路線、周（恩來）葉（劍英）路線，多少都還有一些現代化的傾向，唯有毛（澤東）江（青）路線，只要「革命化」不要現代化，或者說他們追求的是反現代性的「現代化」（有現代鎮壓手段而沒有自由民主的現代專制主義）。當他們通過「鎮反」、「三反」、「肅反」、「反右派」、「拔白旗」、「社教」、「橫掃一切牛鬼蛇神」、「破四舊」、「清理階級隊伍」、「清查五一六分子」、「一打三反」歷次政治運動，把越來越多的「人民」打成「敵人」時，當他們在「文革」中先後「鬥倒鬥臭」黨內的「三家村」（鄧拓、廖沫沙、吳晗）、「四家店」（彭真、羅瑞卿、陸定一、楊尚昆）、「資產階級司令部」（以劉少奇、鄧小平、陶鑄為首的半數中央委員和大部分省部級領導幹部）、「副統帥」及其幹將（林彪、陳伯達，軍委辦事組葉群、黃永勝、吳法憲、李作鵬「四大將」，以及空軍和各大軍區「四野」系統的幹部），又準備對

「現代周公」（周恩來）和「死不改悔的走資派」（鄧小平）下手時，便為四五運動的爆發準備好了條件。

四五運動是社會基礎特別廣闊和深厚的一次「對內的」國民運動，是體制內外兩股力量自覺配合、共同推動的產物。這一運動的實質是中國現代化傾向與反現代化傾向的一次決戰。支持現代化的力量分為兩大支，一支是體制內主張「四個現代化（工業、農業、科學技術和國防現代化）」的力量，一支是體制外主張「政治民主化加四個現代化」的力量。

體制內力量又可以分為兩類人：反毛（澤東）派和反江（青）派。彭德懷、劉少奇的同情者無疑是反毛派，只要毛澤東繼續掌權，彭、劉及各種所謂「叛徒集團」是絕對沒有平反希望的；陳雲及其門徒也是反毛的，他們對 1957 年以後毛澤東的路線政策持否定的態度。反江派包括周（恩來）派、葉（劍英）派、鄧（小平）派，他們與「四人幫」不共戴天，對毛澤東則投鼠忌器。不排除體制內有「政治民主化」的支持者，但居主導地位的還是「四個現代化」的擁護者。

體制外力量也可以分為兩類人，雖然都有政治民主化的訴求，但一部分人追求的是「無產階級民主」或「社會主義民主」，另一部分人追求的是「自由民主」或「憲政民主」。前者之中不僅有馬克思主義者、列寧主義者，甚至還有毛澤東「無產階級專政下繼續革命」理論的信奉者。他們主張通過「無產階級民主革命」，打倒官僚特權階層，建立巴黎公社式的民主制度。後者之中的一些人或許對於自由民主制度是什麼樣的還缺乏清晰和系統的認識，但對於前進的方向是明確和堅定的。

　　自由民主主義者是四五運動中最積極、最勇敢的先鋒力量。他們的代表性口號是「秦皇的封建社會已一去不返了」，他們中的代表性人物是官方媒體所指稱的「四五」當天非常活躍的幾個「小平頭」。在上天安門廣場東南角小樓與官方談判的五名群眾代表中，包括孫慶祝和我。小樓外指揮群眾的「小平頭」是劉迪，他和孫慶祝等人，隨即被公安局逮捕。劉迪當時已經是一個自由民主主義者，後來在民刊《北京之春》編輯部中，是我的同事和朋友。

　　如果我像劉迪、孫慶祝那樣被公安局逮捕，很可能成為第一次「天安門事件」的「首犯」。由於我和原在一起插隊朋友議論時政的通信被截獲，公安局和北京化工學院經過 9 個月拘留和監管後正好在「四五」前夕宣佈將我定為「反革命性質」，開除學籍、團籍，給我三天時間回家準備衣物日用品，於 4 月 7 日送我到通縣永樂店農場勞動改造。我以「反革命」之身，恰好趕上了四五運動，一方面心情格外激動，一方面行動特別小心。我本來只想當一個旁觀者，但時勢還是把我捲入了運動的巨瀾。4 月 4 日夜晚，在人民英雄紀念碑貼出了一張題為〈第十一次路線鬥爭〉的小字報，這篇小字報矛頭直指江青，看的人特別多，圍得裏三層外三層，許多後邊的人要求前面的人朗讀小字報的內容。當時我恰好處在最裏層，這就成為我責無旁貸的使命。我念一句，周圍的十幾個人跟著念一句，形成了一個人工的擴音器。這個特殊的擴音裝置工作了很長一段時間，後來我從報紙上知道，接替我領讀的人在離開天安門廣場時被便衣逮捕了。4 月 5 日晨，當我再次來到廣場時，看到花圈、輓聯、大小字報已被洗劫一空，不由得氣憤填膺。這時，有大約一個連的軍人包圍了紀念

16

碑的上層，禁止群眾獻上新的花圈，我便帶領人群衝破了封鎖線，從而成為當天廣場上各項活動的組織者之一。由於我在人群擁擠時被擠掉一隻鞋，上小樓談判時兩隻腳分別穿著布鞋和球鞋，離開小樓後我必須先回家換鞋，便和其他幾個「小平頭」失去了聯繫。第三天我就被送到永樂店農場，公安局沒有想到在勞改分子中會有一條「大魚」，因而我得以倖免再一次的牢獄之災。

四五運動平反後，官方曾召開了一次幾百名「四五英雄」（絕大部分是當時的被捕者）參加的大會，計畫從這些人中組織幾個宣講團，到全國各地去宣講「英雄事蹟」。出乎官方意外的是，這次會議卻演變成了「公審四人幫」的動員大會，全體與會者議決於周日到天安門廣場集合，集體遊行到最高人民法院遞交請願書。次日，北京化工學院召開全校師生大會，宣佈為我徹底平反，並安排我作關於四五運動的報告，我便在報告結束時號召全校師生去天安門廣場參加請願活動。上述「政治意外」發生後，官方立刻撤銷了組織「四五英雄事蹟」宣講團的計畫。這是支持「現代化」的兩股力量的政治聯盟所出現的最初裂痕。

五四運動的參與者，構成中共第一代領導層的主幹。一二九運動（並延伸至四十年代學生運動）的參與者，是 1949 年以後中共副科級至副部級幹部的中堅，是第二代領導層的主幹。四五運動的參與者，尤其是其中的積極分子，則基本上沒有被中共吸納。在四五運動被捕者中挑選了四名團中央委員和候補委員──周為民、韓志雄、賀延光、王軍濤，但他們以自己的言行表明，無意成為中共按照既定的模子所塑造的「接班人」。「四五」一代人與中共的分手，是另一個具有轉折性意義的歷史事件。沒有

17

政治上和思想上新生力量的注入，無可避免地導致中共由興盛走向衰敗，從一個革新政黨轉變成一個保守政黨。

三、「北京之春」的形式和意義

朱正在《1957 年的夏季：由百家爭鳴到兩家爭鳴》一書中援引李維漢的觀點，認為毛澤東下決心「反右」，是在 1957 年 5 月 15 日寫出〈事情正在起變化〉一文，發給黨內高級幹部閱讀的時候。此前，中共中央於 4 月 27 日發出〈關於整風運動的指示〉，決定進行一次以正確處理人民內部矛盾的問題為主題，以反對官僚主義、宗派主義、主觀主義為內容，以「和風細雨」為方法的黨內整風運動。「黨外人士可以自由參加，不願意的就不參加」。當李維漢向毛澤東彙報了黨外人士關於「輪流坐莊」、「海德公園」的主張，尤其是當毛聽到羅隆基說現在是馬列主義的小知識份子領導小資產階級的大知識份子、外行領導內行之後，才決定把整風運動轉為「反右」運動。李慎之不同意朱正的觀點，認為毛澤東在 1957 年 1 月的省市委自治區黨委書記會議上就已經決定要「引蛇出洞」。證據是毛〈在省市委自治區黨委書記會議上的講話〉就說過：「對民主人士我們要讓他們唱對臺戲，放手讓他們批評……他們講的話越錯越好，犯的錯誤越大越好，這樣他們就越孤立，……讓他暴露，後發制人，不要先發制人。」在這個問題上，我比較傾向朱正的觀點，首先是有直接當事人李維漢的證言，其次可以根據毛澤東的心態做出判斷。1957年，毛澤東在黨內外的威望正達到頂點，他在發動整風運動時有

足夠的政治自信，沒有預料到在自己的「臣民」中會有那麼多的不滿。只是當他聽到異常尖銳的批評，又瞭解到「在某些企業裏，發生了一些職工群眾請願以至罷工之類的事件」，才突然改「放」為「收」，在政治上急轉彎。

鄧小平在 1978 年底的心態，類似於 1957 年初的毛澤東。「文革」中「兩落兩起」之後，鄧小平在黨內外均獲得廣泛的民意支持。他對伴隨中共十一屆三中全會發生的「北京之春」運動的容忍，一方面固然有政治利用的成分，一方面也有政治試驗的想法。在壓制民主牆運動後，鄧小平在 1980 年「八一八講話」中仍然表達了政治改革的意向，從而鼓舞了高校競選運動的接踵而來。鄧小平在 1980 年底決定停止「北京之春」的政治試驗，一方面是受到國外波蘭團結工會運動的警示，一方面是受到國內「還原派」的壓力。胡耀邦與李銳談話時評價胡喬木這個人，「一日無君則惶惶然」。一天幾個條子，老打電話，不堪其擾。中共「第一筆桿子」對鄧小平收回「政改」方針起了很大的作用，但更關鍵的還是「還原派」主帥陳雲的態度。陳雲在 1980 年底的中央工作會議上稱讚了幾個年輕人的意見：「抑需求，穩物價；捨發展，求安定；緩改革，重調整；大集中，小分散」。他的「緩改革」方針在這次會上成為中共高層的主流意見。經過 1980 年代的歷次學生運動，特別是規模空前的八九民運，中共領導人徹底喪失了自信心，在政治上才變成了一種極端保守的心態，並總結出「要把一切動亂因素消滅在萌芽狀態」的所謂「經驗」。

在 1978 年底至 1981 年初的「北京之春」期間，體制內改革派展開了一系列推動政治改革的活動，例如「理論務虛會」上的思想「解凍」運動，全國人大代表和人大常委的質詢導致國務院

副總理康世恩和幾名部長的下臺，四千高幹討論歷史決議時的
「非毛化」傾向，《人民日報》副總編輯王若水以及《中國青年
報》、團中央研究室與民辦刊物負責人的接觸……。但是，通常
所說的「北京之春」運動是指那個時期的體制外民主運動。它包
括四種主要的形式：民主牆上的政治性大字報，民辦刊物，民運
組織，高等院校基層人民代表選舉中的競選與輔選。

民主牆包括北京天安門廣場的木板牆、西單牆、月壇公園
牆，以及從憲法中取消「四大」（大鳴、大放、大字報、大辯
論）前遍佈全國各城市的大字報集中張貼場地。民主牆運動可以
分為四個階段，首先是「打一槍換一個名字」的游擊戰階段，其
次是大字報作者亮出真實身份和聯繫地址的陣地戰階段，再次是
鄧小平對外國記者肯定民主牆之後的合法化階段，最末是官方將
北京民主牆遷至月壇公園後的萎縮階段。在民主牆前的共同活動
和相互結識，導致了各民辦刊物編輯部的形成。

全國各地的民辦刊物，估計有幾百家之多，僅在北京一地就
有幾十家。這些民刊都有明確的民主訴求，但就其參與者的心態
來看，可分為兩部分人。一部分人以一種「衝刺」的態度，試圖
「畢其功於一役」，有的人甚至希望以自己的勇敢和犧牲精神，
喚起一場「無產階級民主革命」。另一部分人則認為中國民主化
是一個相當長的歷史過程，眼下只能在現存體制下打開一個突破
口，爭取到一定程度的言論自由。言論自由的完全實現同樣需要
有一個過程，從大字報、民刊等非正規輿論工具的合法化，到官
方新聞、出版、影視媒體的自由化，再到各種表達方式的法治化
和各種傳播媒體的民營化。前者更加強調爭取民主的正義性和不
妥協性，後者則比較注意爭取民主的階段目標和策略性。然而，

不論前者還是後者，對於參與民運活動的政治風險都有比較清醒的認識。譬如說《北京之春》多數編委都有過被捕的經歷，深知「專政」的厲害，但他們認為，只要自己的努力能夠使中國的政治發展向著民主的方向有少許的傾斜，任何風險和犧牲都是值得的。

　　民刊編輯部本身就具有民間組織的性質，而在官方明確要求民刊停辦後，北京《四五論壇》、廣州《人民之路》、上海《民主之聲》等全國幾十家民刊於 1980 年 9 月成立「中華全國民刊協會」，並組建了東北分會、華北分會、華中分會、華南分會和西南分會，就更加凸現出民運組織的色彩。在中共中央 1981 年 9 號文件下達後，參與協會的民運人士均被判刑、勞教、拘留審查、開除公職等，人數多達上千人。其中最著名的有徐文立、何求、王希哲、傅申奇、秦永敏、孫維邦、徐水良、陳爾晉、劉國凱等人。

　　1980 年秋冬，停刊後的《北京之春》、《沃土》等民刊編輯部成員又投入了北京高校的基層人民代表競選運動，王軍濤、陳子華、姜漁等人在八所高校同時參選，李盛平、胡平、陳子明分別在北京大學一分校、北京大學和中國科技大學研究生院當選為西城區和海淀區人民代表。在競選運動期間，我曾在中國人民大學召開的一次有 70 多名學生人民代表、正式候選人和競選人參加的會議上，對於這一運動的目的和作用作了四點歸納：第一，是支持改革路線。當時，留戀「文革」路線的凡是派，懷念十七年傳統的還原派，以及面向未來、面向世界、面向現代化的改革派正處於政治僵持狀態，高校競選運動的衝擊，使舊的力量均勢瓦解，新的政治平衡產生。第二，是鍛煉一代政治新秀。當時的在校本科生和研究生，年齡在 25 歲到 40 歲之間，是二十年艱難

困苦篩選出來的一批先進分子，既有豐富的實踐經驗，又掌握了現代的科學知識，在校期間再受到一次民主政治的洗禮和薰陶，本人受益終身，社會也將受其影響。第三，是提高思想解放檔次。在競選運動中，各種「固定模式型」的思想方法均受到批判，不論是史達林主義傳統模式，中國古代封建傳統模式，西方文化傳統模式還是東歐日本改革模式；出現與前十年截然不同的新的思想走向。第四，是推動人大制度建設。競選運動為人民代表大會制度改革開創了先河。

海淀區七屆人大召開前，8 名當選學生代表開了一次碰頭會，我在會上提出了〈海淀區人民代表大會組織與議事規則（建議草案）〉及其說明，後來由 11 名代表簽名，正式作為議案提交代表大會。我還去區選舉辦公室索要議事日程和代表名單，並提名胡平（北京大學）、韓宇紅（中國人民大學）為大會主席團成員，華如興（清華大學）、李訊（北京鋼鐵學院）為代表資格審查委員，李世渠（北京師範大學）、羅維慶（中央民族學院）為提案審查委員。會議期間，我提出議案 1 件，政府工作報告修改案 1 件，質詢動議 6 件，提案 14 件，投反對票和棄權票 4 次，並作為幾位學生代表的代表找區長進行了一次談判。多數學生代表和一些其他各界的人民代表在會上推薦我為區人大常委會委員候選人，由於官方的刻意阻撓而未能當選。會後，我要求區人大常委會出具人民代表證明（當時還沒有人民代表證件），以便代表本選區的選民監督區政府的工作，遭到斷然拒絕。根據最高層的指示，我們這些學生人民代表已被視為「不穩定因素」、「新的三種人」，不但不能行使人民代表的職權，而且成為「專政」機器防範的對象。

　　當時，包括我父母在內的許多人對我的行為很不理解，明明有許多平坦的大道可以走，為什麼非要攀登崎嶇的山路呢？以高等數學 96 分、結構化學 85 分的高分考入中國科學院研究生院，導師是著名化學家唐有祺，所在研究室是因「豬胰島素分子結構分析」榮獲中國科學發明一等獎的生物物理所七室，國外的親戚又替我聯繫了美國十幾所著名大學並應允提供留學的經濟擔保，似乎我沒有理由不把精力投入本專業的深造；但我只是把理科學習（此前我自學過農科，接受過「赤腳醫生」培訓，大學則是工科──化學工程專業）作為提高綜合素質的一個環節，而把大部分精力投入到文科的學習研究和社會活動中。如果要走仕途，當時我擔任研究生院研究生會主席，與研究生院負責人的個人關係也不錯，但是我對此毫無意願。上述的黑道（非黑社會之「黑」，乃博士帽之「黑」）和紅道（「入黨做官」之謂），很多人都可以走，對我來說就沒有什麼吸引力，我希望探索別人沒有走過的路，完成前人沒有完成的政治遺願。既然我在 23 歲的時候就因為追求民主而成為「反革命」，我就要把這條荊棘之路走到底。正如王軍濤在〈競選宣言〉中所說：「中華民族的復興過程一定要以實現政治民主化為條件。……我的競選，是為了促進中國政治民主化進程，不管是否當選，我將為這一崇高目標奮鬥終生。」「過去的十年，我們已學會懷疑和批判；未來的十年，我們要學會創造和建設。」我們的目標就是以創造性、建設性的方式來推動中國民主化。

　　「北京之春」運動超越四五運動之處在於，後者的政治訴求並不明朗，即使是自由民主主義者也仍然需要打著「悼念周恩來」的旗號；前者則是 1949 年以後第一個以中國的民主自由人權為明確

23

目標的群眾性政治運動。一部分運動參與者以胡平為代表，不論是辦民刊還是競選，始終將目標直指政治民主化，尤其是民主化的首要環節——言論自由。一部分運動參與者以王軍濤為代表，提出了包括政治民主化和經濟體制改革目標在內的全面改革綱領。

　　王軍濤在競選中提出的政治改革目標是：中共黨的監察委員會直接對全國代表大會負責，實行黨內分權制。黨和國家領導人每屆任期五年，最多任職二屆。黨政分家，由人治黨治走向法治民治：首先在經濟組織中取消黨委領導制，其次取消黨委對政權機構的直接干預和領導，改由人大中的黨團來體現執政黨作用；基層黨務工作非專職化，高層黨務機關經費由黨費開支。全國人大從蘇維埃制向「三權分立」方向改革：代表人數減至 500 人以下；取消常委會這個層次，每年舉行至少 8 個月例會；人大代表專職化，配備秘書助手；軍人不得干政，軍隊不再作為選舉人大代表的一個單位；人大會議公開舉行，允許旁聽，會議記錄公開發表。司法獨立，法官連續任職。修憲須通過公民投票，憲法解釋權改由最高人民法院行使。第六屆人大選舉時，直轄市直選全國人大代表，省會和大城市直選省級人大代表；第七屆人大選舉時，所有各級人大代表和國家主席均由選民直接選舉產生。社團法人自治，工會、農會、學生會、科學文藝社團等完全獨立於政府。當務之急是實現言論和出版自由：黨的報刊編輯部對黨代會而不是黨的領導機關負責；允許各民主黨派和群眾團體辦報刊；國有新聞媒體不隸屬於立法、行政、司法任何一個部門，國家新聞、廣播、出版管理委員會主席由人大選舉，但人大無權罷免，以保障新聞自由。憲法所規定的各項公民基本權利和自由，政府絕對不得侵犯。

　　王軍濤在競選中提出的經濟改革目標是：資本主義的歷史使命在世界範圍並未完成，在中國尤其如此。目前最重要的是，承認我國仍然需要完善的商品生產；要使商品生產獨立發展，就需要解決所有權問題。與企業法人所有權相伴隨的應是健全的市場機制，用價值規律調節整個社會的經濟生活。計劃經濟具有根本性的缺陷。國家逐步把大部分（除尖端工業和國防工業的一部分）工商業生產資料轉售給企業，企業根據職工的工齡、技術、職別確定其股份，根據股份推出董事會。職工自由選舉工會，代表職工利益，與董事會磋商談判工資福利事宜。勞動力自由流動，成立職業介紹所。

　　二十多年後再來回顧，當年的經濟改革綱領已經基本完成，在某些方面甚至已超額完成。而「北京之春」運動提出的政治改革目標至今仍相距遙遠，甚至可以說改革還沒有離開起跑線。政治改革與經濟改革脫節的嚴重後果是，政治腐敗愈演愈烈，經濟發展的潛力不能充分發揮，出現「兩極對立」乃至「社會的斷裂」，被國際民主大家庭長期拒之門外，祖國和平統一沒有希望實現。

四、體制內外與「邊緣運動」

　　1981 年 2 月，中共中央、國務院 9 號文件下發，該文件稱，「處理非法組織和非法刊物的總方針是：絕不允許其以任何方式活動，……在單位之間、部門之間、地區之間串連，在組織上、行動上實現任何形式的聯合」。「北京之春」運動的一部分參與者被判刑和勞教（魏京生、任畹町、劉青、徐文立、王希哲

等），另一部分人受到其他形式的政治迫害（胡平與一批高校競選運動參加者畢業後長期不分配工作，有的還被開除學籍），此後，純粹體制外的民運團體便無法繼續生存了，新的民主運動只能在體制邊緣地帶孕育和產生。

　　首先需要說明什麼是體制內，什麼是體制外，如果對這些概念沒有一致的定義，就無法展開有意義的對話。體制自然是指現行體制，但這一體制在最近二十年中已經發生很大的變化，因此必須明確這裏所說的是 1980 年代中期的體制。當時，政治上是「一黨專政」體制，中共黨員，列入黨政幹部序列的就是體制內的人，非黨員，非幹部，就是體制外的「白丁」。經濟上是「計劃經濟」體制，列入各級計經委統一計畫和統一調度的是計畫內企業、計畫內任務，鄉鎮企業、新集體企業則是體制外、計畫外的經濟組織。社會管理上是「單位社會」體制，任何企業、任何社團除了由工商部門、民政部門批准註冊和管理外，還必須有一個上級主管單位，連個人結婚、離婚、生孩子，也必須經所在單位批准。本文所說的「邊緣運動」，有些位於「單位社會」體制的最邊緣，有些處在「計劃經濟」體制的邊緣，也有個別的是在「一黨專政」體制的邊緣。三種體制一環套一環，位於核心的是政治體制。如果處於「單位社會」體制外，那就成了黑社會組織或地下組織。然而，在 1980 年代中期，人們可以用錢或者人情關係獲得一種最起碼的「體制內」合法身份，也就是成為一個正規單位的「掛靠單位」。到了 1990 年代，「單位社會」逐漸趨於瓦解，外資獨資企業、私有企業、股份制企業已經不需要上級主管單位，因此可以算是「單位社會」體制外的經濟組織了，但社會團體至今還沒有獲得自治的權利，仍然需要有一個上級主管單位，而且必須經民政部門批准（不是依法登記）成立。

26

　　1986 年 12 月，我在中國政治與行政科學研究所所務會議上分析「八六學潮」以來政治形勢及所的前途時指出，我們面前有兩條別人正在走的路：一條是陳一諮、潘維明等人的影響決策之路；另一條是金觀濤等人的改造文化之路。我們應當走的是區別於前二者的第三條路，即：在民間社會紮根，促進某些社會階層成長之路。陳一諮等人的路、金觀濤等人的路、我和我的朋友們的路，正是 1980 年代「邊緣運動」的三種典型。

　　1983 年以前，陳一諮、何維凌領導的「農村組」，包遵信、金觀濤任主編的《走向未來》編委會，姜洪和我發起的「就業組」（後改稱「國情組」），基本上處於同一種邊緣，即「計劃經濟」體制的邊緣。首先，我們這些人都屬於幹部編制，在「計劃經濟」體制內端著「鐵飯碗」。其次，這些邊緣組織都從「計劃經濟」體制內獲得某種資助，「農村組」獲得的資助較多，提供資助單位的級別較高，後二者都是從張黎群、鍾沛璋、李景先擔任負責人的中國社會科學院青少年研究所獲得合法性支持和少量的活動經費。1984 年以後，三種不同的發展路向逐漸顯現出來。

　　「農村組」演變為中國經濟體制改革研究所，成為黨政編制內的正式機構，隸屬於國家體改委，而且有較多的機會直接接觸國務院總理和總書記。但是對於像中宣部、書記處研究室、計委、財政部、公安部、安全部這樣的黨政部門來說，體改所仍然是政治體制內的一個邊緣化機構。它的行為方式是不規範的，它的改革傾向是超前的，它的人事路線是不講「四項基本原則」的。體改所把新思想、新風尚、新文化帶進了政治體制內，對現有體制進行著潛移默化的「和平演變」；同時，也對經濟體制改革的決策和「十三大」政治體制改革的設計發揮了重要的影響。

《走向未來》編委會和甘陽主持的《文化：中國與世界》編委會等，在「計劃經濟」體制邊緣繼續開拓並不斷深化運動樣式。譬如說，從編輯叢書發展到編輯叢刊。社外編委會需要從出版社獲得活動經費，編輯好的圖書又要回到出版社的印刷、發行渠道，與「計劃經濟」體制仍然保持一種藕斷絲連的關係，與用自己的資金搞合作出版、自主發行是不一樣的。《走向未來》叢書和叢刊，《文化：中國與世界》編委會編輯的多種叢書和叢刊，以及具有強烈的體制邊緣色彩的《世界經濟導報》，它們在1980年代中後期實際上已經成為知識界的主流和公共輿論的領袖。「八九」一代人的政治成長和定型期，就是處在「邊緣運動」在文化領域基本掌握了話語權的情況下。

從青少年所副所長李景先兼任領導小組組長的「國情組」，到北京鐘錶工業公司團委書記王之虹兼任經理的「團辦企業」——北京自強實業公司、北方書刊發行公司，再到北方書刊發行公司與官方的學會、研究機構合辦的北京財貿金融函授學院和中國行政函授大學，再到掛靠於國家科委國家科委人才開發服務中心（這個機構的職能就是孵化民辦科研機構）的中國政治與行政科學研究所和北京社會經濟科學研究所，我所在的團體一直自覺選擇商品經濟衝擊下的「單位社會」體制所能提供的最邊緣位置，力爭獲得最大限度的自主活動空間。本來，我只要每月去社科院哲學所一兩次，就可以和「計劃經濟」體制保持一種聯繫，但是在團體內拋棄「鐵飯碗」的人越來越多的情況下，我不與「計劃經濟」體制脫鉤就難以服人，因此我在1986年便徹底下了海。

所謂「促進某些社會階層成長」，主要是指促進獨立知識份子階層、政治中立的公務員階層和民營企業家階層的成長。其中

獨立知識份子階層的形成是最關鍵的。後來被法院視為我的「罪證」的一段話是：「你能不能加強、加速完成上層文化的重建，能不能加速完成知識階層的組織化過程，能不能加速完成你和政府的磨合，能不能加速完成你從一般百姓的牢騷中，一般百姓打成一片的不滿情緒中儘快地超逸、超脫出來，構成一種對老百姓的新的指導力量，而不是跟著感覺走，我覺得這就是當前知識階層，特別是知識階層中的先進分子所面臨的一個時代性的任務。」所謂「在民間社會紮根」，就是要爭取實現「體制外」的合法化生存。合法化的「體制外」並不是要與「體制內」同流合污，搞「權錢交易」的所謂「精英聯盟」，而是要與「體制內」改革派攜手合作，徹底變革現有體制。我在上述 1986 年 12 月的所務會議發言中曾表示：我不是不同意在體制內活動，在支持黨內改革派上也沒有分歧，但是，我們代表著政治多元化格局中的一元，我們應有自己的語言和態度，堅持自己特殊的「色彩」，不能把這種民間色彩視為必須甩掉的舊包袱。在 1987 年 3 月的另一次發言中，我將團體的性質概括為：「我們是一個以政治為靈魂、以文化為形態、以經營為後盾、有獨立意識和既定目標的自覺的團體」。所謂「以政治為靈魂」，就是以在中國實現憲政民主為目標，以民間立場、獨立社會團體為定位，在條件允許時則向公開的政治反對派轉化。

如果從狹義的角度理解「體制內」，即通過「入黨做官」爭取權力、影響決策，那麼金觀濤、甘陽等人走的路以及我和王軍濤等人走的路，都屬於「體制外」的選擇。用當時的語言來說，「體制內」道路的目標是成為決策的「智囊團」，「體制外」道路的目標是成為民間的「思想庫」。如果從廣義的角度理解「體

制內」，那麼以上所述的三種類型都位於體制邊緣，儘管是不同的體制邊緣。他們在不同層面以不同方式開展的「邊緣運動」，都為促進中國民主化做出了重要貢獻，並彙聚成一個改革的歷史合力。雖然各種「邊緣運動」構成 1980 年代中後期中國民主運動的主陣地，但當時中國民主力量的陣線還進一步向兩側延伸到純粹的「體制內」和「體制外」。鮑彤（中共中央政治局常委秘書、中央政治體制改革辦公室主任）、張煒（天津開發區主任、天津市外經貿委主任）、潘維明（上海市委宣傳部長）是按照常規途徑晉升上來的體制內高官，但鮑彤主持制定了中共十三大的政治改革總體方案，張煒在開發區試行了民主選舉和民主管理，潘維明通過發起上海市文化戰略討論變相為政治體制改革討論加溫。任畹町重獲自由後，在艱苦的條件下繼續進行體制外民主活動。中國民主化需要有最廣泛的社會基礎，需要 1980 年代後期那種從鮑彤、李銳到任畹町的連綿陣線；中國民主運動應當有最寬闊的胸懷，徹底拋棄那種「唯我獨左」、「以我劃線」的「共產黨文化」。

　　一方面是由於「反資產階級自由化」運動的斥力，一方面是由於商品經濟發展的引力，二者結合起來為體制外民主運動的再次興起準備好了條件。王若水、方勵之、劉賓雁、王若望、吳祖光、張顯揚等人被中共清除，成為體制外的社會名流；曹思源從身為國家體改委官員起草《破產法》下海到民辦四通公司的研究所從事修改憲法的研究和宣傳；⋯⋯1989 年連續幾波「簽名運動」，成為體制外民主運動重新起步的標誌。

五、八九民運：一個政治運動還是兩個社會運動？

近年來，有人把具有「全民性」、「市民性」、「政治性」的八九民運，解構為兩個彼此對立的「社會運動」：一個是由「傳統社會主義意識形態」動員起來的反抗市場化改革的社會保護運動（或社會的自我保護運動），另一個是「這一運動的最為保守的方面（即在私有化過程中憑藉權力轉移而產生的利益群體）」，「出於對正在到來的調整政策的不滿，這些利益群體試圖通過將自己的訴求注入社會運動，……利用注入資金……從而達到利用社會運動迫使國家內部的權力架構按照有利於自身階層或自身集團利益的方向轉變」。這種說法有悖於歷史事實。

八九民運不是爭取個別社會階層利益的社會運動，而是爭取公民的自由民主權利這種「公共物品」的政治運動，即使由於農民的缺席而不能成為全民參與的運動，至少也是以全民利益為訴求的運動。諾貝爾經濟學獎獲得者阿馬替亞‧森曾論證，自由權是一種「公共物品」，建立了普選權，則合格公民共用之，剝奪普選權，則大家共失之。收入則基本上是「私有物品」，一個人的收入增加或被剝奪，其影響可以在很大程度上局限於個人（及其家庭）。因此，在價值評價系統中，法治自由權應該具有更大的權重。自由民主並不是知識份子的奢侈品，工人和普通市民階層同樣是它們的消費者與追求者。他們同樣期盼言論自由、創作自由和新聞自由，以便充分地表達自己的不滿和要求，並能夠從剛進入普通家庭的彩電上看到多姿多彩的新聞和其他節目，豐富自己的精神文化生活。認為工人和市民只知道要收入不知道要自由，是對他們的政治覺悟的一種貶低。認為知識階層「與工人和

農民階級的歷史聯繫似乎已經完全斷絕。它關注思想自由、言論自由和結社自由等憲法權力的落實，但沒有能夠將這一訴求與其他社會階層爭取生存和發展權利的訴求密切地關聯起來」，同樣是對知識階層政治立場的一種扭曲。知識份子將言論自由、表達自由作為主要的關注點，不是因為自身特殊利益的驅使，而是因為認識到它是爭取其他自由民主權利的前提條件，是反腐敗、反特權、維護社會弱勢群體權益、爭取社會公正的基礎手段。

根據我在運動期間與學生領袖和知識份子代表性人物的接觸交流，八九民運的直接政治目標是爭取新聞自由和結社自由。如果說有什麼分歧的話，就是把哪一個自由放在前面；只能得到其中之一的話，應當先爭取哪一個自由。由於中國沒有經歷過 1953年東德事件、1956年匈牙利事件、1968年捷克斯洛伐克「布拉格之春」和 1956、1970、1980三次波蘭民主運動的洗禮，絕大多數追求民主的中國人當時還沒有實行多黨競選制憲政民主的心理準備，更缺乏理論準備和組織準備。即使運動後期提出了「愛國維憲」、「李鵬下臺」的口號，也只是要求政府讓步，要求人大常委會依法行使權力，並沒有用暴力顛覆政府的意圖。但是，鄧小平的鎮壓還是「一定要來的」，這是由中共的理論基礎和歷史實踐「所決定了的」。而中國民主運動只有經過這樣的一次洗禮，才會在心理、理論和組織上達到新的層次，重新審視和確定中國民主化的目標體系。

我和王軍濤等人在 1989年 5月 19日和 22日前後捲入民運的漩渦中心，應當說是具有某種悲劇色彩的。在當局決定戒嚴之後，根據我們的親身經驗和歷史知識，深知鎮壓將是很難避免

的，但是出於一種道義感和責任感，又不能袖手旁觀。我在獄中給王軍濤律師的證言中曾寫道：根據我對具體情況的瞭解和與王軍濤本人的長期交往，我敢百分之百地負責任地擔保，王軍濤在1989 年 5、6 月份參與在學生與政府之間的斡旋，完全是本著一個中國知識份子的理性、良知與歷史責任感，出於對廣大青年學生的關心與愛護，出於協助政府處理棘手問題的好意。他深知由於自己的過去經歷，最容易被有關方面誤解自己的動機與目的，但是他素來有一身俠氣，看到一些青年學生由於幼稚與亢奮而陷於險惡的境地，他作為北大學生尊敬的「老大哥」，不能不冒著自身可能面臨的風險，把他們拉出來。能夠挽救一大批人，他當然責無旁貸，即使只能挽救一個人，他也具有「救人己溺」的決心。我在二審自我辯護書中說：如果是在法律上特意選擇了我來為「八九學潮」辯護，那末我會勇敢承受，絕不推辭。因為許多無辜的青年已經含冤九泉之下，許多神州赤子已經漂流異國他鄉，無法再在法庭上為自己申辯了；作為活著留在國內的人，為他們辯白洗冤是歷史所賦予的義不容辭的責任。從某種意義上說，現在選定我和王軍濤作為主要被告人是一件好事。因為我們對含冤受屈抱有充分的思想準備，為了救學生出虎口，我們從一開始就估計到存在著「好心沒好報」的可能性，並不惜為此做出自我犧牲，現在不過是「果然如此」、「求仁得仁」而已；同時也因為，我們對於自己行為的正義性、合法性抱有最充分的信念，我們恰恰是最不具「陰謀顛覆政府」可能性的人，即使在當時的知識階層中，我們也是屬於自始至終最強調清醒、呼籲理性、讚美妥協的人，竭力爭取在政府與學生之間達成諒解，取得共識，攜手推進改革開放和現代化事業。

　　八九民運是中國近現代史上規模空前和完全正義的「對內的」國民運動，在歷史的審判席上，它是無可挑剔的，但是，作為運動的參與者，我們仍然有必要總結經驗教訓。如果說運動中有什麼失誤的話，其責任屬於我們這些「長鬍子」的人，不能歸咎於青年學生。

　　從客觀上說，由於一大批知識界著名人士是在 1988、1989 年才把自己的政治立場從體制內轉向體制邊緣乃至體制外，民主派的思想整合與組織整合在八九民運爆發時遠沒有完成，甚至可以說還沒有真正破題。知識界自身沒有形成一個井然有序的陣營，從而也就沒能產生五四運動時那樣的對社會各界的強大號召力。由於官方對以往歷次民主運動參與者的打壓和對歷史事實的封鎖，八九民運中的學生領袖也沒有機會承繼傳統並掌握先行者的寶貴的經驗教訓。

　　從主觀上說，知識界鑒於以往幾次學潮的結果，起初對八九學潮並不抱有很大的期望，因而對學潮的介入不夠深入。「四·二七」大遊行後，以新聞界為先鋒的知識界，才開始積極參與運動，使學生運動擴展為市民運動。然而，此時學生領袖受到前期運動成功的鼓舞，自信心異常高漲，對於知識界的意見已經不太聽得進去。運動自始至終，知識界都在扮演教練、參謀的角色與直接充當運動員、指揮員這兩種選擇之間徘徊。我所在的社經所團體在這個問題上同樣缺乏清晰的認識和明快的決定。說到底，這是知識界在突如其來的民主運動面前因為缺乏思想準備而手足無措的表現。

　　在八九民運中，處在風口浪尖的是「一二九」一代和「八九」一代。因「自由化」遭當局整肅而深得民望的方勵之、劉賓

雁、王若望等人，在運動中具有別人無法替代的影響力，他們是「四五」一代的前輩；在運動中衝鋒陷陣、嶄露頭角的王丹、吾爾開希等學生領袖，出生於 1960 年代末，他們是「四五」一代的後輩。「四五」一代人中著名者如魏京生，被關在監獄裏，沒有行動的能力；「四五」一代人中有行動能力的，由於官方的刻意封殺，又沒有足夠的社會知名度。在 1980 年代末，「四五」一代尚未積累足夠的社會位勢，做官者如張煒、潘維明，最高只做到正局級，不足以左右政局的演化；治學者如秦暉、孫立平，高級職稱還沒有評定，主要學術成果尚未發表，亦不具有影響知識界的能力。從一方面說，八九民運離四五運動和「北京之春」運動太遠，使得它們之間出現了一個歷史的斷層，從另一方面說，它們離的又不夠遠，因而「四五」一代人還沒有資格成為「八九」一代人的精神導師。「四五」一代沒能在「一二九」一代和「八九」一代之間起到思想與政治橋樑的作用，並成為八九民運的中流砥柱，這是一件歷史的憾事。在中國幾代民主主義者之間建立思想的統緒與政治的連結，這是仍未完成的歷史的使命。

六、民主運動的顯流與潛流

在海外，早在 1980 年代就已逐漸形成一支頗具聲勢的中國民主運動力量，王炳章、胡平先後擔任領導人的中國民主團結聯盟（簡稱「民聯」）和《中國之春》是其主要代表。「六四」以後，一部分被通緝的學生領袖（吾爾開希、李錄等）和知識份子領袖（嚴家其、陳一諮、萬潤南、蘇曉康等）流亡海外，大批海外留

學生也踴躍投入了民主運動。1989 年 7、8 月，「全美中國學生、學者自治聯合會」（簡稱「學自聯」）和「民主中國陣線」（簡稱「民陣」）相繼成立，與「民聯」一起形成了多元的民運組織架構。在國內，「六四」被捕的學生和知識份子陸續釋放後，接續了八九民運的精神，繼續以各種方式從事民主運動，有的以理論工作的方式，有的以政治活動的方式；有的以言辭譴責政府，有的以行動表示抗議，有的成立組織準備長期運作。公開的政治反對派運動在海內外的形成與彼此呼應，使中國民主運動具有了類似於「布拉格之春」被鎮壓後捷克斯洛伐克民主運動那種樣式。

在 1990 年代，以鮮明和堅定的政治反對派立場，採用各種個人表達方式評論時政、臧否人物、弘揚民主理論，劉曉波為大陸民運人士樹立了一個榜樣。幾次被捕、被勞教，都不能迫使他放棄「批判的武器」或者減弱批評的火力。在以連署方式進行政治表達方面，丁子霖等「天安門母親」持續多年的行動，獲得了廣泛的尊重和支持，在海內外產生了不可估量的影響。丁子霖 17 歲的獨子死在鎮壓的槍口下，她在「六四」兩周年前夕打破沉默，接受了美國 ABC 廣播公司的採訪，揭露了「六四」的屠殺事實。此後，她一直做著搜集和整理「六四」死難者與被捕者名單的工作，並聯合其他「天安門母親」，在每年「六四」期間開展政治抗議、法律申訴和訴訟。

1995 年「兩會」召開前後，民間連署活動達到一個高潮。王丹、林牧等 26 人聯繫王萬星、華惠棋、黃翔的個案提出〈維護社會公正的建議〉，劉念春、黃翔等 22 人提出〈關於廢除勞動教養的建議〉，包遵信、王若水、劉曉波、陳小平等 12 人發表了兩封公開信——〈反腐敗建議書〉和〈廢除收容審查保障人身

自由建議書〉，王之虹、王丹等 56 人發表〈汲取血的教訓 推進民主與法治進程——「六四」六周年呼籲書〉，王淦昌、樓適夷、楊憲益、周輔成、吳祖光、許良英等 45 人發表〈迎接聯合國寬容年 呼喚實現國內寬容〉公開信。此後，以連署言事的方式參政議政，從狹義的民運人士擴展到社會各界人士。在不久前的孫志剛事件中，此類活動首次得到最高當局迅速和善意的回應。

在組建民運團體方面，各地此起彼伏，一直沒有斷過，其中影響最大的兩起是：劉念春、袁紅冰、王仲秋等於 1993 年 3 月向中國民政部正式申請成立「勞動者權利保障同盟」，王有才、徐文立、秦永敏等於 1998 年 7 至 11 月間向各地民政部門正式申請成立「中國民主黨」。這些活動都受到當局的嚴厲鎮壓，組織者或者被判刑，或者被勞教，或者被驅逐。我在〈一九九五年的中國政治反對派〉一文中曾指出：反對派要有自己的獨特立場、態度和做法，絕不把自己混同於執政黨內的任何一個派系。但是，反對派在現階段首先是一種政治屬性概念而不是一種組織概念。建立反對派組織的時機尚未成熟。不要像共產黨那樣迷信組織並把它神秘化。組織要在社會共識和社會潮流的基礎上形成，需要有信仰、綱領、領袖、人際關係網若干要素集合而成。只有當理性、負責任的政治反對派感到非有組織不可並且外部條件也適合時，建立民主政治黨派才是必要的，屆時水到渠成，也就不是什麼難事。

1990 年代的體制外民主運動，無論是參與的人數之多還是活動的樣式之多，都是 1980 年代中後期無法比擬的。但是，由於當局花大力氣採用各種手段修築「隔離牆」，使得體制外運動對知識界和一般民眾的影響力，要小於上一個十年的「邊緣運

動」。（互聯網的出現和電腦的普及，使得這種情況有所改變。）因此，利用體制內媒介進行民主的理論研究和宣傳工作，與當局爭奪話語權，具有體制外活動所不可替代的作用。在 1980 年代思想理論界的活躍人物或者被捕，或者流亡，不能繼續發出聲音的情況下，一批新的領袖人物登上歷史舞臺。「一二九」一代的佼佼者、已經「割肉還母，剔骨還父」的李慎之和何家棟等，擺脫了「黨內民主派」的自我束縛，成為自由主義和憲政民主的旗手。「四五」一代的朱學勤、徐友漁、秦暉、王毅、雷頤、丁東等，則成為憲政民主主義思想陣營的中堅力量。

「六四」以後重新奪回並嚴加控制各種輿論媒體的「黨八股」意識形態，已經失去了與理論對手和讀者聽眾互動對話的能力，淪為一種「九斤老太」式的喋喋不休的自言自語，以機械性地充塞話語空間為惟一目的。真正有意義的思想爭論發生在正統意識形態之外，尤其是在「四五」一代人之中。1980 年代的思想共同體在「六四」以後出現了分裂，正如秦暉、金雁所說，這種分裂頗似 1905 年民主運動失敗後俄國思想界的情形，一部分人向右轉，一部分人向左轉。

1980 年代後期，鑒於此前四分之三世紀中國思想界持續左傾和激進化的事實，我和我的朋友曾提出要重新評價保守主義。「這一思潮讚賞穩健漸進的社會哲學，反對盲動激進的社會哲學；在政府與民眾的關係上，主張知識階層一不媚上，二不媚眾，努力使自己成為政府與民眾之間的橋樑，成為精神的凝聚力量和社會的粘合成分；在傳統與未來的關係上，反對機械的社會進步觀與直線進化論，主張珍重傳統、立足現實、慎擇未來，力爭少交『學費』、少走彎路、寧慢勿站，堅決杜絕『進一步，退

兩步』；在『破』與『立』的關係上，反對『崽賣爺田心不
疼』，侈談『不破不立』，一味求新、求洋、求全、求大的敗家
子習氣，主張重新認識『革命優於改革，改革優於改良』的傳統
觀念，奉行『不挖盡潛力就不破，不驗明功效就不立』的新觀
念；用一分力量破壞則輔之以百倍精力建設，一磚一瓦地積累現
代化所不可缺少的人才、資源、經驗、規章、成例，等等。」
「知識階層能否堅持穩健、公允、平實、持久的思想路線和政治
態度，而不為任何風吹浪打所動搖，是中國現代化成功的一個關
鍵。」有些人在「六四」以後嚇破了膽，屈服於當局的「鎮制力
量」，否定「革命權」是一種基本人權，主張先發展經濟後促進
民主的經濟決定論，並將此視為「保守主義」，這種後「六四」
觀點與我們的前「六四」觀點是風馬牛不相及的。對於「六四」
前的新權威主義者和「六四」後的新威權主義者，亦應作如是
觀。前者的始作俑者如吳稼祥，他心目中的典範是伏爾泰，在絕
對王權主義的庇護下反對封建制度、貴族階層和宗教不寬容，首
先確立信仰自由、言論自由和經濟自由，為實行主權在民、政治
民主化打好基礎。因此，他在「六四」之後經過三年「面壁」，
從新權威主義者轉變為聯邦主義者就是順理成章的事。後者的典
型代表如何新，他不僅反對自由主義，主張國家主義，而且反對
市場經濟，主張統制經濟。又如「新秩序主義」的鼓吹者，公然
以「新官僚」與「新的資產者階層」組成的「中國保障資產增值
同盟」的代言人自居。他明確反對「公正和民主」，「因為它們
代表著社會底層對利益分配的要求」，在現實中「具有十足的破
壞性」；他宣稱，「在中國目前的條件下，什麼能穩定什麼就是
最合理的」，「中國走到今天，最需要的是秩序。禮、義、廉、

恥，國之四維，四維不張，國將不國。禮便是秩序，就是用權力保證社會各階層的高低錯落。」

我曾經說過：「新左的主體是新馬克思主義。在世界範圍內，左派的範圍已經大大超出了馬克思主義陣營，例如生態主義、女權主義等便與馬克思主義沒有多大關係；但在中國來說，新左派基本上還沒有擺脫馬克思主義的大框框，其理論來源主要是『新馬』或曰『西馬』，包括葛蘭西、盧卡奇、法蘭克福學派、阿明的依附論、華勒斯坦的世界體系論等。」「本來，新馬克思主義的各種學說在 70 年代末、80 年代初便已傳入中國，筆者在當時就曾廣為搜集並認真研讀。但是，基於以下原因：『臭老九』、『插隊知青』、『可教育好子女』對於『文革』經歷的集體記憶，一個世紀以來中國思想界的不斷激進化在四五運動後出現拐點，『探索的一代』從毛主義到列寧主義到經典馬克思主義然後直接追溯到啟蒙思想、自由民主主義，鄧一胡一趙體制的改革開放政策令中青年知識份子激起更多的設計欲望而非批判意識，東亞四小龍崛起對依附論和世界體系論的突破，等等；新馬克思主義最終沒能成為現在 45 歲到 55 歲這一代知識份子的理論首選，他們對其只是借鑒而沒有服膺。」進入 1990 年代以後，由於「權錢交易」的腐敗行為愈演愈烈，由於地區、城鄉和社會階層的兩極分化日益加劇，以及作為對新威權主義、新秩序主義、「官產學」精英聯盟的「三個代表」理論的一種反彈，「新左」學派在「四五」一代人沒有經歷過「文革」的較年輕者和年齡更小的「八九」一代人中開始成為一種顯學。「新左」一方面在思想上極力表現激進的「社會批判」精神，另一方面在政治上卻有一種向毛澤東時代回歸的復舊傾向。

右翼思潮發展到極致便是法西斯主義，左翼思潮發展到極致便是社會法西斯主義，兩個極端的聯手在歷史上並非罕見，例如希特勒和史達林就曾達成肢解波蘭的秘密條約。左右翼「非神聖同盟」在今日中國的表現形式，就是「反美主義」、「民族主義」、「新國家主義」的大合唱；就是對戰爭的崇拜和對軍備競賽的鼓吹。儘管有左右兩翼的分道揚鑣，「四五」一代的大部分人在 1990 年代仍然堅持前一個十年的改革思想和啟蒙精神，決心繼續走回歸世界文明主流的中國現代化道路，而且進一步明確了自由、民主、憲政、法治的政治訴求。許紀霖在 1998 年底指出，「在民間思想界，自由主義到 90 年代取得了全面的勝利」。最近李慎之去世後民間思想界掀起的紀念和追思熱潮，便是對其力量的一次檢閱。

在整個 1990 年代，我都處在被監禁和禁錮的狀態。1989 年 10 月被捕，1991 年 2 月判刑 13 年、剝奪政治權利 4 年，1994 年 5 月「保外就醫」，1995 年 6 月再次收監，1996 年 11 月再次「保外就醫」（公安人員稱之為「監獄搬家」，也就是「以家為獄」），2002 年 10 月服刑期滿。在第一次「保外就醫」期間，我參與了連署言事的政治活動，提出了「建設性和負責任的政治反對派」的理念。在第二次「保外就醫」期間，對我的約束更加嚴密，我轉而採用變通的方法投入理論宣傳工作。我在各種文章中均強調指出：在全球一體化和全球地方化（世邦化）的時代，對於中國來說，現代化的實質就是從亞洲的中國轉變為世界的中國，從中國文明轉變為世界文明中的中國文化，從中華共同體轉變為中國社會。中國只有堅持融入世界文明主流，堅持現代化方向，才能擺脫發展的困境，消弭潛在的危機，在 21 世紀中後期

作為一個真正意義上的強國屹立於世界的東方。中國 21 世紀現代化議程的四項基本任務是：制度接軌、社會轉型、全球運籌、文明再造。本世紀前半葉的兩大目標是民主化和城市化。到本世紀末，中國人要沿著繼續現代化和反思現代化的路徑，爭取在解決人類所面臨的生態、世態和心態問題方面做出較大貢獻，再造一個更幸福、更安全、更多樣化的世界文明。

政治反對派活動和自由主義理論宣傳，只是中國民主運動的顯流，而在下面為其提供源源不斷的推動力的民主潛流，則需要認真觀察和深入分析，才能夠發現。市場經濟的發展，社會仲介組織的出現，各階層民眾的覺悟，新生代政治家的崛起，為中國民主化注入了強大的新動因。現在看來，我在 1994 年〈中國的民主：從說到做〉中所表述的見解，在實踐中得到了進一步的驗證：

「從以往的歷史看，知識份子（包括青年學生）是爭取民主最積極、最活躍的社會力量。在今後中國民主化進程中，知識份子仍然是一支不可或缺的先鋒力量。但是，爭取民主並不是知識份子的獨家事業，不應當也不可能由知識份子來壟斷或者包辦。民主社會的最終形成將是歷史合力作用的結果，工人、農民、企業家、國家公務員和軍人、中共黨務工作者都可以為之做出自己獨特的貢獻。」

「工人的勞動權包括通過集體罷工保障自身合法利益的權利，是民主社會中極其重要的一項社會權利。中國工人爭取勞動權、參與企業管理權、失業保障權、罷工權和成立自由工會權的鬥爭，以及和其他市民階層一起反對特權腐敗、反對通貨膨脹等不良經濟政策的抗議活動，是完全合理合法的，絕不能被視為『動亂因素』。」

　　「自古以來，中國農村中就有自治的傳統和豐富經驗，當代中國農民則深受基層政權不合理攤派之苦，因此，農民中蘊藏著極大的積極性率先在鄉村兩級實行地方自治。只有通過民主方式產生鄉村自治機構，才能建立健全的鄉村財政，避免對農民的橫徵暴斂；才能對鄉辦、村辦企業實施有效監督，防止少數人化公為私，巧取豪奪。」

　　「無論民辦企業的發展壯大，還是國有企業的轉軌變型，本身都是對全能主義政治體系的一種衝擊，這也就是企業家為民主事業做出貢獻的一個方面。然而，具有高度民主自覺的企業家不會不認識到，任何政治包括民主政治都離不開經濟力量的支持。集權國家主辦一次走過場式的人民選舉，就要花費數以億計的金錢，真正的民主選舉以及為爭取民主而進行的種種政治活動，同樣需要宣傳組織方面的各種經費。為民主力量提供贊助，是企業家富有遠見的一項長期投資，同時也是他人難以替代的一種社會貢獻。」

　　「近年來，國家公務員和軍人中的『非黨化』意識正在潛移默化地發展，中下層官員的這種傾向尤為明顯。國家公務員在制定改革和發展政策時，時常會覺察到國家利益與壟斷政權的少數權貴利益的矛盾，當他們被要求以前者服從後者時，總會遭受良知的責問，感受到內心的痛苦。『六四』屠城，是對軍人榮譽的最大污損。當國家軍事力量越來越被用於對內防範和鎮壓民眾而不是用來保衛國家領土和抵禦外來威脅時，軍人的效忠就會成為一個疑問。可以預期，當現在的中青年軍官和文官晉升到更高階層時，軍隊國家化、公務員政治中立化的要求將會愈來愈強烈。」

「儘管共產主義意識形態具有內在的反民主傾向，由於中國共產黨在野時曾經高舉民主旗幟，掌權後仍然標榜民主理想，在其內部始終存在著要求民主的呼聲和爭取民主的力量。由於它長期壟斷政權，大量吸納社會精英，人們參加共產黨的動機極其複雜，時至今日，仍然有不少青年人抱著『不入虎穴，焉得虎子』的心情為了實現民主理想而加入共產黨。海內外民主力量中很少有人否認中國的民主化需要五千萬中共黨員乃至其領導集團中的開明人士的參與，分歧僅在於是企盼『內部起義』還是『內部改造』。」

「每一個人都應當根據自己的特定角色來決定為中國的民主做什麼和怎樣做；同時，也應當加強相互之間的溝通和理解，在一些基本的政治社會問題上最大程度地建立起共識。」

七、憲政共識與民主創新

在四五運動時，雖然很多運動的參與者意識到中國需要民主，但對於需要什麼樣的民主——無產階級民主、資產階級民主還是全民民主——尚缺乏基本的認識。在 1980 年代，當我 1982 年在〈從幹部終身制談到政府的穩定〉一文中將憲政、法治作為政治改革的目標，1986 年在中國政法大學的一次演講中提出中國要走憲政民主道路時，大多數政治改革推動者的理想目標是「中國特色的社會主義民主」。在八九民運中，絕大多數參與者「爭民主」的目的是「反腐敗」，再進一步則是獲得新聞自由和結社自由，還很少有人考慮通過召開社會圓桌會議，進行憲制改革的

可能性。中國民主運動經過二十多年的艱難跋涉，很不容易才建立起實行憲政民主的基本共識。用秦暉的話說，憲政民主應成為當代中國民主思想的「共同底線」。

在中國目前的歷史條件下，不僅當代自由主義和社會民主主義的某些價值是可以重合起來的，甚至古典自由主義和古典社會民主主義的一些基本立場和原則也是可以重合的。「共同底線」論意味著贊成自由主義和社會民主主義都認同的那些基本價值──即代表著人類文明發展方向的普世價值；而反對自由主義和社會民主主義都反對的那些價值──即民粹主義與寡頭主義。至於自由主義與社會民主主義之間矛盾，則應在憲政、法治的框架下，通過民主競爭的方式來解決。

何家棟最近指出：從某種意義上說，憲政就是限政，尤其是限制中央政府的權力。憲政的施行可以分為三個不同的領域。僅與個人有關的事，由個人自己作出選擇，這就是自由的原則。僅與一個社團、社區、地方（統稱為人群）有關的事，由該人群自行決定，這就是自治的原則。與一個國家所有人有關的事，由全體選民及其選出的代表決定，這就是民主的原則。上述三個領域的邊界是不清晰的，因此需要有一個處於權威地位的憲法解釋和審查機構，就事論事地不斷審核與界定上述三原則的各自有效範圍。針對鄧小平 1979 年提出的「四項基本原則」，他提出了未來中國憲政體制的「四項基本原則」，即：第一，自由原則；第二，自治原則；第三，民主原則；第四，以上三項原則的位序原則：可以在個人自由範疇內解決的問題，不訴諸於社區自治或地方自治，可以在自治範疇內解決的問題，不訴諸於全民民主和中央治理。憲法解釋和審查機構（法院、憲法法院或憲法委員會）

應根據位序原則來處理涉及人權與主權、地方與中央關係的立法、行政與司法糾紛。第四原則關注的是自由、自治、民主在廣義民主價值體系中的相對權重與優位次序，而不是在實行政治轉型中的時間先後順序。上述四項原則，應當可以成為憲政民主主義者的基本共識。

從現在到今後的一個時期內，中國面臨著必須解決好的三大問題。第一個問題是中國成為世界第二乃至第一經濟大國後，能不能與美國主導的國際體制和平共處進而融為一體，而不是在軍備競賽中擦槍走火，導致新的戰爭。第二個問題是最終解決臺灣問題，實現海峽兩岸的和平統一。第三個問題是防止貧富兩極分化和出現「斷裂的社會」，「階級鬥爭」與「革命情緒」捲土重來；使社會結構向發達國家的橄欖型結構靠攏，培育由中間階層主導的國民意識形態。解決這三大問題都要靠中國大陸實現民主化轉型，其他的出路是沒有的。但是，對於實現民主化的時間預期，寧肯設想得長一些，不要過於心急。這並不是說先要等待經濟發展到一定程度，或者基礎教育乃至高等教育的普及，而是要通過耐心細緻的工作，盡可能地消除社會各界對於民主化的種種疑慮（會不會帶來經濟倒退、國家分裂、政治清算……），達成最大範圍的國民共識。中國民主化應當遵循普世價值，選擇獨特模式，探索創新道路。

印度籍諾貝爾經濟學獎獲得者阿瑪蒂亞·森認為，如果某些理念具有普適性意義，那並不需要所有的人都一致贊同；價值的普適性，其實就是指任何地方的人都有理由視之為有價值的理念。任何關於某理念具普適價值的主張都會涉及到一些反事實的分析，世界上沒有哪種價值未曾被人反對過，即便是對母愛大概

46

也不例外。人類的各種價值可以分為普世價值、地方性價值（團
體性價值、社群性價值）和個人價值。眾口難調，每人都有自己
的口味，這說的是個人價值的不同。所謂道德金律（「你希望別
人怎樣待你，你就怎樣去待別人」）和銀律（「己所不欲，勿施
於人」），在各種文明中都是相通的，這是普世價值的顯例。正
如森所說，當一個國家尚未實行民主政治、那裏的民眾也沒有機
會實踐它時，他們就體會不到民主的價值，這說明從發生與演化
的角度來說，民主最初是一種地方性價值，但由於其內在的生命
力，它正在演變為普世價值。「一旦民主政治在那裏變成現實
時，人民就會認同它。隨著民主的擴展，民主制度的支持者就必
然越來越多，而不是日益減少。」「民主的價值之所以放之四海
而皆準，其影響力最終來源於民主制度的生命力。這就是關於民
主價值的普適性所強調的根本之點。任何想像出來的文化上的清
規戒律，或者根據人類複雜多樣的過去而假設出來的各種文明當
中的預設框架，都不可能抹殺民主制度及其價值。」

　　民主價值觀是普適的，各國的憲政體制卻是特殊的。在政府
體制上既有總統制，又有內閣制，還有法國式的總統—內閣制；
在議會體制上既有一院制、又有兩院制，還有三院制。鑒於中國
是一個歷史悠久、人口眾多、多民族的大國，中國不應當也不可
能照搬其他國家的憲政體制。世界上大多數國家都是單一制國
家，而幾乎所有的大國都是聯邦制國家。中國為了實現大陸與台
澎金馬的和平統一，可能要選擇聯邦制甚至邦聯制的過渡方案；
而香港和澳門現在已經實行了一種準聯邦制；西藏等少數民族聚
居地區，應當實行真正意義上的民族自治；大陸其他地區，應當
實行都府州地方自治；屆時，中國的國家體制在世界上將是獨一

無二的。日本目前實行都道府縣和市町村兩級地方制度，中國的人口是日本的十倍，實行兩級地方制度顯然是不夠的，在兩級地方自治體之外，可能還要設置非自治的地方行政體。現在世界各國的議會第二院，有的是聯邦院，有的是民族院，中國在多年實行國民參政會和政治協商會議的基礎上，可以考慮設立既有聯邦院、民族院性質，又有基爾特性質的混合型上議院。

中國大陸民主化可以借鑒周邊具有類似歷史文化和社會體制的日本、蘇東國家和臺灣地區的民主化道路，但是這些道路都有自己的特定起點和特定環境，因此，中國大陸必須在借鑒的基礎上有所發明、有所創新。日本二戰後的民主化轉型是在美軍佔領下由美國官員主導的，這是我們不想學也學不了的。蘇東國家民主化是循著「先政治民主化，後經濟市場化」的路徑，而我們則相反，是在「先經濟市場化」的基礎上再搞政治民主化。臺灣民主化內在的主要動因是「省籍問題」、族群矛盾，而對於大陸來說，在漢族聚集區不存在類似問題，在少數民族聚居地區，我們不希望民族矛盾和衝突成為民主化的誘因或產物。由於種種的歷史契機，或許正是世界民主化的原型——英國道路，對於中國大陸民主化最具借鑒價值。所謂英國道路，意味著內生型、漸進性和混合動因的民主化；統治者與被統治者在如何使國家成長為世界強國上具有基本共識和一致行動；社會上層、中間層和底層在鬥爭中求妥協，形成良性互動和多贏的局面。中國民主化的方向應當明確，具體道路則需要在實踐中不斷探索。「千里之行，始於足下。」「不怕慢，只怕站。」「進兩步，退一步」是歷史常態，「進一步，退兩步」則應力求避免。

　　建設性與負責任的中國政治反對派，不是「（民主）制度決定論」者。我們深知，民主化不是包治百病的靈丹妙藥，可以一好百好、一了百了。除了實行民主，還要建立全國統一市場、提高行政效能、推動科技創新、加強民族團結……，才能實現中國的現代化。反對派要全面審議和批評政府的經濟政策、社會政策、教育政策、文化政策、外交政策、國防政策……，並提出自己的替代方案；還要擬定中長期的國家發展戰略。在這裏用得上一句俗話：民主不是萬能的，但沒有民主是萬萬不能的。

　　建設性與負責任的中國政治反對派，不是「唯民主論」者。我們不是以實現民主為唯一目的，也不贊成為實現民主可以不擇手段、不計代價。我們是堅定的「非暴力主義」者，竭盡全力地爭取和平轉型，減緩社會震盪，增進民族和睦。我們是正義論和人權論者，堅持以人為本，以誠信為本，唾棄「為了實現崇高目標可以犧牲任何人、可以採取任何手段」，「有了權便有了一切」的「共產黨文化」。富強、民主、文明，是中國人三位一體的目標，「一個也不能少」。

　　民主化是「第五個現代化」，因此，我們必須具有現代知識與現代觀念，但同時也要繼承一切優良的傳統道德。我們要繼承儒家的理想主義和入世精神。「窮則兼濟天下」，為無權者之權利，知其不可而為之；「達則獨善其身」，以有德者之德行，己所不欲勿施人；在任何情況下，都應當「高調律己、低調律人」（秦暉語）。民主制度是一種「公共財」，少數人為之奮鬥犧牲，多數人可以「搭便車」；只要抱著先賢「只管耕耘，不問收穫」的態度，就可以心安理得地面對這一切。我們要繼承佛門「普度眾生」的胸懷，相信任何人都有一種覺悟心，都可以「放

下屠刀，立地成佛」。我們要繼承基督教「博愛」的精神，「凡愛生他之上帝的，也必愛從上帝生的」，「愛爾仇，恤爾敵」。我們更要相信良心和常識，民主運動最強大的生命力，就在人間最樸素的事物中。

「四五」一代是有志氣、有抱負、有作為的一代人。可以確信，中國的民主化將會在我們這代人的有生之年內實現。民主化與城市化的實現，則標誌著中國自 1840 年以來兩個世紀「追趕現代化」的基本完成。

目次

我 的 自 述

（說明：本文原為 2006 年 4 月 24 日邢小群女士採訪我的錄音記錄稿，後經過我的整理、增補、審定。收入本書時，根據小群建議，刪去提問，改為自述的形式。在此，特向邢小群、丁東夫婦表示感謝。）

一、海寧陳氏

先談談家史吧。我的家史比較細聊可以聊上半天。我與許多人不一樣，包括《北京之春》裏的一些朋友，許多人是幹部子弟，但我是職員出身。

我爸爸是江澤民在上海交通大學的同班同學，後來又曾一度是江的同事和直接下屬。2001 年春節前夕，江澤民曾請包括我爸爸陳爾臧在內的 7 個老同學到中南海家中吃飯。但江在得知我是陳爾臧的兒子後，連合影照片也不敢寄了。其他的老同學都接到了照片。像他這樣的人其實很可憐，表面上是國家領導人，其實是國家機器的工具和俘虜。

我們家是有家譜的，在民國元年還是二年的時候，出過海寧陳氏家譜 24 卷。以前一直不知道，後來我在監獄的時候，看到一個資料上提到，就請父母在 90 年代初回老家海鹽的時候，到縣圖書館裏去抄了一部分。浙江海寧陳氏的著名人物，就是清代野史裏的陳國老，說什麼乾隆皇帝是陳國老的孩子，乾隆六下江

南四次都去了陳家，就是這個陳家。陳家在清代前期出了好幾個大學士，那麼在搜集整理家譜時的意願和能力就比較強。我們這個家譜是從堯舜至我祖父伯父，每一代的歷史都有，但前面的部分不一定靠得住。我仔細看了我父母抄的部分，真正從住到海寧算起，到我這一代是 20 代。在網上看到過朱鎔基的家譜，他是朱元璋的後代，按輩份排下來，到朱鎔基是 20 代。我們家從元末算起，跟朱元璋大致同一時代，排到我這也是 20 代。

我們家族歷史上有一件事比較好玩，我們的祖先是入贅到陳家的。這位男性祖先原來是姓高。高姓出於春秋戰國時期的齊國，史稱國、高二氏掌權，國、高都是齊公族，後來世為齊國上卿。看家譜，高姓可以上溯到姜子牙、伯夷，陳姓可以上溯到舜，舜的一個重孫叫胡子滿，始封於陳。全本 24 冊家譜我還沒有看過，有時間，我要回老家去看看。修這部家譜的時候，我爸爸還沒有出生，我的大伯在譜上已經有了。

二、大爺爺是北京大學代理校長

我的祖輩比較有名的人是我爺爺的大哥，他叫陳大齊，另外的一個名字叫陳百年。他擔任過北京大學的代理校長，後來臺灣頒發中國文化獎，首屆得主就是陳大齊和陳立夫。所以他算是文化界比較有名的人。我沒有見過陳大齊，但他這個人對我有影響。我在 80 年代初研究過一段文官制度，為什麼研究呢？起因就是陳大齊。他擔任北京大學代理校長後，戴季陶就請他去考試院任秘書長，後來長期擔任考試院考選委員會委員長，主持當時全國的文官考試。因為有這樣一個淵源，我對國民黨時期的文官

制度是比較感興趣的。我在 80 年代初期在政治學方面所做的工作，主要就是這一塊。我是大陸改革開放後最早研究和倡議公務員制度的人。當時中共負責組織人事工作的政治局委員宋任窮的秘書秦曉，是內蒙插隊時我們隔壁大隊的知青，我的文章就是通過他交上去的。陳雲的女兒也在這個系統，她也看過和贊成我的文章。當時陳雲是政治局常委中主管組織人事部門的。

　　陳大齊是在日本留學的，是東京帝國大學畢業生。當時有許多中國人在日本留學，大多數人上的是預備學校，有些人也讀了本科，但沒有讀完，真正讀到畢業的人是比較少的。陳大齊讀了本科而且讀完畢業了，雖然只是一個學士學位，回國後就可以擔任浙江高等學校的校長，到北京就可以擔任北京大學的教授和系主任。他也參加過《新青年》的一些工作，在《新青年》裏有些文章，談無鬼啊，主張女權什麼的。陳大齊在北大擔任心理學教授和哲學教授。他當校長當了不到一年，是代理校長，不是正式的校長。他是中國比較早研究心理學和邏輯學的，他研究過因明，就是印度的邏輯。

陳大齊 89 歲留影，1975 年

三、電機世家

我的爺爺也是比較早出國留學的。我在監獄裏的時候，有一度經過多方努力，美國密執安大學破例給我一個通訊讀博士的資格。由於有這樣一個資格，我與我的爺爺可以算是校友，我爺爺是 1913 年在那讀大學畢業的。我爸爸與我爺爺也是校友，我爺爺在留學前，是南洋公學的學生，南洋公學是上海交通大學的前身。

爺爺陳建侯和我，1952 年

密執安大學的博士，我沒有繼續讀下來，但現在這個資格還保留著。我第一次保外就醫的時候，曾認真讀了一年，看了兩百盤校方托人帶過來的錄影帶，做了要求做的所有作業，但第二年我又被關進監獄，學習就中斷了。後來官方在第二次判王丹刑的時候，把他通訊讀美國的大學課程也作為罪狀寫進了判決書，所以我第二次出來後就放棄了，因為最終必須要到美國寫論文和答辯，我擔心出去後就回不來了。

爸爸陳爾臧和媽媽吳永芬的結婚照，1950 年

　　我爺爺和我爸爸兩代都是讀的電機系，工作也是搞電業的。
所以在文革前，我曾覺得這個專業挺不錯，我將來要上大學，也
學電機，子承父業。我爺爺是德國西門子洋行在中國的總代理，
全國許多地方最早的發電機和電動機都是由他經手購買的。我在
獄中曾寫過一篇文章，是寫我父親的，我感歎他們這一代人沒有
趕上建設的好時期。我父親在 50 年代曾設計過北海公園裏面的
一個小電站，有一次在公園遊玩，他很自豪地告訴我，這是我設
計的。後來在 60 年代，我經常看他帶回來的文件，當時有一個
60 萬千瓦的汽輪機組的設計方案，等到他退休的時候都沒有上
馬。中國真正第一台 60 萬千瓦的汽輪機組是在 90 年代才弄成。
我的父親雖然在 40 年代後期也是交通大學共產黨週邊組織的成
員，但是他對政治不是很積極的，他是一個孝子。他的妹妹，我
的姑姑陳爾玉，則是浙江大學的學生地下黨員。在 1947 年的時
候，國民黨要抓一批潛伏在大學的地下黨員，這個計畫被私下透
露了出來，姑姑就和當時在復旦大學的姑丈金雪南一塊兒跑到了
解放區。我的父母既不是領導幹部，也不是中共黨員，一直都是

群眾。在 1949 年後的這麼多年中，既沒有整過人，也沒有怎麼太挨過整，基本上就是這麼一種情況。一輩子老老實實的，讓政治學習就學習，讓幹業務就努力工作，讓下放勞動就拍屁股走人，從來不講條件。

四、家庭教育和影響

談到家庭對我的影響，實際上我的父母對我的影響比較少。因為他們這一代人，經常下放勞動、參加四清、去幹校……，像我父親一會兒到哈爾濱工作幾年，一會兒又到桂林工作幾年，經常不在北京。他在一機部八局工作，我媽媽是在文化部下屬的中國電影器材公司，他們都是搞技術、業務工作的。我媽媽有一件事，對我的人生頗有影響，使我瞭解到共產黨統治脆弱的一面。就是四五運動那天，我從廣場上回來，我媽媽告訴我，今天公安部的人到我這兒買膠捲和攝影器材來了。曾經有一度，全國彩色膠捲的銷售都是由我媽媽一人經手的。那會兒，這是壟斷的行業。她說的這件事讓我比較放心了。媽媽當時問他們，廣場上這麼多人你們是否都拍了照？他們說，沒有啊，我們的設備不夠，拍不過來。當時廣場上的「雷子」（便衣警察）有好幾百人，但技術手段欠缺，沒法把「反革命」都拍下來。天安門事件中的幾個小平頭，主要是指劉迪、侯玉良和我。我當時警惕性高，看到有人拍照就躲閃，實際上拍照的是吳鵬，不是員警。對於劉迪，官方發了通緝令，但是沒有他的照片。對政府自身弱點的這種認識，與我在 80 年代比較敢作敢為，是有一定關係的。

外婆任秀英、妹妹陳子華和我，1957 年

　　當時對子女的扶養和教育，我們的父母一代沒有像我們現在這樣，盡很大的責任。他們自己都自顧不暇。我是外婆扶養大的，如果問與誰親，我與外婆最親。我也一度與爺爺、奶奶一塊生活，我也受到過他們的影響。當時我奶奶特別愛看小人書，全套的《三國演義》、《紅樓夢》、《水滸》、《西遊記》等都有，我很小就受到這些中國經典文學連環畫的影響，文學和歷史的啟蒙特別早。我的姑姑對我有一定的政治上的影響。文革期間我經常騎自行車到八大院校轉，看大字報，瞭解文革的情況，我姑姑是北師大的幹部，每次我都會到姑姑家落腳，與她聊聊，或者吃頓飯。姑姑姑丈對文革的不滿，在 66、67 年就有流露。他們是黨內中層幹部，家裏有些內部讀物，如《赫魯雪夫主義》、《史達林時代》等，我在他們那兒很早就看過的了，大概是十二、三歲的時候。官方能夠印《史達林時代》這些書，因為書的作者也是左派，但與中國官方的反修口徑並不完全一致，我看了以後就覺得非常有意思，啟迪我進一步去思考。

姑姑陳爾玉和姑丈金雪南的結婚照，1950 年

五、課內學習與課外讀書

我是 1952 年 1 月 8 日生，是在上海出生，籍貫是浙江海鹽。
5 歲就到北京了，整個受教育是在北京。小學是復興門外第一小
學，中學是北京八中。我在小學的各科學習都是比較好的，考初
中報的三個志願是四中、八中、三十五中，報的比較高。但中學
升學考試時作文丟了分，那年的作文題目是「做毛主席的好孩
子」。我數學一直比較突出。我有一個很深刻的體會，小學學習
好，不一定到了中學就能夠保持下去。我們小學的班上有兩個數
學好的學生，一個同學考上了四中，但第一次期末考試才考了 70
多分，以後學習一直是中下游；我在八中則考了 109 分，是我們
初一年級 6 個班的數學最高分。我這個人比較樂觀，對於沒有考
上四中比較樂觀，有些挫折也沒關係，挫折會使我奮起。我無論
是上小學、中學、大學，我在班上的學習都是優秀的。語文很難

說總是第一，有時會有幾分之差，但我的數學一直是數第一的。這幾年我們中學同學聚會，大家回憶說，上學時數學一直是陳子明最好，語文是一個叫許紅的女同學最好。很有意思，我是數學好，現在一直是在搞文科的東西，許紅是語文好，但現在她在美國是一個大學教授，教統計學。

　　除了我姑姑家的藏書，還有三個同學家的藏書對於我的青少年時代有很大的影響。一是我的小學同學呂小寶，他的父親是在一機部做編輯工作的，家裏有很多藏書。我小學三年級的時候得過一次肝炎，在養病期間通讀了他家的《三國演義》，把合訂本的硬皮給看掉了。我在上小學期間，就把中國古代和現代的經典小說全看了。古代小說如《紅樓夢》、《西遊記》、《隋唐演義》、《說唐》、《說岳全傳》、《三俠五義》，現代小說如《紅旗譜》、《播火記》、《林海雪原》、《創業史》等，有些是姑姑家和呂小寶家的藏書，有些是我自己從租書店租來看的。記得有一本叫《火種》的長篇小說，有 600 多頁，我生病在家的一天時間裏，就把這本書從頭到尾看完了。我的兩個中學同學，一個叫謝其相，一個叫潘小平，他們的父親都是搞編輯的，家中的藏書非常多，至少比我自己家裏要多好幾倍。我在初中三年，以及插隊回家探親期間，幾乎讀遍了他們家的中外小說和歷史、政治類書。俄羅斯、英法和美國的經典小說，在這個時期全都看了，比如說大小托爾斯泰的幾部名著，巴爾扎克的《人間喜劇》，美國馬克吐溫、德萊賽等人的長篇小說，……曾經有過雄心，只要是沒有看過的書都要看一遍。當時的書還是比較有限的，後來一直到 80 年代初，幾乎每出版一本新書，特別是人文社科方面的譯作，全都要買下來。

　　當時我也比較喜歡翻閱爸爸媽媽帶回家的一些資料，比如我媽媽 64、65 年到山西四清，記了幾大本筆記，我都仔細地看過。因此我對於四清的過程，對於四清中查出的社隊幹部的腐化問題，在文革前就有所瞭解。

六、文革中的感受

　　我從小對政治、歷史、文化等興趣都很濃。因此對文革時發生的事情也一直比較關注。

　　文革開始時我是老初一，才 14 歲。由於年齡小，出身又不好，學校的文革沒你什麼事，但對於社會上的文革非常關心。當時我一星期或者十天左右就會去八大院校跑一圈，有時騎自行車，有時步行「長征」，將大字報看一遍。當時許多著名的大字報，如宋永毅、印紅標著作中提到的那些，我都是親眼看過的。許多大字報上有一條一條的讀者批註，我當時都仔細地看過。我對於北京乃至全國文革運動的整個過程有非常清晰的瞭解。全國各地當時都到北京來彙報，發傳單，貼大字報，這些我也都看了。各個省的兩大派鬥爭，武鬥血案等，都比較瞭解。

　　文革前，我的學習和體育（如短跑、舉重）都比較好，我還是校體操隊的，在班裏的人緣也好。文革一起來，以前學習等各方面都不怎樣的，僅僅因為是革幹革軍子弟，他們就成了紅衛兵，就要領導運動了，而像我這樣的人，頂多是個團結對象，心裏當然是很不服氣的。「老子英雄兒好漢」的對聯出來，我們肯定是反對的，但是也沒有辦法，也不敢上臺去辯論。所以後來提

出反對資產階級反動路線、反對血統論的時候，我們是非常高興和支持的。以前工作組、紅衛兵都在學生中分什麼左、中、右，用出身問題壓制一部分學生或者說大部分學生，因為在當時的中學生裏，職員出身的通常超過一半。當時想弄一個「紅外圍」都弄不成，受壓抑的感覺很強烈，還有些出身不好的學生被紅衛兵批鬥。

我們學校文革中有一件事我常對人家講。文革該不該搞，當時我的覺悟還沒有達到可以這樣提出問題的程度。看當時的日記，我經常是在做自我批評，我的小資產階級思想、人道主義情緒又出現了，缺乏徹底的革命性⋯⋯。為什麼要做這種自我批判呢？我當時看到紅衛兵打人，打死人，我還是看不過去的。因為我目睹過打死人的場面。怎麼打死的？初三年級的紅衛兵用練刺殺的木槍，硬是把一個老太婆（據說是什麼「地主婆」）給捅死了。我沒看到全過程，但我看到了他們在用木槍捅，實在看不下去了。就在八中的校園裏，第二天聽說就這麼給捅死了。這是說我對文革從一開始就懷疑的地方。為什麼又會有贊成的一方面呢？這是現在應當重點揭示的。1966 年 6 月，在批鬥校長的會議上，有一個工友發言，這個工友講了他在 60 年代初期的時候，生活的艱苦情況，一家大小怎樣吃不飽，怎樣吃樹葉、吃菜根的過程。雖然我們也經歷過這段，但在北京的天子腳下，生活還是多少有些保障的，在我的記憶中，我當時在鐵道邊挖過野菜，上樹摘過槐花，也吃過槐花，但我不是到了非吃不可的程度，只是別人都吃，我也跟著摘了吃。在這種情況下，家裏人快餓死了，工友去向學校黨支部申請補助，結果學校說不能給補助。當時聽到工友的控訴我是很氣憤的——這種事情對於我來說是聞所未聞

的，這些修正主義分子對勞動人民真是狠，把他們逼到了這麼一條路上。我後來在 76、77 年寫了一部 25 萬字的描寫文革的小說，我就寫了這一段，這是我親身經歷的，怎麼訴苦，當時學生怎樣上去打這個校長。雖然輪不著我上臺打人，但我當時確實被這種情境感染了，覺得文革真是應當搞，不搞真的會餓死人。這就是毛澤東為什麼首先要支持中學生起來「造反」的原因所在，因為你年少不懂事，不知道餓死人首先是毛澤東路線的責任，而不是與之對立的什麼路線的責任。

反對資反路線後，我們就衝破了紅衛兵的阻力，自己組織起來了。我們的組織在後來屬於中學「四三派」。這時已經是大串聯時期，我們就出去串聯了。但我們只趕上一個尾巴，剛剛在天津待了幾天，上面就發文件停止串聯，我們就返回北京了。9 月份開始串聯的時候，紅衛兵不讓我們這些人出去，一直到 11 月份，我們才出去串聯。這本身也是我們這些出身不好的人在當時受壓制的一個方面。我們是聽話的，中央有個文件讓回來，我們就回來了。其實，當時繼續往遠處走也就走了，也沒什麼事，一直到 67 年 2、3 月，大規模的串聯才停下來。

我當過兩次學毛著積極分子，一次是在八中，一次是在插隊初期。1967 年，我在領導「復課鬧革命」方面表現比較突出。當時北京的中學已開始軍訓了，但大多數班級並沒有復課，連人都來不齊，而我因為在班上威信比較高，組織了學生上講臺講課活動，並請老師幫助輔導，還開展了其他一些教學活動。這樣，我在軍訓後就成為班級的主要負責人，還參加了軍訓師學習毛主席著作積極分子的會議。軍訓師是指整個西城區還是西城區的一部分，我記不清了。

　　總的來說，我在文革中，一個是觀察，包括對北京和全國文革情況的追蹤；一個是參與，只限於所在班級的範圍內。我基本上是緊跟「毛主席戰略部署」的，讓串聯就串聯，讓復課就復課，讓搞「鬥、批、改」就寫批判劉少奇的大字報，參加過四三派的大型集會，但像武鬥之類的，就沒有參與。搞到後來，我對文革就很失望了。我覺得文革應該造就一代新人，真正改造人的思想，但當時我看了很多大字報，新的造反派掌權以後，對立面的揭發，私心雜念如何膨脹，怎樣搞派系鬥爭，怎樣搞男女關係等，對此很失望，覺得文革這麼搞下去也搞不出什麼名堂了。因此我是積極要求上山下鄉的。我們學校在動員 66 屆、67 屆去插隊的時候，我是 68 屆的，就主動報名了。毛澤東關於「知識青年到農村去……很有必要」的「最高指示」是幾個月以後才發表的。

七、去內蒙牧區插隊

　　在我們之前，有曲折、吳小明等一小批人，他們是 67 年去內蒙的。吳小明在 68 年回北京做報告，報紙上也宣傳過，我當時聽了後覺得草原挺好。我們這波去草原的主要是高中和老初三的學生，老初一的只有我和我們班的另一個同學，他是我的朋友，受我的影響才去的。《中國青年報》的李大同也是阿巴嘎旗的知青，他不是與我們一起去的。我們是 68 年 8 月 7 日西城區許多學校的大批人一起走的，他是後來幾個人自己聯繫去的。

　　我們去阿巴嘎旗的，一行共 500 多人，分到十幾個公社。同時出發的還有去蘇尼特左旗的知青。我們這撥有一件事情，聽說

有一個蘇尼特左旗的知青還沒有到公社，在旗所在地騎馬，就摔死了。當時的旅程相當漫長，首先坐一天火車，到了集寧，換車到賽汗塔拉（蘇尼特右旗）；然後換乘汽車，頭一天只到蘇尼特左旗，住一個晚上，第二天中午到阿巴嘎旗，第三天再乘車到公社。從公社到大隊就要坐馬車或牛車了。當時我們每次回北京都要走好幾天，現在路好走了，開汽車從北京一天就可以到。

插隊前在北京火車站的合影，1968 年

（自左至右：表妹金子沖、我、妹妹陳子華、弟弟陳子清、媽媽、外婆、表弟金子平、爸爸、表妹金子英、表弟金子成）

　　我被分配到旗所在地北邊的額爾登高畢公社。我們公社的知青來自 3 所學校——八中、女八中、太平橋中學。挨著我們公社的叫伊和高勒公社，這個公社出名的人比較多，他們來自四中、師大女附中還有一個什麼學校。李大同在旗所在地南邊的白音德力格爾牧場，離我們有四、五百里地。額爾登高畢還不是邊境公社，我們離邊境還有 100 里。阿巴嘎旗只有 2 萬多人口，但占地有 3 萬多平方公里，一平方公里不到一個人。

八、開始知青生涯

一開始去的時候 4 個知青住一個蒙古包，分到一個浩特。我們大隊去了 15 名知青，8 男 7 女，分住 4 個蒙古包。一般情況下，兩個蒙古包組成一個浩特，一個浩特分管一群牛和一群羊，只需要四個勞動力，一個放羊，一個放牛，兩個婦女平時輪流下夜，還管擠奶、接羔、剪羊毛等。一個浩特一下子去了 4 個知青，實際上是沒有活可幹的，這樣沒多長時間，知青就分散下浩特了。分散下去浩特實際上還是擠佔了人家的資源。本來人家的勞動力就足夠了，你一下去了這麼多人，牛羊不會因為你人去得多了，就多起來，限制放牧量的主要因素是草地面積而不是勞動力人數。

一群羊大概在七、八百到一千多隻。我們都是騎馬放羊，走著放羊肯定放不了這麼多。所以去了牧區必須學會騎馬。我說一個事，我們剛下浩特，我就出了一個洋相。牧區的燃料主要是乾牛糞，我們看蒙族老鄉都用芨芨草點燃牛糞，我們手頭沒有芨芨草（其實我們有報紙，用報紙也可以點燃牛糞），就派我去弄芨芨草。我們下浩特的時候已經是秋季，草已經比較枯黃了，芨芨草一拔下來就可以點燃。離我們浩特 7、8 里外有個水泡子，水泡子旁邊長滿了芨芨草。那時剛去幾天，只會騎馬不會料理，馬肚帶鬆了，也不知道緊一緊。我在水泡子旁拔了一把芨芨草後，就一手攢著芨芨草，一手扶著馬鞍子上馬，因為馬肚帶鬆了，一蹬馬鐙，馬鞍就轉到馬肚子下邊去了。人摔倒在地上，馬就跑了。我只能步行往家走，騎馬沒多遠，步行就覺得很遠了，這時天已經黑了，我們浩特在什麼地方，我也看不見了。其他三個知

青在家中等我回去做飯，左等右等等不到，連忙通知牧民一起出來找我。我看著不遠處有燈光，就朝著燈光走，結果走到了另一個浩特，而且我的馬也自己跑到這個浩特，已經被牧民栓在馬樁上了。最後，是這個浩特的牧民護送我回到家。我第一次獨立幹事就出了這麼一個婁子。

　　沒幾天又出了一件事。我印象中去內蒙後頭一場雪是 9 月 27 日下的。同一浩特的知青都去隊部集中學習了，只留下我一個人看家。突然從傍晚開始下了一場挺大的雪，他們就沒有回來。這時候的雪，下完了就化了，我們的牛糞沒有用苫布或者氈子苫好，結果全都給弄濕了，點不著火了。他們過了兩天才回來，問我這兩天怎麼樣，我說，我沒有乾牛糞，沒法起火，這兩天就餓著唄。所以說，我這個人絕食的歷史是比較悠久的。

　　這兩件事都說明，當時我的生活能力比較差。在我們公社的知青中，我的年齡是最小的。一開始大家都覺得我不太適合插隊。騎馬本並不難，但是騎馬需要有一套工具，馬鞍子、馬肚帶、馬籠頭、馬嚼子、馬絆子、馬鞭子，等等。這些東西都是易損耗物品，需要騎馬人掌握做這些東西的一套技術，隨時更換替補，在這方面，我是比較差的。

　　我當時也積極學了蒙語。我在老鄉家住過一年，基本的生活辭彙都掌握了，但政治用語、開會時的那些套話，就懶得學了。蒙文也學了一些，因為蒙文是拼音文字，所以能看一些簡單的東西。離開內蒙牧區這麼多年了，還有誰能說一口流利的蒙語？我就知道謝小慶可以。他是東烏旗的。他待了十年，我待了六年。他現在還可以看蒙文的東西，還可以與老鄉口頭交流。我現在既不能說蒙語也不能看蒙文了，但到了那個環境，應該還可以聽懂

一些日常用語。我的適應性強，現在插隊的同學聚會，都說知青中，陳子明是唯一可以吃羊尾巴的人。內蒙本地綿羊的尾巴非常肥大，有些老鄉就好這一口，覺得這個好吃，在火上烤烤，就給知青吃。別的知青都吃不了，我當時有個想法，要向老鄉看齊，老鄉能吃，我也能吃。所以我並不是喜歡吃羊尾巴，只是能吃和吃過羊尾巴。

九、羊倌和馬倌

住在老鄉家裏放羊，吃飯也在一起吃，就跟他們家的人一樣。除了極個別人家有兩個蒙古包，通常一個家庭就是一個蒙古包。男女老少都住在一起。蒙古包的一面是門，一面是婦女燒火和下夜的地方，通常有兩面——進門左手和對面——是睡覺的地方。我當羊倌的時候，住在一個蒙族老鄉家，男的是大隊保管員，女的下夜，還有兩個女兒，一個女兒比我小兩歲，一個女兒更小。這個大女兒睡覺的時候就睡在我的身邊，他父親和妹妹睡在門的對面。蒙族女孩是非常開放的，大人不但不管，而且是鼓勵的。在蒙古，姑娘沒人理是一種恥辱，誰都願意與她好是一件光彩的事。所以我們那兒的女孩一般在十五、六歲就生孩子了，一般都是在生孩子之後才結婚。而且，生孩子與結婚是兩回事，不是漢族人「奉子成婚」那麼一個概念，將來的丈夫和孩子的爸爸不一定是一個人，他們並不在乎是不是親生。你如果沒有發生過性關係，沒生過孩子，那可能就沒人願意娶你。有的女孩子還是小學生，上趟茅房就把孩子生下來了。

　　我待的那家有點特殊情況，人們都說那家的主婦腦袋有點問題，小女兒是個啞巴，在我離開內蒙後有一年刮白毛風，她從臨近的浩特回家，半路上就被凍死了。她的姐姐頭腦也不是很精明。人家有一個主動的表示，你不接招，也就算了。要是很精靈剔透的那種，還就比較麻煩了。我在插隊時，對於自己未來的前途，還是很在乎的，對於自己可以做什麼，不可以做什麼，心中是比較清楚的，知道不能沾男女關係這種事。

　　牧區的勞動並沒有農區那麼累，就是不衛生的厲害。我們到了那兒以後，和牧民也沒什麼兩樣。我在那兒實足算待了五年，我記得我洗澡的次數，不會超過五次。主要是沒有水。我們的飲用水都要從很遠的地方去拉。用牛車拉一次要吃很長時間，洗一次澡，半個月喝茶做飯的水就沒了。大隊範圍內的水井很少，每次去打水都要排隊。打水的人多了，水位就下去了，桶下去就到底了，那你還得等著，等水位上來，才能繼續打。這是在夏營盤，總算還有水井可以打水喝，到了冬營盤，根本就沒有水井，只有一口機井，要保障種畜用水。我們都是喝雪水，把積雪放在大鍋子裏燒，化成的水。記得第一年的冬天，過春節吃餃子，剁了一桶羊肉餡，化了一桶雪水，最後餃子也吃完了，發現桶底有一橛人屎。因為採雪是用大舀子舀的，化雪的人也不仔細。我們那個噁心啊，可是餃子已經吃下肚了，也沒有辦法了。還有一次，我記得吃的一個東西非常噁心。有一次我們搬家，從一個營盤到另一個營盤，搬到新地方後，蒙古包還沒有搭起來，天已經完全黑了，只好先點火做飯。草地上只要有亮光，蟲子都來了，那天我們烙餅，烙完後兩邊都沾滿了蟲子，就跟芝麻餅一樣，因為當時又餓又累，也就用手扒拉一下，全都吃下去了。我洗澡一

72

般都是回北京後才洗，在那邊連用水擦擦身都很少。因此回北京後，家裏人說我身上的膻味要十幾天後才會消失。

不擦身，不洗澡，男的還勉強湊合，女的就很不衛生了。牧區得婦女病的很多。當時我們年齡小，也不好意思向女知青瞭解此事，她們是怎樣過的。但我知道，她們當時一定是很艱難的。那個地方有個特點，就是苦而不累。苦，一年洗不了一個澡，衣服也很少洗，幾件衣服輪著穿，哪件稍微乾淨一點就換上穿；但不累，最累的活就是放羊，放羊就需要你整天跟著羊群，因為羊群旁邊若沒有人，狼就要來了，羊群和羊群也會混到一起。我們有狗，但沒有牧羊犬。放羊的時候不帶狗，狗主要是幫著下夜用的。放牛放馬就不用整天跟著，甚至好幾天都不用管，只要你知道在哪兒，不要弄丟了。像山西的一些農村每天工分只值一、二毛錢的時候，我們一天能掙一元多，而且天天吃肉，以肉和奶為主食。

我們那個大隊，有 20000 多隻羊，2000 多頭牛，1000 多匹馬，人只有 200 多，占著幾百平方公里的一塊地方。我們有二十幾個浩特，一般一個浩特是兩個蒙古包或者三個蒙古包，也有一個蒙古包的。勞動力多的就是一個蒙古包，按戶算也就是幾十戶，四五十戶。除了蒙族牧民外，當地也有一些所謂的「盲流」，60 年代初從外地自己跑過去的。待的時間長了，大隊就把他們也容納進去了，但與當地人在待遇上還是有差別的，一些肥的活，像放牛等，就輪不到他們了，主要是幹些雜活。這些人地位比較低，一般蒙族人也不會嫁給他們。他們大都來自河北省張家口地區，等他們積攢了一些錢，就回老家娶個老婆，再把老婆帶出來。65 年來過一批保昌（太僕寺旗）的知識青年，有 7、8 個人。太僕寺旗在錫林郭勒盟的南部，是以農為主的地方。保昌

知青和北京知青的待遇也不一樣,當地政府和老鄉對於我們北京知青更重視一些。後來保昌知青也都走了。他們有些比我們走得早,有的比我們走得晚,最後都走了。

我們大隊如果按實際收入來分配,每天分 3 元錢也是可以的。但上面不讓你分那麼多,給你限制在 1 元多錢,每年的收入只拿出不到一半分配給社員,剩餘的就是大隊的集體積累了。我們大隊的工分值在阿巴嘎旗只算是中等,有比我們高的,也有比我們低的,最高可以到 2 元。

僅留下來的草原騎馬照,1970 年

一般地說,一群牛 100 頭左右,一群羊 1000 隻左右,一群牛和一群羊組成一個浩特。馬是統一放的,分為兩個馬群或三個馬群。草原上所有的人都要騎馬,所以馬倌是很有權力的。雖然給每個勞動力分配了坐騎,但僅靠指定的一兩匹馬是不夠騎的,因

為天天騎，馬就太累了。自己的坐騎過一陣要放回馬群養養，這時就要臨時向馬倌借一匹馬來騎。所以一個人在隊上有沒有權勢和威望，就看你是不是老能騎上好馬。你是隊幹部，或者跟馬倌關係好，馬倌就能老給你找好馬騎。我曾經放過幾個月的馬，這屬於隊上對我的一種褒獎。我在當馬倌的時候，摔碎了眼鏡，對於放馬影響很大，因為馬群散得很開，這兒一小群，那兒一小群，如果你視力不好，把牛群看成了馬群，就要多跑幾十里的冤枉路。所以我後來就不當馬倌了。

十、赤腳醫生和大隊幹部

我個人在隊上的經歷是比較豐富、比較複雜的，可以說在知青中也是個特例。我是 68 年去插隊的，70 年就擔任了大隊革委會副主任，所謂「第二把手」。我為什麼能擔任這個職務呢？其中有一些特殊的原因。我插隊不久，就當了赤腳醫生。因為我離開北京時帶了兩件東西，一個是裝常用藥的鐵皮盒子，一個是《農村醫生手冊》，在我當羊倌的時候，老鄉就拿我當半個大夫看。1969 年，我受命帶著我們的前任大隊長到北京來醫治他的結核病。在這個過程中，他就吃住在我們家，他住院後我就回大隊了，由我的家人接著照顧他，到醫院看望他，送他到火車站，等等。他是文革前的大隊長，在大隊有威信，他和我的特殊關係，使我在蒙族老鄉中獲得了好人緣。而且，你當赤腳醫生，救死扶傷，別人有病要請你看，這樣人緣自然就會好。

我本來並沒有打算當赤腳醫生。只是在我下鄉的時候，家裏為我準備了一個大鐵盒子的藥，主要是為了我自己防病治病用；

結果一到了那裏，看到這種缺醫少藥的情況，就主要用來為別人服務了。我剛才說，牧區苦而不累，苦就包括得了病，沒辦法治療。當地雖然有蒙古大夫，但他的醫術也不是很好，不一定比知青出身的赤腳醫生水平高，有些病他能治，有些急難病症他的蒙藥是抵不上打針和西藥的。十幾個知青中還就是我帶了比較多的西藥和中成藥，而且我的自學能力還是比較強的，一邊看看書，一邊在自己身上練練手，打針、針灸什麼的就都學會了。後來又到旗裏接受了一個月的正式訓練，各種新醫療法等當時都學了。現在有一個在美國的朋友，當時我們在一起學習割治療法，在頭上刺了一刀，血就湧了出來，我這個朋友當場就暈過去了。他是一見血就暈的那種，但後來他還是繼續幹赤腳醫生的工作。把頭皮刺開是為了埋線，當時有許多種新醫療法，這是其中的一種。

1971 年以後，我實際上同時幹三個活，又是赤腳醫生，又下夜（一般都是兩個人輪流下夜，你下一夜，我下一夜，我是一個人下全夜），還是大隊的主要負責人之一，我本可以掙幾份工分，但我實際上只要了一份工分，我在這方面一直比較嚴格要求自己。

我在知青中年齡最小，反而被選為大隊領導，這裏面有三個原因。第一，我當了義務的赤腳醫生，還帶著隊裏的老領導到北京看病。第二，我在「挖肅」運動中的表現受到牧民的讚揚。北京知青去的那年，正趕上了內蒙挖內人黨運動，很多地方的知青都參與了運動，但是有少數知識青年，因為有北京文革的經驗教訓，對運動是表示懷疑的，我們隊就是一個典型。運動進入高潮的時候，上面選了幾個知青到公社，專職搞運動。結果我到公社一看，整天打人，審訊啊，迫害啊。我有一個同學，當我在監獄

裏的時候，他寫了一篇回憶文章，講了這一段，他的描述比較詳細。後來我就不幹了。專職搞運動是個美差，一天到晚整人，不用幹活，還記最高工分，知青和公社幹部在一起，男男女女的，可以一塊玩，但是我看不慣，我就自己一個人回大隊了。當時公社有的幹部逃難逃到我們大隊，我就與知青說，這件事我們不應該站在「挖肅」這一邊。後來，我們這個知青點成為在運動中保護了蒙族幹部的一個典型，在其中我起了相當大的作用。一個是讓我去公社，我去了不僅不參合，看不慣就拍屁股走人了；一個是回來後，我把運動中的種種醜惡行為傳播給其他知青，進行了反宣傳；一個是保護公社逃來避難的幹部；一個是不揪不鬥本隊的幹部。這樣過了半年多，中央就把內蒙這個運動給否了。否了以後，大家認為我對運動的抵制是正確的。第三個原因，我是我們大隊知青中第一個到老鄉家去住，第一個去浩特獨立放羊的。後來雖然別人也陸續下去了，但我是第一個下去的，所以我作為羊倌的口碑是最好的。

　　當時並不是必須得去，有人更願意在集體戶裏待著。而我是主動要求下去的。事實上，這些位置也不是一下都能騰出來的，一共才二十幾個羊倌的位置，你去了十幾個知青，不可能都去當羊倌的。我去住的那家，因為戶主當了大隊保管員，他原來的羊倌位置空出來了，我才去接了他的羊倌。我當了大隊領導以後，全大隊的吃肉是由我來批條子的。這個權力很大，不僅是隊上的人要你來批條子，而且公社幹部要吃肉，也要到大隊來，也需要通過你來批條子。在這個過程中，我就與公社的一些領導幹部鬧矛盾了。過去，公社的幹部要吃羊肉是很容易的，但我接手之後，我就按原則辦事，我對他們的腐敗特權行為很不滿。

十一、反對腐敗被繳槍

公社幹部也不是無償吃肉，也是要用錢來買。但他們總想少花些錢，買出肉多的大羊。按照規矩也不應該賣給他們，他們是領工資的人，應當用市場價格買羊。我們牧民買羊的價格實際上是對社員的一種補貼、一種福利。羊肉主要是在冬天吃，夏天吃的較少，主要是鮮羊肉放不住，要醃製起來或者曬成肉乾，冬天的吃肉標準是一個人 5 隻羊，半頭牛。實際上羊是白送的，你把羊皮和毛賣了，再加上腸衣，就頂上一隻羊的價格了。羊有大有小，肥的比瘦的可以多出一、二十斤肉。你攤上瘦的小的，可能吃一隻羊要花上一兩元錢，攤上肥的大的，皮大毛多，實際上還有的賺，因為大隊計價結算是按隻數，每隻多少錢。

我在當了大隊二把手後，還領導過打井、壘壩、開荒、種地、蓋房子等。打井這個事是一個失敗。我帶著十幾個人，一冬天打了兩口井，都沒有打出水。壘壩是把泉水截流，用於飲牲畜，這個事是成功的，一直沿用下來。開荒種地就是在草原上用石庫倫圈一塊地，在那種蓧麥和蔬菜。種地的意思主要是種飼料，我們那的羊爬子——就是種公羊，用來改良本地羊品種的——要給它吃得好一些，如果我們自己不種的話，就需要去外邊購買。那麼我們就自己種種看，實際上拿收穫與用工、農機、肥料等相比，是很不合算的。還種了一些菜，知青也願意吃，老鄉也願意吃。我們在牧區的時候，肉是常年吃，菜只能偶爾吃。主要是冬天吃一些，如胡蘿蔔、蔓菁、土豆等，主要是這三樣。別的沒有，綠葉菜基本上是見不到的。夏天和秋天可以採到野韭菜和蘑菇。

　　我從 70 年就開始當大隊幹部，一直當到 74 年離開牧區的時候。說起來是當了好幾年幹部，但只是在開始的時候比較積極，後來就不怎麼願意管事了。我當了大隊幹部後，就與公社的領導幹部不對付。在公社開團代會的時候，我們知青代表還與公社黨委衝突了一次，批評他們搞特權，搞腐化。公社黨委書記是原來的武裝部部長，他經常拿著把槍，喝醉酒後胡作非為。這個反腐敗的集體動作被旗裏認定是向黨委的挑釁行為。公社領導隨後對我進行了報復。本來我是持槍民兵，在我的蒙古包裏既有步槍，還有轉盤機槍，在與他們發生衝突後，據說是根據對我的外調材料，認為我的家庭出身有問題，就把我的持槍民兵資格給取消了，把槍也收走了，但大隊領導的職務沒有動。

　　當時知青都是民兵，但沒有這麼多的槍。槍械是有限的，只發給一些最可靠的人。我們有槍、有子彈，在當時還是很有用的。當時草原上還有黃羊，你可以用槍打黃羊。我們經常吃黃羊肉包子，也談不上改善生活，因為我們差不多天天都在吃肉，有時吃吃黃羊肉，算是換換口味。黃羊肉比較瘦，基本上沒有肥肉，而我們的羊都是很肥的，所以黃羊肉適合作包子餡。

十二、回北京上大學

　　上大學，我走的比較晚。我們隊最早的一個知青 70 年就走了，去上海的華東師範大學。當時我們隊有兩個人被推薦入黨。一個是她，她是工人家庭出身，入黨不久就上大學走了。另一個是我，因為家庭出身問題以及與公社領導的矛盾等等，就沒有

批。這是 70 年的事，71 年我們那沒有上學的，72 年我回家的時間比較長。73 年是所謂「回潮」，我們去旗裏考過一次，我考得還不錯，當時已經通知下來，我是吉林大學物理化學專業，我們隊的另外一個知青是長春地質學院。但後來張鐵生交白卷的事一出來，就把我的大學給吹掉了，白考了。74 年也有一些波折，旗裏電話通知的時候，還說是北京大學化學系，等我去領入學通知的時候，一看不對了，變成北京化工學院了。問是怎麼回事，招生的人說，你們旗北京大學有 7 個名額，全都是男的，需要換一個女的，結果就把我給換了。我上大學那年是 74 年。我插隊 6 年，刨掉回北京的時間，實際上待了 5 年。有一次回北京我得了盲腸炎，又感染為腹膜炎，在北京休養的時間比較長，大約有半年。

74 年進化工學院後，我分在二系，專業叫基本有機合成，現在叫化學工程。二系的另兩個專業是化纖和染整，後來劃入北京化纖學院（北京服裝學院）了。我的同學畢業後大部分都分在房山的燕山石化總廠，有在合成橡膠廠的，有在三十萬噸乙烯裝置的。

我上大學的時候，在班裏學習優異的程度，比在八中和小學還要突出。因為在文革中，我別的壞事沒幹過，就是有一件事不是那麼光彩。在我們學校挨著運動場的那個校辦工廠，曾經關押過教導主任，當時已經沒有人幹活了，有一次鍛煉身體的時候我進去看，在一個角落裏發現了一個木箱子，裏面裝著滿滿一箱子書，是全套的高中教材，我就把它們統統拿走了，後來還帶到了插隊的地方。所以後來準備考試的時候，我是有全套教材的。

72 年回北京探親的時候，我得了盲腸炎。發病的那天正好是尼克森訪問北京的第一天，我到一個中學同學家串門，去的時候還沒事，回來的時候，路口就堵上了，要過尼克森的車隊。當時

我肚子就疼的要命，我是赤腳醫生，一看是反跳疼，就知道是盲腸炎了。到醫院已經是晚上，醫院不給馬上動手術，等到第二天早上開刀就已經穿孔，變成腹膜炎了，動手術的時候發著 40 多度的高燒，全身打冷戰。如果是在內蒙插隊的地方得這個病，肯定沒治了，早就嗚乎哀哉了。在這次住院的時間裏，我就把高中的《三角》教材看了一遍。雖然我是老初一，但我在上大學前已經把高中數理化都看過一遍了。而且當時已經開始學《英語九百句》，也開始自學微積分了。這樣，我與我們班的同學相比，就高出一大截了。

與北京化工學院同學合影，1979 年

當時特意把我與我們班學習最差的一個女生安排坐一個雙人桌。她是農村來的，不是插隊知青，就是北京郊區的農村孩子，只上過五年級。我在這個班上一直幫助她解決分數加減乘除的問題，讓她掌握這一部分都比較困難，更不用說三角函數和解析幾何

了。我是這個班的學習委員，還是班理論學習小組組長，因為班上還有七八個人是黨員，我不是黨員，所以不是班上的主要幹部。我當時在理論方面頭腦已經很清楚了，已經確立了基本的思想框架。

十三、因為通信成了反革命

在 75 年的 4、5 月份，我與我插隊時的一個同學通信，這個通信被學校中的某個人檢到，後來也知道這個人是誰，是個外交官的子弟，他撿到後就把信交到保衛處，保衛處就轉到市公安局了。我們當時在信中議論了兩篇文章，就是張春橋、姚文元的兩篇理論文章，實際上光是這封信還無所謂。當時信丟了，我很緊張，因為他的來信中說得很厲害，我馬上給他回了一封信，告訴他信丟了；又過了一段時間，我看沒什麼事，又給他寫了一封信，告訴他沒事；但這兩封信中，有些話說得更厲害、更鮮明了。當時我在信中說，信丟了被人揀到的可能性有多大，揀到以後的結果可能怎樣；如果被抓了，可以認錯，但我們的想法不能動搖。當時我們對黨內的左派、中派、右派都有一些劃分，周恩來、鄧小平、四人幫、毛澤東等都有一些劃分，但我們在總體上對於中共是否定的。四五運動中，我們雖然也打周恩來的旗幟，但實際上在我們的思想中，周恩來與毛澤東都是一丘之貉，不過是他們內部的分歧，從我們的角度來看，全都是反動的上層統治集團。

和我通信的叫徐雲，原來是與我在一起插隊的。我上北京化工學院那年，他上了錫林郭勒盟師範學校。當時出事後，他也被抓起來了。後來是我寫給他的兩封信說得比較厲害，都是我跟他

說，應當如何如何，他的回信就很謹慎了，沒再說什麼。我說：我們應該繼續努力，還是要想辦法混入黨內，從內部去瓦解它。這些話在信上都寫得一清二楚。光是丟的那封信議論議論張春橋、姚文元，也就罷了，關鍵是後面的兩封信，全盤的想法都在上面，後來化工學院開我的批鬥會時，大標語是「揪出企圖混入黨內的新生資產階級分子」，大標語就是這麼寫的。我是在四五運動前一年被抓進去的。那天我們學校正在開準備放暑假的大會，裏面有些話我覺得好像是在影射我，這時有人說，陳子明，你出來一下，我就出去了，穿制服的警察已經在等著我了，這樣就把我帶走了。

知青老友合影，2004 年（後排正中為徐雲）

　　開頭的信是他們揀到的，後來的信是他們截獲的。當時我們都住校，來信發到學校，去信也是從學校的郵筒發出的。是不是

完全截獲了也不清楚，反正當時我認為是被截獲了，他們讓我交代，我就把信中的內容都說了。但後來從徐雲那兒看，也可能他們沒有截獲那兩封信，徐雲就死不承認，他後來跟我的處理就不一樣。我在公安局炮局胡同看守所待了兩個多月，就回學校了。學校就不讓我上課了，每天打掃廁所，寫檢查；「十一」前夕全市清理「有問題」的人，就把我發配到大興縣的幹校勞動了一段；此後又回學校參加建築隊，蓋了幾個月的房子。一直到 76 年 4 月 2 日，學校正式通知我，開除學籍、團籍，定性為反革命性質，鑒於你以前的表現不錯，按人民內部矛盾處理，送永樂店農場勞動改造。這種勞動改造不是勞動教養，每月可以回家，但也有特殊的對待，比如說 9 月 9 日毛澤東逝世後，別人幹活幹到晚上六七點，讓我們有同樣情況的四個人繼續幹，一直幹到深夜十二點，這就和普通職工不一樣了。

面對這種情況，我當時是比較坦然的。我的思想那時已經比較成熟。我的思想轉變比一般人早一年，70 年廬山會議陳伯達下臺，我的思想就有了轉變，71 年林彪事件後，轉變就基本完成了。到 73、74 年，我已經讀了很多西方的政治性讀物。到 75 年我被抓時，根據當時情況判斷，我覺得這個事用不了幾年就會翻案。被抓以後，原來設想的路走不通了，原來是要混入黨內的，但我並不悲觀，條條大道通羅馬，東方不亮西方亮，毛的時代總歸不會太長了。所以他們當時就講，陳子明很猖狂，在批鬥的時候，嘴角上總是帶著一種嘲諷的微笑。後來我的大學同學也寫過回憶當時情況的文章。

和我通信的徐雲實際上在公安局待的時間比我還長，他關了三、四個月。對他的定性跟我一樣，反革命性質按人民內部矛盾

處理，但保留了他的學籍。他沒有像我這樣，被發配到別的地方去勞動改造。

我在永樂店農場勞動，是有收入的，每月有固定的收入。那個地方也有知識青年，有一些北京七幾屆的學生高中畢業後就分配到那個地方工作。農場與插隊不同，是拿工資的，每月能拿三十多元工資。

十四、四五運動中的群眾談判代表

說到我怎麼會參加四五運動的，是在時間上趕巧了。在學校對我宣佈開除的決定前，我是在學校裏面監督勞動。在此期間我幹過很多活，譬如說打掃過廁所。後來有個朋友告訴我，他認識北京化工學院的一個工人，這個人是個小混混，他曾很得意地告訴我的朋友，陳子明當年在學校掃廁所的時候，我還往他身上撒過尿呢。這個朋友跟我一說，我就想起來了，是有這麼一回事，當時不知道他是故意的，我躲閃了一下就躲過去了。一直到 76 年 4 月之前，我的人事關係一直在化工學院，由他們負責對我的監控管理。4 月 2 日宣佈決定後，他們就放了我幾天假，讓我回家去收拾行裝，處理善後事宜，然後在 4 月 7 日由化工學院派一個車，把我送到永樂店農場（永樂店農場離市區有 100 多里地），我的人事關係就轉到農場了。3 號到 6 號這幾天兩頭都不管，正好給了我一個自由活動的空檔，否則我也去不了天安門廣場。

我本來是沒準備在這幾天裏幹什麼的，因為我本身就是反革命，已經非常敏感了，我就是想來感受一下廣場的氣氛。但是又

一次碰巧了。4 月 4 日晚，當時最尖銳的一張小字報——關於「第十一次路線鬥爭」，點名批判江青的小字報——貼出時，我正好就在邊上。我沒看見有人貼，但從貼上去到被我看到，時間非常短。這張小字報只有一頁紙，我看的時候就把別人擋住了，後邊就有人拍我的肩膀，「哎，前面的唸唸。」我當時思想猶豫了一下。如果沒有這個刺激，我可能在四五運動中根本就不會做什麼。我是自己唸還是躲開讓別人唸，我想了一下，還是唸了。開始就我和旁邊的人，兩個人唸，但聲音不夠大，因為當時想聽的人比較多。我就說，這樣，我唸一句，你們周圍的十幾個人就跟著唸一句，這樣就構成了一個人體擴音機，周圍的好幾千人就都能聽到了。後來才知道，姚文元等人非常重視這個小字報，本來還沒有最後決定要不要鎮壓，就是因為《人民日報》的一個記者緊急彙報了這個小字報，才決定馬上採取鎮壓措施。這個小字報開始是我唸的，但我的嗓子也不是很好，唸了十幾遍後，嗓子就不行了，後來換到李西林唸的時候，員警就衝上來把他抓住了。在當時中共政治局的會上，姚文元、華國鋒說，唸這個小字報的人要抓，所以就在現場把這個人抓了，此前都是先跟蹤，到沒人的地方再抓。前些日子我與李盛平回憶四五運動這段的事，李盛平講，他當時看到了抓李西林時的情形。

我唸小字報的情形，估計沒有被便衣員警拍攝下來，否則抓我就很容易了。這個小字報，我是第一個唸的嘛。等彙報上去，再決定抓人，再返回來，最少也要一兩個鐘頭。但是對於我來說，既然已經參與了一次，打破了起先不參與的想法，那麼到了4 月 5 日，我就全程參與了。

1976 年 4 月 5 日早晨的人民英雄紀念碑（我在靠右邊大約三分之一的地方，我的右邊是一個戴帽子的人）

　　4 月 5 日早晨，當我來到天安門廣場時，已有近千名群眾聚集在紀念碑的幾層台座上。過了一會，大約有一個連的軍人開上紀念碑並圍成一圈，一面喊著「奉中央的命令，今天修理紀念碑，清明節已過，不能再送花圈了」，一面驅趕著群眾離開紀念碑。這時，一個青年從書包裏拿出一個用塑膠袋包好的小花圈，要求擺放到紀念碑浮雕處。軍人們推搡這名青年，阻止他往前走。這時我正好在青年身旁，在批評軍人無理阻攔的同時，帶頭衝破了由他們手拉手組成的人牆，周圍群眾一擁而上，把軍人的隊伍衝了個稀哩嘩啦，簇擁著這名青年把花圈安放在了紀念碑上。人群中突然跳出一個人，責備送花圈的青年，還問他是哪個單位的。這就激起了群眾的更大憤怒。大夥兒說這人是在攻擊周總理，就追上去打。這時，有兩名公安便衣上來解圍，群眾的怒火就轉到了他們身上。其中一人飛步跑向人民大會堂，群眾跟著

他們一直追到人民大會堂東門外。這樣一來，就把天安門廣場聚集的人群的主體，從紀念碑引向了人民大會堂。

上午 8 時 30 分左右，當局調來兩輛交通廣播車，在大會堂東門口前的馬路上來回行駛，反覆宣講：「清明節已過，悼念活動已經結束，請革命同志離開廣場，要警惕一小撮階級敵人的破壞活動」。當時，我帶領一部分群眾截住了北京市公安局交通處幹部喬厚傳等人所在的一輛。喬厚傳等人被從車裏揪出來後，我對他說：「如果你不反對周總理，那你就喊『誰反對周總理我們就打倒誰！』『我們永遠懷念周總理！』」喬厚傳迫於形勢，就呼喊了這些口號。這樣，喬厚傳等人既沒有挨打，交通廣播車也被群眾放行。事後，喬厚傳被認為是「經不起考驗」的公安幹警，受到處理。與此同時，另一輛交通廣播車則被群眾掀翻，車中的播音員也挨了打。事後，挨打的女播音員被劉傳新一夥封為「英雄」，受到表彰。

在大會堂東門外，有人稱花圈就藏在人民大會堂裏，讓大家衝進去搶花圈。當時我就在大會堂的玻璃門外，裏面的動靜看的一清二楚。我和幾個人站出來阻止了這種冒險的舉動，因為只要衝進去，肯定會立刻發生流血衝突。這時，又有一個營左右的軍人從人民大會堂的南面開過來。為了得到解放軍的同情和支援，聚集在人民大會堂前的幾個青年人，後來知道有王維衍、侯玉良、劉迪、趙世堅，還有我，還有「一位戴眼鏡身穿藍制服的青年」，臨時草湊了一首〈敬告工農子弟兵〉的詩，由侯玉良朗誦了這首詩，並提出了成立「首都人民悼念總理委員會」和將紫竹院公園改為周恩來公園的建議。這樣，四五運動的臨時指揮機構就自然而然地產生出來了。

1976 年 4 月 5 日上午廣場東南角的小灰樓前（當時我正在樓內談判）

　　在一個工人民兵的指點下，我們得知廣場東南角的小灰樓就是軍警和工人民兵的「三聯指揮部」所在地。於是，群眾在人民大會堂前排成十路縱隊，手挽手，高唱著《國際歌》，穿越天安門廣場，走向那座小灰樓。我們到達小樓門前時，工人民兵早在樓門外排成了「人牆」。我從工人民兵手中奪過一個半導體喇叭，剛要喊話就遭到一陣毒打，群眾衝上來，才把我搶救出來。我顧不得傷痛，用喇叭高呼：「嚴懲毀花圈、抓群眾的兇手！」「誰反對周總理就打倒誰！」「誓與黨內野心家、陰謀家決一死戰！」

　　在群眾的推舉下，我和趙世堅、孫慶祝、侯玉良等人被推選為代表，進小樓去和聯合指揮部談判。但守門的「人牆」就是不讓我們進去，我們只好踩著他們的肩膀爬了進去。進樓後，我們就上了樓梯，走到二樓時，十幾個軍人和便衣人員攔住了我們。

一個 40 歲左右的軍人自稱是這裏的負責人，說有什麼事可以對他講。我們譴責了他們收花圈、捕群眾的行徑，並讓他去視窗向廣大群眾交待。他就是不敢去，說什麼：這樣辦國際影響不好，還讓我們去勸告群眾，解除對小樓的包圍。我就對他說，人民的抗議行動完全是由於你們收花圈、捕群眾引起的。我們代表人民向你們提三項要求：一、全部交還人民獻給周總理的花圈，二、立即釋放因悼念總理而被捕的群眾，三、嚴懲毀花圈、捕群眾的罪魁禍首。那軍人詭稱不瞭解情況，不能負責。這時來了幾個女人，說這裏是家屬宿舍，樓下有個患心臟病的老太太，求我們別讓群眾在這兒喊了。就這樣談了十幾分鐘，最後我們就對他們說：你們毫無誠意，態度惡劣，我們要如實向群眾彙報，聽取群眾的裁決。然後我們就走出了小樓，向群眾宣佈了談判情況。

我離開小灰樓後，便與侯玉良等人分了手。因為當時我的臉上長了一個瘊子，瘊子被打破後臉上流著血，同時又被擠掉了一隻鞋，離開小樓時兩隻腳分別穿著布鞋和球鞋，這個樣子很顯眼，太容易被「便衣」盯上了，我必須回家把血止住和換鞋易服。等我再次返回廣場時，就與上述的幾位失去了聯繫。

當時廣場上主要有兩種人。一種人是明確地要利用天安門廣場的事件，來達到「反黨」的目的，譬如說像我和劉迪這樣的人。另一種人只是不滿四人幫，懷念周恩來，對於未來局勢的發展感到惶恐和擔憂。第二種人是大多數，第一種人人數雖少，但是能量比較大。

「四五」那幾天，我大多數時間都在廣場上，有時全天都在廣場上，有時一天去好幾趟。像我這樣有意識地運作的人，至少

有幾十個人、幾百個人。有些人事先就是認識的，有些人是在廣場上臨時結識的。比如說我和劉迪就是在廣場上相遇的，但彼此配合得很默契。我進小樓談判，他在外面指揮群眾接應。我因為在爭取為天安門事件平反的鬥爭中再一次站出來現身說法，世人就知道了有我這號人。像前面提到的那個「戴黑邊眼鏡身穿藍制服的青年」，後來就一直沒有再露頭，雖然在四五運動最著名的那張照片〈團結起來到明天〉，我們手挽手遊行的行列中有他的形象，但我們一直不知道他的名字。劉迪為什麼要接替他？劉迪說：這個人太突出、太顯眼了，會被公安局便衣釘上的，所以我才去接替他指揮，這樣可以掩護一下他。劉迪是個很仗義的人，他這個「小平頭」就是這樣站出來的。像這樣的一批人，當時的政治意向都很明確，都知道是要殺頭坐牢的事，但還是義無反顧地站出來，發揮了推波助瀾的作用。當時廣場上有不少小團夥，有二、三個人配合，有四、五個人配合的。我當時就是一個人。從小樓談判出來的時候，有人說，大家互相留個通訊位址，以後好聯繫，我考慮到自己的身份，就沒有留。有的人留了地址，後來順藤摸瓜就被抓了，像孫慶祝。劉迪留了名，但他留的是假名，他的通緝令上，就是寫的這個假名。

　　這一次我沒有被抓。我被抓兩次，一次是之前的 75 年，一次是之後的 89 年。75 年 7 月被抓是因為反革命小集團嫌疑。當時我和徐雲通信中還提到一些別的插隊同學，公安局認為不只是兩個人，可能是個小集團。但由於我們都沒再扯出什麼人，所以他們最後只認定了我和徐雲是反革命，沒有坐實所謂的反革命集團。我們插隊的時候，確實是在很大的範圍內進行過思想交流，像現在網上很有點名氣的「馬悲鳴」，當時是伊和高勒公社的，

與我也有些交往。在我 89 年被抓後，他寫過一篇文章〈我的插友陳子明〉，在網上可以檢索到的。

賀延光、王軍濤、周為民、劉迪等人都是四五運動的被捕者，我在運動後則一直沒事。我 4 月 7 日就到永樂店農場了，在農場的時候有一個人偷偷地對我說，我在廣場上見過你。這個人不是農場的管理人員，只是一個普通職工。我當時嚇了一跳，但他後來並沒有向上彙報。劉迪是怎樣被捕的？廣場上當時有一個人是他的鄰居，這個人向公安局舉報了他，然後是全國通緝，在山東泰安抓住了他。當時廣場上肯定有幾萬人都看見過我，但是在永樂店農場勞改，反而掩護了我，如果我在市區的某個單位，被抓的可能性就更大一些。據賀延光和曹志傑說，當時公安局已經制定了判死刑的名單，他們都在其列，我當時如果被抓，就是歷史和現行雙料反革命，肯定是在劫難逃。

十五、要求平反的鬥爭

我的履歷很特殊。我的北京化工學院畢業證上寫著 1974～1980 年在本校學習，一般工農兵學員的學歷是三年，我的學歷是六年。真正上課只有 74～75 一學年，然後是 79～80 一年多。中間這一段，先是在學校受管制，然後是在農場勞動。76～77，77～78，名義上在農場的時間是兩年半。實際上 76 年 4 月到農場，9 月份毛澤東就死了，10 月份四人幫就倒臺了，我在那兒待了半年多，就不去了。我說，我是冤案，我要求平反。只是在 77 年、78 年兩個農忙季節，我自己回去幹幹搶收搶種的農活，表示

我還是你們那兒的人，他們平時也不給我開工資了，只是在我回去幹活的那個月，給我開工資。本來他們是可以管我的，但當時我的態度比較堅決，而且我的事情的背景也比較清楚，我是反對四人幫的，所以他們也就不那麼和我較勁了。

76 年唐山地震後的一年多時間裏，我的主要精力一是放在平反上面，一是構思和寫作一部長篇小說。我想在小說中通過一個中學和一個大學反映出文革的全過程，即從 65 年底到 68 年我去插隊前的這一段，可是寫了 25 萬字才寫到 66 年底 67 年初，即所謂的「一月奪權」。後來我忙於幹別的事，覺得自己的長處並不在文學上，就沒有繼續寫下去。在 80 年代的時候，我給作家徐小彬還有王軍濤等一批朋友看過，讓他們看看還有沒有一點價值。當時徐小彬說還可以，所以我就想等以後有時間再接著寫。結果在「六四」抄家時給弄丟了。我保外就醫出來後跟公安局說，別的東西我也不說了，我那個長篇小說手稿你們要給我找出來。後來他們說，給我找了，但沒有找到。就這麼失蹤了。

下面說說我為什麼會與四五被捕者們走到一起。77 年初我開始要求平反。北京市公安局不給我平反，他們說，你不光是反四人幫的問題，你確實反四人幫，但你還反毛澤東和共產黨。為了平反這個事，我就與各方面聯繫，這樣我就與四五被捕者們聯繫上了。當時，這些人雖然釋放了，但還留著尾巴，沒有徹底平反，整個天安門事件也還沒有平反。我們大家就一塊兒商量，也搞了一些活動。包括在民主牆上貼大字報，這些大字報是針對北京市委書記吳德和公安局長劉傳新的，叫〈捂得（吳德的諧音）捂不得〉、〈控訴法西斯〉，等等。在有一張大字報裏面也提到我參加天安門事件和公安局不給平反的事。當時《人民日報》胡

續偉派了一個記者王永安專門來瞭解情況，為爭取天安門事件平反準備相關材料。我們幫著他去採訪別人，搜集證言，等等。這樣就把我的平反和天安門事件平反拴在了一起。所以到了 78 年 8、9 月份的時候，公安局辦案人員就來找我說，可以給你平反，但要留尾巴，你還是有嚴重政治錯誤的。雖然留了尾巴，可是解決了恢復學籍的問題，所以，我在天安門事件平反前一兩個月就恢復了學籍。11 月中旬，天安門事件就正式平反了。又過了 4 個月，到 79 年 3 月份，公安局才作出給我徹底平反的決定。宣佈天安門事件平反後沒幾天，北京化工學院給我開了一個全校性的平反大會，讓我在大會上做一個報告。我在報告的最後預告了一件事，天安門事件的這些人，發起了一個公審四人幫的公民請願，第二天也就是周日的時候，要到天安門廣場集合，然後遊行到最高人民法院遞交一個請願書，我呼籲對此事有興趣的人屆時一起參加請願活動。

十六、為開闊眼界讀理科研究生

我在 80 年夏季大學畢業。我還是屬於工農兵學員，80 年的畢業生是最後一屆工農兵學員，不過學制延長了一年，從三年改成了四年。當時把我分配到北京化工制桶廠，在這兒我實際上只幹了一個月的活，因為我已經考取了研究生，到 9 月份就開學了，但是我在製桶廠領了 4 年工資。當時我考的是中國科技大學研究生院，實際上導師都是中國科學院各所的研究員，與合肥的中國科技大學沒有任何關係，所以後來就改名為中國科學院研究

生院了。我考的所是生物物理所，專業是分子生物學，大導師是北京大學化學系的唐有祺教授，小導師是生物物理所七室的林政炯研究員。

研究生院同學與英語教師合影（後排左二是我）

我在上大學的時候，先是在 74 屆的一個班，後來又到了 76 屆的一個班。在這兩個班裏，我的學習都是最棒的。在這兩個班我都有一個關係比較好的同學，他們也是班上學習成績僅次於我的，但考研究生都沒有考上。我耽誤了幾年，恢復學籍後又經常曠課幹別的事，但我就考上了研究生。我考研究生還有點特殊的地方，我大學學的是工科，考研則轉到了理科，要考的三門專業課——高等數學、物理化學、結構化學，我都沒學過。當時高等數學是在第二年學，第一年是補中學的數學，我還沒來得及上高等數學，就被抓起來了；等我再回到化工學院，74 屆已經畢業，

76 屆已經是第三學年，所以我的高等數學完全是自學的。物理化學和結構化學，就更沒學過了。在工科的課程體系中，物理化學學的很淺，結構化學根本就沒有。所以這三門課都是我自學的，連我自己也沒想到，考得還非常好，高等數學是 95 分，結構化學是 84 分。

但是在考研的時候，我已經不準備將來從事這方面研究了，我只是把理科的學習作為一種開闊眼界和思路的基礎訓練。我後來研究生讀了四年，但只把六分之一到五分之一的精力放在專業學習上。許多人都對我很不理解。我在美國有不少親戚，對於我考上這個專業都非常高興，說我的學習成績又好，選的專業也好。中國人在美國做兩件事，一個是生命科學，一個是電腦科學，比較容易做出成績。在 80 年的時候，他們已經幫我聯繫了美國的十幾家學校，讀博士的申請表等都寄來了，經濟上也完全沒有問題。事實上，後來我瞭解到，78、79、80 中科院的這三屆研究生，90%以上都出國了，基本上沒有什麼留在國內的。跟我住一個宿舍的同學，現在都在國外當教授、研究員。生物物理所七室 79 級的研究生饒子和，回國後當了生物物理所所長，現在是南開大學校長。但是我覺得，由於自己當過反革命這樣的特殊經歷和感悟，今後已經不適合作為一名自然科學的研究者了，所以我要找一個接觸面最寬的專業，各個方面都能過一遍，增長自己的見識。

我的研究方向，是眼鏡王蛇神經毒素生物大分子結構的 X 光衍射分析。首先要採集蛇毒，給小白鼠注射檢驗毒性，這是動物學工作；從蛇毒中分離提純神經毒素，要用電泳、質譜儀等，這是生化工作。而我們是生物物理所，七室的主要工作是用晶體 X

光衍射的方法測定生物大分子的結構。中國在世界上真正拿得出手的科研成果，一個是牛胰島素的合成，這是生化方面的成果；一個就是豬胰島素的晶體結構分析，主要就是北大化學系和我們室幹的，這是獲得中國科學發明一等獎的，現在已經連續好多年一等獎空缺了。我們七室的室主任梁棟材，後來當了中共中央委員、中科院黨組書記。X 光衍射的資料要在電腦上分析，要懂一些電腦軟體，當時中科院還沒有大型電腦，我們要去地質科學研究院使用。總之，這個專業要接觸動物、生化、物理、電腦等，對理科的方方面面都涉及一點，比較符合我自己的理想。

84 年我從中科院畢業時，因為我已經從事過一些社會科學方面的研究，當時社科院有四個所都是有可能去的——嚴家其的政治學所，陸學藝的社會學所，張黎群的青少年所（青少年所當時尚未合併到社會學所），還有就是哲學所。前三個所的所長我都認識，也有過課題方面的接觸與合作，一直都在跟他們打交道；但這幾個所也有一個共同的弱點，就是設立不久，缺乏老專家和圖書資料。哲學所則是一個老所，還有一些著名的學者在世，而且圖書館的中外圖書資料也比較豐富，當時的科研處處長（後來任副所長）李惠國我也認識，所以，我最後選擇了哲學所。我研究生畢業之後就去了中國社會科學院哲學所自然辯證法研究室（後來改名為科學技術哲學研究室）。

十七、從事社會科學研究

我大學學的工科，研究生學的理科，畢業後又跑到文科去了。之前我還學過醫，後來我又辦大學，也自學了一些師範課程。

我在讀研究生期間，就搞了就業組、國情組。這個組的主要負責人有 3 個人，一個是姜洪，曾是民刊《沃土》的主編，當時是中國人民大學的經濟學研究生，現在是國家行政管理學院的教務長；一個是我；一個是石小敏，當時剛剛從北京大學經濟系畢業，先後在《經濟日報》和國家體改委工作，現在是中國經濟體制改革研究會副會長。我們幫助社科院院長馬洪做過一些工作，關於 2000 年中國就業的分析，就是趙紫陽讓馬洪搞的「2000 年的中國」研究的一個子課題。從就業組改組為國情組後，規模就變得比較大了，有上百人參加研究，包括四五個學科領域。當時在北京的民間青年學術團體主要有兩個，一個是農村組（全稱是中國農村問題研究組），一個是國情組（全稱是國情與青年發展研究組），但來龍去脈都不一樣。農村組的主要成員是太子黨、女婿黨，像鄧力群的兒子鄧英陶就是農村組的核心分子，國情組的主要成員則是一般家庭出身，而且參加過民刊、競選，在某些人眼裏是有歷史污點的；農村組後來演化成體制內的智囊團，即所謂「三所一會」，國情組的主體則演化成民間的思想庫。

國情組最終成為 83 年那場短命的「清理精神污染」運動的犧牲品。當時在國情組下面已經成立了幾個課題組，包括勞動就業體制改革，流通體制改革，幹部體制改革，教育體制改革（楊東平當時就參與了這個課題組），科技體制改革，等等。國情組

掛靠在社科院青少年所，國情組領導小組由青少年所副所長李景先（我姑姑的浙大地下黨同學）、姜洪和我組成。到了 83 年「清污」的時候，青少年所就被鄧力群視為一個搞自由化的典型。為什麼青少年所會成為鄧力群的眼中釘呢？首先，該所的幾位領導張黎群、鍾沛璋、李景先都是改革派，是胡耀邦這條線上的。其次，包遵信、金觀濤主編的《走向未來》叢書編委會，最初的合法性也是由青少年所提供的，否則他們沒有一個立足之地，就無法把人集結起來。再有，就是為我們這個團體提供了保護傘。在就業組、國情組活動期間，青少年所曾拿出幾千塊錢作為科研經費，還提供開會的場地，研究成果的列印、出版等。國情組成員都是有各自單位的人，或者在其他教學研究機構工作，或者還在讀研究生，需要有一個專職的協調人。我妹妹陳子華大學畢業後，回到原來的工廠——北京鍋爐廠，當時青少年所就把她借調來，在青少年所裏坐班，專門負責國情組的聯絡工作。到了「清污」的時候，有關部門就找青少年所攤牌了，你必須與陳子明他們脫鉤，不脫鉤就會有大麻煩了。這樣一來，83 年底的時候他們就宣佈脫鉤了，國情組這個名目就無法存在下去了。但「人還在，心不死」，到 84 年城市經濟改革起來後，允許辦公司了，我們就以新的方式重新集結起來。

我在研究生階段可以說是不務正業，因為從一開始就沒準備專心在所學的專業，就是為了開開眼界。醫、工、理我都要沾一沾，最後還是落在人文與社會科學上。文科實際上我也沾過幾個專業，政治學、經濟學、社會學，我在 80 年代都發過一些論文，後來也算是哲學所的助理研究員了，還是《自然科學哲學問題》的編輯。我們室還是出了一些人的，龔育之、嚴家

其也在這個室待過。邱仁宗、梁存秀（也叫梁志學）是當時的室主任和副主任。

我與甘陽是怎麼認識的？是因為一本書。哲學所有一套英文的哲學小叢書，包括政治哲學、宗教哲學、科學哲學、社會科學哲學等。當時我到這個室，是預定要研究社會科學哲學的，邱仁宗已經給聯繫了，讓我到倫敦政治經濟學院去學這個方向，所以社會科學哲學這一冊正在我的手裏。甘陽也要看這本書，他到圖書館一問，說在陳子明手裏，他就來找我要這本書，我當時雖然想要翻譯這本書，但一時還顧不上，因為我當時正領導著一個很大的研究班子，在從事政治學、經濟學方面的課題，就把書讓給甘陽了。我在 83 年與政治學所黨委書記林英合作，開過一個幹部制度改革的課題組，去河北欒城縣、北京第三建築公司調查，寫了幾篇文章，發表在政治學所的刊物上；在 84 年與楊百揆等合作，出了一本書，叫《西方文官系統》；86 年與李盛平合出過一本書，《職位分類與人事管理》；88 年主編過一本《現代政治學導論》。

與張友漁合影，1987 年（自左至右：我、楊百揆、張友漁、陳兆鋼、李兆光）

十八、妻唱夫隨下海創業

我在哲學所，只待到 86 年。因為到 86 年，我自己建立的那套民營機構體系已經比較龐大了，在我那個系統工作的已經有 200 人了。當時有一部分工作人員有顧慮，你作為主要負責人關係還在哲學所，那我們在這兒工作能穩定嗎？在這種情況下，為了安定人心，我就把人事關係調出來了。本來我在哲學所繼續領一份工資是沒問題的。實際上我也不怎麼去，每月就去一兩次，到領工資的時候才去。

我們的那個攤子先後叫過不同的名字，比如在 86 年我們叫中國政治與行政科學研究所，這個牌子叫的很大，而且也得到了承認。比如當時國家體改委綜合司負責人叫周大力，是原國務院秘書長、教育部長周榮鑫的女兒，她就同意以綜合司與我們所兩個單位的名義，發一種內部刊物《改革試點動態》，發給全國體改系統的所有單位，曾經發過好幾期，每期幾千份，錢是由我們出的。當時我們是掛靠在國家科委下面的科技人才交流服務中心，這個中心是專門審核與掛靠各種民辦科研單位的。為了辦中國政治與行政科學研究所，我把人事關係從哲學所調到這個交流中心，並擔任交流中心的副主任。我當了副主任後，馬上以中心的名義批准辦了三個所，除了中國政治與行政科學研究所，還有一個是由李盛平任所長的北京科技與社會發展研究所，另一個就是北京社會經濟科學研究所，起初是由我妹妹陳子華任所長。我們還辦了一個青年政治研究會籌備組，當時陳一諮他們有一個青年經濟學會嘛。在 86 年政治體制改革高潮的時候，我們覺得可以辦一個政治學方面的團體，參加這個團體的人是很多的，我和

社科院團委書記余量，我們兩個人是籌備組召集人，閔琦是秘書長，我最近看了看籌備組的名單，其中有好幾個人現在已經是副部長一級的了。

從 86 年開始，我就與社科院正式脫鉤了。國家科委是行政機關，但下面那個交流中心卻不是正式編制了。雖然科委授權他們辦這件事，但這個單位的人已經不算是科委的正式工作人員了。所以從我調出哲學所起，就是完全下海了，鐵飯碗沒有了，公費醫療和勞動保障都沒有了。

我們從事社科研究的經費完全是自己掙來的。我們這個團體當時主要有三塊收入。第一塊就是諮詢，我們最早的收入是幾筆諮詢費；第二塊是圖書，就是合作出書；第三塊是函授，最主要的收入是這塊。

我們搞過什麼諮詢呢？84 年的時候，我們給河北省的幾個縣搞過諮詢，給他們搞發展規劃。這種錢掙得是很少的，一次就是二、三萬塊錢，但當時的二、三萬塊錢相當於現在的二、三十萬，算是個原始積累吧。我們還給北京市西城區搞過規劃。西城區當時是陳元當書記，馬凱當副區長兼計委主任，李三友當區委常委兼組織部長，他們都是四中的校友。李三友和秦曉是一個大隊的，也是我的插友，馬凱是姜洪的人民大學研究生同學，因為這麼一個關係，我們也認識了陳元。（陳雲的兒子陳元任西城區委書記，陳毅的兒子陳昊蘇任豐台區常務副書記，鄧小平的兒子鄧樸方任殘疾人聯合會主席，他們三人是當時所謂太子黨的主要代表人物。）西城區在 85 年 2 月開過一次規劃會議，當時用了兩個規劃班子，我們是一個班子，還用了中國人民大學的一個班子，兩個班子分頭搞，然後到大會上再交流。我們這個班子的研

究成果是由我在大會上作的發言。我最近把發言稿找出來了，提出的規劃還是相當超前的。譬如說「一個區、三條線、十八片」，一個區是「三海」旅遊區，三條線是發展西單商業街、西二環金融街和打通平安大道。又比如說「走活四步棋，奠定一個基礎」：「第一步棋是發展商業服務業旅遊業，第二步棋是發展資訊產業，第三步棋是發展房地產業和金融業，第四步棋是全面改革教育制度，培養一代新人。走活這四步棋的基礎，是要建設好一個精兵簡政、高智慧、高效率的區政府。」

我們這個活兒當時是以北京市自強實業有限公司諮詢部的名義接的。自強公司的經理是我的妻子王之虹。我和之虹是 79 年開始談戀愛，82 年結婚的。我們這個團體的立足點或者說合法性，完全是來源於王之虹那兒。王之虹原來是北京手錶廠的工人，後來上廣播電視大學；電大畢業後，分到技校當老師，又先後擔任了北京手錶廠、北京鐘錶工業公司的團委書記。84 年正是城市改革的高潮，王之虹就在她的團委下面辦了一個團辦企業——自強公司，這在當時也是一個創舉。王之虹為什麼能辦成呢？因為她從心理學、社會學的角度寫過幾篇有關青年工作的文章，發表在《青年研究》和團市委的刊物上，所以她在團的系統裏還挺吃香的。84 年的時候，團市委已經發文，要調她去團市委研究室當主任，因為我們要靠她把自強公司辦起來，只好讓她放棄了這次升遷。這個公司作為一個團辦企業的試點，是經過當時的團市委副書記劉敬民和孟學農批准的。王之虹拿到了他們的簽字，才能以團委的名義辦出一個企業來。

有了頭一個企業，就有了一個法人，這樣才能生出其他的東西來。自強公司的執照一下來，我們馬上就在下面辦了一個子公

司——北方書刊發行公司，李盛平、楊百揆等人都參與了進來。
有了這個發行公司後，再去與出版社洽談合作出書就比較方便
了。自強派生出北方，北方派生出中國行政函授大學，函大派生
出政治與行政研究中心，研究中心再演變為研究所，中國政治與
行政科學研究所被槍斃後又轉型為北京社會經濟科學研究所。北
方書刊發行公司是掙了些錢的。當時李盛平編了一本《現代青年
社交手冊》，就賣了 50 萬冊，一本書就掙了 20 多萬元。後來又
出了《青年法律手冊》、《企業家叢書》等，這些都是從掙錢的
角度出的，因為在 84、85 年的時候，出書賺錢還比較容易。

王之虹下海比我還早，她所面臨著考驗比我更嚴峻。我 86
年下海的時候已經有了一個家底，她 84 年下海的時候是兩手空
空，還欠了一屁股債。創辦自強公司的時候，是她通過一輕局的
黨委副書記（正好這個黨委副書記是我在北京八中的班級輔導
員、高中校友）聯繫，向一輕局勞動服務公司借了 5 萬元開辦
費。自強公司辦了才幾個月，國務院就下文件要黨政機關與下屬
公司脫鉤。這樣王之虹就被逼上了絕路：或者繼續幹團委書記，
把公司關掉；或者你辭職幹公司，而且自強公司要與鐘錶工業公
司脫鉤，自己去找別的主管單位。在這種情況下，我們離不開
她，沒她這個人我們與現行體制就沒有一個對介面。所以只好讓
她放棄團委書記的公職，下海繼續幹公司。後來王之虹成了一個
人質，她的工作單位也換了許多地方，先在鐘錶工業公司，後又
到水電印刷廠（當時《社交手冊》是交給他們印製的，他們從中
賺了不少錢，因此才答應將王之虹的檔案關係放在他們那兒，這
樣王之虹作為公司的法人代表，才有地方給她蓋章辦各種手續）。
後來與這個廠發生矛盾了，王之虹的人事關係又調到了北京粘合

劑廠，一度還準備把她的關係放在《北京青年報》或華夏出版社。現在辦企業的人真幸福啊，當時我和王之虹的一大部分精力，都花在尋找和變更掛靠單位這種無用功上了，否則事業會幹得更加紅火。86 年我自己到科技人才交流服務中心後，王之虹這裏才不是唯一的介面了。那時我們下面已經有十幾個單位了。名義上都是分開的，實際上是一個系統的。

和之虹在煙臺，1986 年

在這段時間裏，我必須科研與經營雙肩挑，壓力很大。原來我也沒有準備去親自經營，經營的工作還是想由別人承擔的。我在國情組的時候是一個科研組織者，由於我能跨多個學科，哲學、自然科學、社會科學，經濟學、政治學、社會學、教育學等，我憑藉這種能力與各個學科的佼佼者對話，選擇方向、鑒別人才與課題把關等，這是我的長項。但是到了 84 年的時候，一些別的渠道都打不通。比如，當時我和姜洪與何維凌聯繫較多，何原來是農村組的二把手，後來與陳一諮、王小強等有些疏離。何維

凌的聯繫面是比較廣的，他與鄧樸方、陳昊蘇等都比較熟，他曾帶我們去豐台區見陳昊蘇，聯繫辦公司的事，但最後沒有下文。姜洪的弟弟叫姜漁，他曾爭取在石景山發電廠的勞動服務公司下面搞一個子公司，也沒成功。如果當時這些渠道能夠打通，我就不一定插手經營管理的事了。最終還是王之虹的渠道通了，這個經營的成敗要由她來承擔責任，我就不能不出手幫她了。我們當時從事研究的人還是很多的，骨幹也有幾十人，所以我在 80 年代基本上是給他們當後勤。我們給很多人搭起了舞臺，提供了演出機會，但我自己沒有功夫上去表現。搭建機構、運籌資金、選配人事的事就忙不過來，還要對付工商、稅務、法院等等。我們辦函授的時候，北京市委曾派出審計局副局長、文化局副局長、成人教育局副局長，三個副局長帶隊，要從經濟上整垮我們，這是當時李錫銘、陳希同直接下令的。幸虧我們個人非常廉潔，他們查了幾個月，也沒找出什麼毛病。我們下面有十幾個單位，有些兼職工作人員在我們的系統中不止拿一份工資，但王之虹只拿一份工資。我自己在 86 年以前，只拿哲學所的一百塊錢，我作為這個系統的主要創辦人，在很長時間裏是不拿報酬的。86 年離開哲學所以後，我才領一份與其他骨幹相同的工資。

十九、80 年代的民間思想庫

在中國政治與行政科學研究所（其前身是中國政治與行政發展研究中心）的時候，我們是 86 年政治體制改革熱的積極推動者，那一年北京最初的幾次政治體制改革討論會，都是我們策劃

和召開的。後來鄧小平才講話，才成立了鮑彤領導的政治體制改革研究室，陳一諮他們才從經濟體制改革研究轉向政治體制改革研究。我們當時還出版過十幾種叢書——《二十世紀文庫》，《世界著名思想家叢書》等，組織著譯出版了幾百部學術著作。還出了一種內部刊物《政治與行政研究》，每期發行 5 萬份，比政治學所的刊物多發行幾萬份。還開過一系列非常超前的學術研討會，如「中國外交的回顧和展望」、「政治計量學與社會調查」、「中國政治改革的國際環境」、「軍事政治學」、「執政黨與民主黨派關係問題」、「第三世界國家多政變的原因」等，出席者多則上百人，少則幾十人，還有不少外事部門和軍隊的研究人員參加，多數會議有媒體記者出席並在報刊上發表會議消息、綜述或根據發言改寫的文章。這樣一種活躍的學術氛圍，在90 年代就看不到了。胡耀邦下臺後，政行所被迫摘牌。當時有兩個政治局委員直接發了話，國家科委是招架不住的。也就是說，「清污」清掉了我們的國情組，「反自由化」反掉了我們的政行所和青年政治研究會。於是，我們只好接過原來準備由陳子華主辦的北京社會經濟科學研究所，以新的名義開展活動。

　　1987 年 12 月，北京社會經濟科學研究所、中國管理科學研究院、《世界經濟導報》駐京辦事處三家聯合舉辦了「時局與選擇」大型討論會，有 200 多名老中青學者出席，成為「反自由化」運動後首都知識界的第一次大型聚會。中央電視臺現場錄製了系列報導節目並在首期「社會瞭望」欄目中播出，這也是學術界與影視界的首次聯手。在北京社會經濟科學研究所階段，我們有四個研究分部：政治學部、經濟學部、社會學部、心理學部。

　　政治學部最突出的成績是「中國公民政治心理研究」，先後有《世界經濟導報》、《理論資訊報》、《中國青年報》、《中國文化報》、《人民日報》及其海外版、《參考消息》、《中國建設》、《中國法制報》等十幾家報紙對此項研究成果進行了公開報導，此外還有十幾種內部刊物登載了調查結果，海外政治學家也給予了高度評價。閔琦根據該研究的部分調查結果撰寫了《中國政治文化——民主政治難產的社會心理因素》一書，現在依然是國內這方面研究的權威著作。我當時主編了《現代化與政治發展》叢書和譯叢。叢書已出版的有《現代政治學導論》、《行政論》、《組織論》、《政黨學概論》、《中華人民共和國政治制度》、《政治學新學科要覽》，已組稿的有《政治參與的理論與實務》、《比較議會制度》、《比較行政制度》、《當代政治思潮》、《政治發展》、《政治家概論》等。我最近翻到一張寧夏人民出版社 1989 年的徵訂單，譯叢的書目包括《政治腐化》、《政黨與政治發展》、《現代社會的官僚體制》、《傳播與政治發展》、《政治發展中的危機與延續》、《科層組織與政治發展》、《現代憲法》、《政黨與政治發展》、《現代公共行政》、《政治文化》、《政治文化與政治發展》、《西方民主政治中的文官與政治家》《政治人——政治的社會基礎》、《預算、政綱與競選》、《監察制度比較》、《現代化與政治後果》、《現代民主政治——參與、穩定和暴亂》、《文化變遷與經濟發展》、《多元政治——參與和敵對》。其中 9 本書已經付印，7、8 月份就可以面世了。可惜被「六四」攔腰斬斷，大部分書到現在還沒有出版。

　　經濟學部的主要工作是接管了《經濟學週報》。由馮蘭瑞任編委會主任，何家棟任總編輯，我任總經理，王軍濤、高瑜等任

副總編輯，費遠任副社長。當時《經濟學週報》在資金上出了大麻煩，辦不下去了，就由我們出人出資，把報紙全盤接收了。報紙的編輯、經營和人事權都在我們手裏，于光遠、馮蘭瑞領導的經濟學團體聯合會，則為我們在政治上打了一把保護傘。胡耀邦逝世前，曾委託夫人李昭代他致信《經濟學週報》，認為「週報不僅有學術研究，更有一定針對性和現實意義，會得到社會的信任」，「祝願週報能越辦越好」。「六四」前後，官方把《世界經濟導報》和《經濟學週報》稱為一南一北自由化的兩大喉舌，先後加以取締。民辦報紙的萌芽，就這樣被扼殺了。

　　社會學部的一個外化形式叫做「中國民意調查中心」，由我們所和《經濟日報》研究所合辦，由《經濟日報》副總編輯丁望任中心理事長，我任中心主任，白樺任常務副主任，李依萍任副主任兼市場調查部負責人，溫鐵軍、史天健等任執委。中心在1988年兩會期間對1172名出席七屆人大一次會議的人民代表發了問卷，回收率為70%。調查涉及人民代表對人民代表大會制度、國家財政經濟政策等的意見和態度，並對他們自身的政治認知和議政能力進行了測量。調查結果的初步分析資料表明：人民代表的政治認知和議政能力頗不足，作為人民代表的角色感尚差，但對人民代表的職能有較清楚的認識。人民代表所關心的主要是：黨風、物價、社會風氣和教育。這樣的高層次調查，後來再也沒有人進行過。中心設有網管部、培訓部、抽樣部、編碼部、研究部、市場調查部等，吸收了一批北京大學社會學系的碩士和本科畢業生作專職骨幹，在全國錄用了三萬名業餘調查員，並根據嚴格的科學抽樣方法，分別建立了全國城鎮、鄉村調查網和北京快速調查網，為大幹一場做好了充分的準備，可惜在「六

四」後和整個研究所一起夭折了。社會學部還委託北大社會學系
代培了一名博士生，並與該系合作成立了《當代社會學基礎理論
叢書》、《當代社會學名著譯叢》編委會，已經有一批專著和譯
著交付出版社，「六四」後也泡湯了。

北京社會經濟科學研究所部分研究成果展示，1988 年

　　心理學部又稱「北京人才評價與考試中心」，工作成績尤為
突出。說來好笑，官方在「六四」後把我們封為動亂「黑手」，
但我們當時在幹什麼呢？由謝小慶任主任、王之虹任副主任的
「考試中心」，那幾天正在為中央 8 部委的首次公務員考試出題
和判卷。一直到現在，全國公務員考試的出題專家小組，都是以
謝小慶為首的。中心還引進修定和開發了一批心理測驗量表，包
括 BEC 職業能力量表、BEC 職業興趣能力量表和伯樂個性傾向
量表等，為山東兗州礦務局、北京第二機床廠、北京冷凍機廠、

北京華都公司、中國農村信託投資公司、海政歌舞團、蛇口港務公司等多家企事業單位提供了人才評價服務。如果沒有「六四」，發展前景是非常光明的。

我們當時最重要的一個資金來源，是 1985 年開辦的兩所函授大學——中國行政函授大學和北京財貿金融函授學院。何家棟當時因為發表了劉賓雁的〈第二種忠誠〉，剛剛從工人出版社總編輯的崗位上退下來，我們就請他擔任了中國行政函授大學校長。由於我們開辦的專業都是當時最熱門的，有的連正式大學還沒開辦出專業，例如行政管理、人事管理、稅務、審計、金融、工商行政管理等，一屆就在全國招了 23 萬學員，超過當時北京各大函授學院歷屆招生數的總和。我們當時開的專業比較新，他們開不出來。為什麼我們能一下子就辦了十三個專業，請來這麼多的兼職老師，寫出幾十本新教材？因為從競選運動之後，再到國情組，我們在各高校就已經有比較大的影響和比較多的人脈。

何家棟和我，1987 年

二十、民主牆和《北京之春》

剛才忘了說競選的事了，這是我政治生命中的一個重要組成部分。現在回過頭來說說競選運動和民主牆運動。

先講民主牆。民主牆運動分為兩塊，一塊是在牆上（先是天安門木板牆，後來是西單牆，最後是月壇公園的一塊地方）貼大字報、小字報；一塊是民刊，民間自辦刊物。民主牆與我們有很深的淵源。我看過有關民主牆的考證文章，作者是一個上海人，對於北京民主牆的來龍去脈不是那麼瞭解。

民主牆是四五運動的延伸。四五運動發生在天安門廣場，最早的民主牆也是在天安門廣場。周恩來逝世一周年的時候，因為蓋紀念堂，人民英雄紀念碑用木板牆圍起來了，人們只好把悼念的詩詞、文章貼在木板牆上。當時我貼了一篇 5000 字的匿名小字報，〈四五運動親歷記〉。雖然四人幫已經粉碎了，我的政治警惕性還是比較高的，我貼小字報的時候，由我妹妹陳子華和弟弟陳子清給我放哨，如果有便衣跟蹤，他們就出來干擾，好掩護我趁機擺脫。我的朋友畢誼民，就是因為 1977 年 1 月在天安門木板牆貼詩詞和演講，被跟蹤後逮捕的。最早在西單牆貼政治性大字報的，有李盛平、張若玲等，他們是《捂得捂不得》的作者；有嚴江征（現在是科學探險協會主席），鄭曉龍（曾任北京電視製作中心主任，《編輯部的故事》、《北京人在紐約》的發行人）等，他們是《控訴法西斯》的作者。這個大字報雖然是他們寫的，卻是我們貼的。當時我和嚴江征他們還不認識，有一個叫王雷的，也是四五運動的被捕者，他那天約我去貼大字報。我們在王雷家用麵粉做了一桶糨糊，用自行車馱到西單，大約是在夜

裏 10 點、11 點鐘，來了個人，我也不知道是誰，把大字報交給王雷就走了，因為漿糊和笤帚都準備好了，我們用最快的速度把大字報貼上牆，就騎車四下散開，各自回家。因為我以前是北京八中的，對西單一帶的胡同比較熟悉，就在那裏邊轉來轉去，確認沒有便衣跟蹤，才回家。四五那天，我離開廣場後，就在西單這一帶轉了半天，我就怕後邊有尾巴。一般人當時還沒有這種意識，因為我已經是「反革命」了，所以比別人警惕性高些。

民主牆走到第三個階段，也有一個重要的標誌，就是 1978年 11 月 16 日呂樸以「北京王府井大街 57 號 0538 證件持有者」名義，在西單牆貼出〈致宗福先和于無聲處劇組一封公開信〉。在此之前的大字報和小字報，都是匿名的，而呂樸這個小字報公佈了工作證號碼，等於是把身份公開了，這意味著在民主牆發表言論是合法行使公民權利。此後，人們便開始在大字報和小字報上互留通訊位址。緊接著，天安門事件正式平反，鄧小平、葉劍英都講了民主牆的好話，這就把民主牆運動推向了高潮。呂樸是音樂家協會呂驥的兒子，後來是民刊《四五論壇》三個常務編委之一，同時又是我們《北京之春》的編委之一。

這樣，就從民主牆發展出了民間自辦刊物，當時官方稱之為「自發性刊物」。民刊既是一種民間刊物，又是一種民間組織，北京的民刊有兩個先鋒，四個主力。如果再加一家，就是貴州啟蒙社北京分社，這七家當時成立了一個聯席會議，叫民刊聯席會議。黃翔、李家華等人創辦的貴州啟蒙社，曾於 78 年 10 月 11 日在王府井貼出長篇大字報〈火神交響詩〉，於 11 月 24 日在天安門貼出大標語「毛澤東必須三七開」、「文化大革命必須重新評價」，但他們沒有在民主牆的主戰場西單牆貼東西。他們還散發了油印刊物《啟蒙》，《啟蒙》的創辦早於所有的北京民刊。

　　兩個先鋒就是魏京生的《探索》和任畹町的《中國人權》。為什麼說這兩家是先鋒呢，一是他們最激烈、最前衛，二是由此導致他們最先被官方收拾掉。在 79 年 4 月鄧小平提出「四項基本原則」前後，就把魏京生和任畹町給抓起來了。他們被抓後，一直到 79 年 10 月，其他刊物還都在辦，而且是合法地辦。10 月份魏京生判刑 15 年後，官方加大了鎮壓力度，其他刊物才陸續停辦。當時，官方施壓也是一步步的，先是把民主牆轉移到月壇公園，再往後 80 年 1 月鄧小平就提出取消憲法中的「四大」，即大鳴大放、大字報、大辯論。

　　四個主力是《北京之春》、《四五論壇》、《沃土》、《今天》。這四家刊物辦的時間比較長，《北京之春》一共出了 10 期，《四五論壇》出的期數更多。在這四家中，《今天》基本上是一個文學刊物，也有影射，但他不直接談政治。《今天》這個團體比較早就得到承認，80 年代中後期的文學界就高度評價了他們這個流派，像北島這些人。在其他三個民刊中，《北京之春》又有一個特點，《北京之春》的主體是四五運動的參加者、被捕者，有些人在平反後被官方封為「四五英雄」，對他們官方頗有些投鼠忌器，不好下手。《沃土》的重要人物有三個人：一個是姜洪，是刊物的主編和組織者；一個是胡平，他的〈論言論自由〉就首發於《沃土》；一個是王靖，他寫過電影文學劇本《在社會的檔案裏》的，這個東西比較早就被官方刊物轉載，也是最早被認定為文學「自由化」典型的，另一個典型是上海沙葉新的《假如我是真的》，都是針對特權階層的。《沃土》是政論兼文學性的，《北京之春》也刊登一點文學作品，例如發過一篇〈可能發生在 2000 年的悲劇〉，是一篇政治幻想小說，影射魏京生被捕和判刑的。徐文立的《四五論壇》基本上是政論性刊物。

　　《北京之春》的刊名是嚴家其起的。為什麼會辦《北京之春》呢？在天安門事件平反前夕，曾經組織了兩組人，寫有關四五運動的書，其中有一波人在東方飯店集中寫作，有畢宜民、李盛平、嚴江征等，另一波人有嚴家其等，他們後來在一起商量，就辦了《北京之春》，這些人也就成了《北京之春》的成員。發起成立會有十幾個人參加，我沒參加，但在此之前我就和李盛平商量過辦刊的事。嚴家其建議起名《北京之春》，是沿用布拉格之春的意思，第一期用紅色油墨印封面，也帶有社會主義改革的意味，布拉格之春也還是屬於社會主義改革運動的範疇。但嚴家其後來並沒有參加編輯部的實際工作，從第二期開始，封面就沒有再用紅色油墨。

周為民和我，2003 年

　　《北京之春》的主編是周為民，副主編是王軍濤、韓志雄，他們當時都是團中央委員或候補委員。但在實際上，主編和副主

編只是為刊物承擔了政治上的責任，對於刊物的運作最初有三個
人起到關鍵性的作用，一個是王雷，對於這個團體的最初形成起
了比較大的作用，但後來他比較早就退出了。一個是李盛平，他
提供了印刷用紙張和鉛印的機會。一個是呂嘉民，他現在是作家
張抗抗的先生，他自己也成了匿名的作家，他當時帶進來幾個
人，我和他是在王雷家認識的。此外，編委會成員還有我、閔
琦、劉迪等人。嚴江征和鄭曉龍，開始的時候也是編委，後來他
們就沒有怎麼參與。另外，有的人是跨著刊物的，比如說呂樸，
他本來是《四五論壇》的，後來又參加了《北京之春》，他進來
得比較晚。也有一開始就是跨著的，比如周眉英（徐曉的丈
夫），既是《今天》的編輯，又幫著《北京之春》工作。我當時
的分工是時政編輯，像代表《北京之春》說話的評論文章、聲明
等，這類東西都是由我起草的。

　　當時和後來都有人認為《北京之春》在色彩上與別的刊物有
些區別，大致有三個原因：第一，認為這些人的四五英雄身份，
是被官方認可的；第二，這些人中幹部子弟比較多，大概除了我
和劉迪、畢誼民之外，多數人都是幹部子弟；第三，它最初的色
彩，主要受到嚴家其、呂嘉民的影響。呂嘉民擔任《北京之春》
的理論編輯，提出「反對等級授職制」等，他的文章都是從馬克
思主義的本本中找根據，從巴黎公社的源頭來論述的，給人以
「馬克思主義的反對派」的印象。後來的幾期，呂嘉民就不怎麼
管了，他考了于光遠的研究生。呂嘉民、曹思源、周舵，他們都
是一波的研究生。《北京之春》後期的色彩主要體現的是我、王
軍濤、劉迪的想法，後來主要是我們幾個人在管，呂嘉民、王雷
他們都不管了。《北京之春》一共出了 10 期，中間有一期是鉛

印的，印了一萬冊，油印本只能印幾百本。這是民刊中唯一的一期鉛印本，驚動了鄧小平，他要求追查是誰支持《北京之春》。事實上，是李盛平與王安石聯繫的。王安石是四五運動中科學院109 所的一個主要參與者，也坐過牢，後來在萬潤南的四通公司當副總經理。他與科學院印刷廠有關係，李盛平通過他聯繫的鉛印。四五英雄這樣一種身份，在當時確實是一種保護色，官方剛剛給你平反，不好意思馬上又把你打成反革命。胡啟立受彭真和鄧穎超的委託，專門把我們這些編委找到一塊，勸說我們停刊，不是強迫命令，而是代表幾位「老同志」，在對我們過去的工作充分肯定的前提下，希望今後就不要辦了。最後大家研究了一下，決定停刊。因為上面的意思已經很清楚，你敬酒不吃就要吃罰酒了，不光是《北京之春》停刊了，《四五論壇》、《沃土》也都停刊了，全都停了。

當時在北京參加民主運動的青年學生和工人中，在當局重判魏京生、取締民主牆和民辦刊物後，面臨著新的政治抉擇。同樣是要推動中國民主化，但是有兩種不同的民運策略。一是堅守陣地，不惜與當局發生正面碰撞，甚至頂風而上，把鬥爭的強度升級；一是轉移戰場，儘量利用合法的鬥爭方式，並通過新的群眾運動來撐大民主化的空間。《四五論壇》代表了前一種傾向，《北京之春》和《沃土》代表了後一種傾向。

《四五論壇》中以楊靖為代表的一部分人，將已經宣佈停刊的《四五論壇》復刊，並加入了由何求（廣州《人民之路》）、傅申奇（上海《人民之聲》）等人發起的「中華全國民刊協會」。《四五論壇》的主要負責人徐文立，在停辦公開發售的《四五論壇》後，又發行了 6 期內部交流的《學習通訊》。此

外，他與王希哲、孫維邦等人，開過一個「甘家口會議」，策劃成立全國性組織「中華民主統一促進會」，想把總部設在香港，下設大陸、臺灣、香港、海外四個分會。在 81 年初中共中央和國務院發佈「9 號文件」後，在全國範圍內共抓捕了徐文立等 1000 多名民運人士。徐文立判了十五年，還有很多人判了十年以上的徒刑。魏京生判刑大家都知道，因為那是在媒體公佈的，要殺一儆百，而且當時判他的主要罪名是所謂的「出賣情報」，容易欺騙群眾。後來徐文立、王希哲這些人判刑民眾就不知道了，因為官方不願意說了，一來人數太多，遍佈全國幾十個地方，二來完全是反革命罪名，說出來也不好聽，好像四人幫又回來了。

《北京之春》和《沃土》，當時代表著民主運動中比較溫和的一翼。我最近翻出一個東西，是我在前《北京之春》成員聚會時的一個發言提綱。我當時說，我們要反對政治浪漫主義和政治理智主義，堅持政治現實主義。政治浪漫主義是只管自己主觀上想要得到什麼，而不管客觀條件允許不允許。現在與四五運動時的形勢已經發生了很大的變化，那時黨內的許多人還有黨外的群眾都有一種求變心理，都覺得這樣下去不行了，都覺得毛之後中國會有大變化，四五運動就是這樣一種普遍情緒的產物。十一屆三中全會後，知識青年回城，職工長工資，已經在一定程度上滿足了普通群眾的願望，很多人對這種發展趨勢抱有很大希望，在這種情況下從事民主革命，是不現實的。政治理智主義，完全是冷冰冰地看待政治形勢，不把自己當成其中的一個力量，只考慮體制的必然性，不考慮人的能動性。前一種心態會導致盲目樂觀，後一種心態會導致盲目悲觀。有人認為現在掌權的還是新階級，從本質上還是反動的，所以在新階級的統治下，要搞什麼改

革是肯定行不通的，所以我們沒有必要介入改革。還有一種叫體制論，認為體制比人強，你要推翻不了體制，就只能在體制外待著。你如果和體制沾上邊，就會被體制同化，根本不可能從裏面改造體制。我當時批評了這兩個觀點，一個叫階級論，一個叫體制論，總的來說，都是無能為力、無所作為的觀點。我主張的是政治現實主義，就是說，目標要適中，目標不是要很高，要看到民主化是一個長期的過程，會有高潮和低潮的時候，需要一波一波地推進，需要有積累。

當時在我們這批人中，在前途問題上也有多種觀點。一種觀點是不願與現行體制為伍，我們就在一邊冷眼旁觀，等待時機，等到革命形勢成熟了再行動，如果用列寧的術語，這叫做取消主義。另一種觀點認為，我們這群人還是「四五英雄」嘛，還是自己人嘛，雖然做的有些事當局不高興，但要改變面目，還是有可能重新被體制接納的，當時周為民是清華大學團委副書記，我是中科院研究生會主席。這叫做改頭換面，回頭是岸，實際上就是投降主義。還有一種說法，叫做化整為零，水銀瀉地。當時有一些青年團體正在冉冉上升，如太子黨，如農村組，我們與他們也有千絲萬縷的聯繫，我們這個團體就散了，就滲透到他們裏面，以後再說，也就是一種機會主義。取消主義、投降主義、機會主義，我都是不贊成的。我們已經走過了一段歷史，這一段是走在體制的邊緣。如果在四五前，就像我與同學的通信中說，可以考慮「混入黨內」，但現在，雖然別的人還可以走這條路，但我們是走不了了，你已經當過反革命了，你還怎麼可能在黨內發展呢？中共從來都容不下政治不清白的人。有人願意這麼發展，我們也不反對，但是既然我們已經跨出了第一步，我們就要走一條

比較難的道路，既是體制外的，又是合法的反對派。我們這批人
的特殊價值和意義，就是要摸索這樣的一條新路。可以說，在我
們這批人中，我當時在戰略上是最清晰和最明確的。但只是這麼
說還是比較玄乎的，需要有一種行動。正好這個時候，開始文革
後的首次基層人民代表選舉，提供了一個新的舞臺。

二十一、首都高校競選運動

從某種意義上說，1980 年北京市的高校競選運動，我是主要
的發起人。為什麼我能做這件事呢，也有一個巧合。全國各地的
選舉是不同步的，上海比北京早半年，上海的同濟大學、復旦大
學、華東師大，都有競選。徐邦泰是復旦大學新聞系的學生，他
是選上了人民代表的。在上海選舉的過程中，因為有自薦、預選
的環節，就必然造成一種競選的態勢，發表一些政治性的言論，
當然比北京後來的情況要差得很遠。因為我弟弟陳子清當時在同
濟大學上學，所以我對上海的情況是瞭解的。我讓陳子清收集了
十幾種有關競選的材料寄給我，他自己還寫了一份材料——〈同
濟大學的人民代表是怎樣選舉的〉。這份東西我現在手頭有一
份。當時周為民任清華大學選舉辦公室負責人，我把這個材料給
了他，他作為選舉辦公室的材料列印了，用來指導清華大學的選
舉工作。上海的選舉是在 80 年 5、6 月份搞的，在同一個時候，
我寫了一篇中篇小說〈闖將〉，這篇小說目前還保存著，大概有
5、6 萬字。受〈可能發生在 2000 年的悲劇〉的影響，我把我這
個小說叫做「社會幻想小說」，寫的是 1982 年的事。其中就寫

到主人公參加競選的情節，寫完我就給周圍的一些朋友看了。8、9 月份的一天，前《北京之春》的一些成員在木樨地護城河邊碰頭，我談了〈今冬明春參加區縣級人民代表選舉工作的設想〉，這個發言提綱我現在還保留著。經過討論，大家就推動北京高校競選運動達成了一致意見。後來我和王軍濤又與《沃土》的胡平、姜洪就競選一事進行了溝通，確定大家一起配合行動。

　　為什麼有競選的可能性？競選的組織方式、運作方式是什麼？競選的目標是什麼？我當時都說到了。先說一說可能性。79年的時候，五屆人大二次會議通過了選舉法，這個選舉法有四條非常重要，彭真在做報告的時候說到了三條：第一條，可以自薦，就是黨派、團體推薦外，個人有三人附議，就可以當候選人；第二條，候選人比較多的時候，可以預選，通過預選來確定正式候選人；第三條，正式候選人要比當選人多二分之一至一倍。還有一條是最重要的，當時彭真沒有提到，但對我們來說非常重要：在選舉過程中，可以以各種形式來宣傳候選人，這就給競選提供了合法的依據。80 年競選之後，上面說的這四條全部改掉了。82 年選舉法第一次修正，到現在已經是第四次修正了。第一次修正時，就把可以用各種方式宣傳候選人這一條給取消了，改為可以在小組會議上介紹候選人。「各種形式的宣傳」與「在小組會議上介紹」，這中間的差別是很大的。這一條在 2004 年第四次修正時，又稍微改回來一些，規定：選舉委員會可以組織候選人與選民見面，發表談話，加了這個。因為在此期間，正面肯定了農村中村民委員會的「海選」，不能農村允許，城市不允許，所以在 2004 年又修改了，但是與 80 年相比還是縮小了範

圍。前面加了一個主語，選舉委員會可以，既不是說候選人可以，也不是說選民可以。其次，是附議從三人改為十人了，是 86 年第二次修正時改的，同時還取消了預選。選民提名好幾十人，最後正式候選人是二人，從好幾十人到二人怎麼弄？原來的規定是預選，預選就是讓大家多投一次票，後來把這個去掉了，改為「反覆醞釀、討論、協商」，協商完了誰來拍板？還不是由上面來定。最後，差額選舉的差額縮小了，從多二分之一至一倍修改為多三分之一至一倍。所以說，79 年的選舉法，由於剛剛粉碎了四人幫，是迄今為止最好的選舉法，現在比當時是倒退了。

我現在準備編著一本有關競選運動的書，打算約一些人來寫。我已經找了一些人，像王軍濤、胡平、張煒等，我都打招呼了。有些人像馬波、徐曉也打招呼了，馬波當時搞過一個北大的大事記，他本人沒競選，徐曉是北師大採訪競選的學生記者團的負責人。還有袁紅冰，現在在澳大利亞，他當時也是北大的一個候選人。當時北京一共有 14 所高校開展了競選，我們直接推出了競選人的，據王軍濤說有 8 所學校，我比較清楚的是 7 所：北大一分校、北大、清華、人大、北師大、北京商學院、中國科學院研究生院，還有一所學校是誰去聯繫的，聯繫的是誰，我就不太清楚了。競選人分為三類：一類是一般競選人，只要你發了競選宣言，有人附議，就是候選人了；第二類是正式候選人，就是通過預選之後，在正式選舉的選票上印了你名字的；第三類是競選獲勝者——人民代表當選者。在我們中間，一般競選人有好幾個人，例如姜洪的弟弟姜漁，他是中國人民大學的學生。正式候選人有兩個人，王軍濤和陳子華。當選人民代表有三個人，李盛平、胡平和我。

　　北京的競選，第一個是北大一分校，因為北大一分校在西城區，西城區的選舉進程比海淀區早一個月。李盛平在北大一分校競選時，我們都出動了，我們都到他學校去助選。我們是誰啊？我、姜洪、王軍濤、呂樸、閔琦、呂嘉民⋯⋯，我們到了李盛平與選民的見面會上，不僅助威，也發言幫他說話，這是一種助選的方式。我當時寫了《全國人民代表大會組織法》草案和說明，也作為李盛平的競選檔。當時我們準備了幾個法，還準備了《出版法》草案。李盛平是北京競選運動中第一個參選人和當選人。

我和李盛平、閔琦（自左至右）

　　我妹妹陳子華當時在北京商學院，通過預選成為正式候選人。她的選區是師生混合選區，只有一個代表名額，最後她沒有當選，由一位老師當選了。當時她競選班子的一個成員，叫劉曉光，現在是首創集團的老總，是著名的大房地產商。

　　原先商量好，北京大學由王軍濤出面競選，胡平在後面給他當顧問。但後來一搞起來，競選形勢非常好，學生非常踴躍，考

慮北大的學生選區有兩個名額，覺得王軍濤、胡平可以分享這兩個名額，胡平就從後臺走到了前臺。事實上成為正式候選人的前三名是胡平、王軍濤、張煒，王軍濤獲得 2964 票，只差幾十票沒過半數，結果北大只選出胡平一個人。後來王軍濤與張煒又補選了一次，王軍濤還是差幾十票沒過半數，所以就浪費了一個名額。在這次選舉中，好幾個學校都出現了類似的情況，這顯然跟選舉制度的設計有關。在競選過程中，我們又結識了許多新朋友。像在北大競選中名列前茅的另外幾位——房志遠、楊百揆、楊利川等，後來我們搞國情組的時候，他們也參與進來了。人大的競選人秦永楠等人，也成為國情組的成員。

劉少奇的兒子劉源在北京師範學院，他在預選中名列第一，但在正式選舉中落選了。劉源現在是軍科院政委，大軍區正職，過兩年要當上將了。當時學生中的另一個正式候選人叫張中天，以平民派自居，與貴族派抗衡，結果誰也沒選上，作廢了一個代表名額。後來我聽說，劉源競選是請示過最高層的，最高層同意他們參與，讓自己的子弟也去政治風浪中歷練歷練吧。還有一個例子是林炎志，他是清華大學的，他沒有選人民代表，是選學生會主席，他後來當選了。林炎志是當時已經去世的人大副委員長林楓的兒子，現在他是吉林省委副書記，是一個出了名的左派。劉源在選舉中失利，以及後來陳元、鄧樸方等人在差額的黨代表和中央委員選舉中屢屢落選，大概加深了中共高層對於直接選舉的抵觸情緒。

我當時所在的選區比較大，3000 多人選一名代表，除了中科院研究生院，還包括了中科院的環境化學所、地球物理所，一機部機械科學研究院院部、機電所、起重機所、標準化所，一共 7 個單位，正式候選人是我和雷天覺。雷天覺是一機部機械科學研

究院副院長兼總工程師、中國科學院學部委員、全國政協委員，他還曾擔任過第一屆全國人民代表大會代表。我們倆競選，我當選了，因為我當時有四五英雄的身份，另外我們與選民見面時，我的表現比他好。

我雖然在別處參加助選，並統籌協調多個學校的競選事宜，但在我自己的選區，卻沒有大張旗鼓地競選。這裏有一個特殊的原因。當時研究生院的校舍還在北京林學院的院子裏，半導體所也在。林學院在文革中被趕到雲南去了，中科院的幾個單位就把林學院給占了，後來他們又回來了。校址被人佔據，這對林學院的師生來說，是一個天大的問題。79 年中國人民大學發生過一件類似的事情，甚至可以說魏京生判刑的劃圈之筆是被人大學生給推了一下。為什麼這麼說呢？魏京生判不判刑，中共高層是有分歧的，胡耀邦就不贊成。人大學生因為他們的校園在文革中被二炮司令部佔用，人大復校後又遲遲不歸還，他們就到天安門去遊行，在遊行中喊了反對軍閥等口號，此前又剛剛發生過抗議封殺「星星畫展」的遊行，結果人大學生遊行過後沒幾天，就把魏京生給重判了，明擺著是「殺雞儆猴」。我的競選活動剛要開始，林學院學生在一個週末突然發動，把我們研究生院的教學樓佔領了。研究生院的師生大部分週末是回家的，星期一早上一來，看到教室都讓林學院給封了，我們的學生也氣不忿，但明顯我們沒有林學院人多，打架是打不贏的。當時需要與各方面進行交涉，我就是在這種情況下臨危受命，被推舉為研究生會主席。有些研究生要上街遊行抗議，我給壓住了，因為我知道上一年人民大學的先例。當時北京各個大學都有競選活動，如果我們在這個時候上街遊行，正好被保守派抓住，作為鎮壓競選運動的口實。我當

研究生會主席實際上是做了一些滅火的工作，後來我們派了一些
代表去中南海裏面請願，他們也讓我們進去了，與國務院的主管
領導談判這個事，最後達成了一個妥協，林學院同意將教學樓解
封，中科院領導則簽字畫押，保證一年內將這房子讓出來。這件
事的解決，研究生院領導挺感謝我的，他們覺得我既幫助他們向
上施加了必要的壓力，同時也控制住了局面，沒有出現上街或者
武鬥的情況。競選運動後，許多人都受到打壓，胡平長期不予分
配工作，陳子華發配回原廠，外地有的學生還受到處分甚至開除
了學籍，但我們研究生院的領導，以及中科院的領導（院長方
毅、黨組書記李昌），是給我打了保票的，當時是有文字的。有
兩份內參向上參了我的問題，方毅讓研究生院彙報，研究生院的
結論是，即使陳子明說了一些過頭的話，他也沒有什麼大問題，
他的情況我們都是瞭解的，不是趁火打劫的那種人。由於這樣一
個偶發事件，研究生院上下都對我有好感，我沒有怎麼開展競選
活動，就當選了。

二十二、人民代表的聯合行動

在高校競選中當選海澱區第七屆人民代表的共有 8 人：中科
院研究生院陳子明，北京大學研究生胡平，中國人民大學研究生
韓宇紅，北京師範大學研究生李世取，清華大學研究生華如興、
本科生顧立基，北京鋼鐵學院本科生李迅，中央民族學院本科生
羅維慶。作為競選運動的最後一環，我們這些當選者還做了一些
努力，因為這時高層已經對競選運動有負面表態並採取了防範措

施，所以不可能有大的作為了。我們這幾個人事先在清華大學開了一次碰頭會，我起草了一個《海淀區人民代表大會組織和議事規則》的草案和說明，我也找海淀區人大常委會和區革命委員會負責人談判，向他說明我們在會上要有一些舉動，投反對票，提出質詢議案，等等。雖然我事先與他們打了招呼，但他們還是非常驚慌的。他們明顯的阻撓是，我要求他們給我一個代表花名冊，他們不給。我已經是人民代表了，正式開會前我要個名單，好與代表們溝通一下，但他們視我為洪水猛獸，就是不給。另外，我要求給我發一個代表證或者介紹信，以便開展工作，他們同樣拒絕。這說明在開這個會之前，上面已經佈置下來，要對我們嚴加防範。所以他們選我當海淀區人大常委會委員，也有十幾個人聯名，但在確定正式候選人的時候，就被拿掉了，因為沒有預選。清華大學的顧立基，在態度上與我們有差異，我們醞釀在學生代表中建立一種固定的聯繫，他表示反對；我起草的組織和議事規則，他也沒有連署。此前，在中國人民大學開過一次幾十人的會議，有各校的當選人、候選人和競選積極分子參加，意思想通過一個聯合聲明，說明競選運動的目的，總結經驗教訓等，與會絕大多數人都同意，也是因為顧立基等個別人的反對而流產。由於顧立基有這樣的一些表現，官方就把他安排成了區人大常委會委員。我在這次會上，提出了幾十個議案、提案等。我在會前到選區的各個單位廣泛徵求了意見，根據選民意見起草的提案，涉及到戶口問題，公共廁所問題，公交車站設置問題，都是很具體的事。我當時想要以人民代表的身份多做一些事，但由於上面的防範，不給你開具證件，有關行政部門不配合調查，後來就沒辦法繼續幹下去了。

　　學生人民代表，本來也不可能長期幹下去。因為畢業以後，單位變了，選區也就變了嘛，中國的選區是按單位劃分的，不是按居住地。我到社科院工作後，選區都不在海淀區了。其他的學生代表也都畢業了，有些人已經不在北京工作了，像韓宇紅、李世渠等。

　　關於競選運動，還有一個細節，一般人不知道的。1989 年 4 月 19 日，《世界經濟導報》和《新觀察》聯合召開了一個悼念胡耀邦的座談會，《導報》就是因為刊載這次會議的發言而關張的。我參加了這個會。我是一個晚輩，比較靠後才發言，我就在會上唱了點反調。我說，你們都說胡耀邦的好話，我說他也有糊塗的時候，但是他有一個突出的優點，就是從善如流，知錯能改。我指的他糊塗的地方是在競選運動高潮的時候，他講過一次話，他說 1949 年以後青年中有三次反黨運動，1957 年是第一次，文化大革命是第二次，競選運動是第三次。他是在一次內部會議上說的，已經形成了一個白頭文件。當時在北大當校黨委書記的韓天石以及張黎群等一批團派的人找到他，認為他這個話講得不合適，結果他就收回了，準確的說是從印刷廠收回了這個講話的檔。如果他的這些話印出來，發下來，我們這些人就有可能被抓起來了。由於胡耀邦及時回頭，他保住了自己的好名聲。實際上競選運動是支持以他為代表的黨內改革派的，也確實起到了推動改革的效果。

　　競選運動前後，中國的政治形勢異常複雜，搖擺很大，而且像 56、57 年一樣，受到國際形勢的強烈影響。鄧小平為什麼會有 80 年的「八一八講話」？79 年他擺平了凡是派和民主牆，緊接著國際上出現了一個大事──阿富汗事件。到 80 年的時候，

莫斯科要開奧運會，這次奧運會是中美關係所達到的一個最高點。美國的傳統盟國，歐洲的主要國家英國、法國以及北歐國家等，當時都是半抵制，他們都是運動員去了，但開幕式不舉國旗，舉奧運會旗；中國與美國則是徹底抵制，美國的幾個鐵桿小兄弟——日本、西德、澳大利亞也是徹底抵制，土耳其、巴基斯坦、伊朗、阿拉伯這些穆斯林國家自然是徹底抵制的。在中美關係達到這個高峰後，政治、經濟、軍事的全面合作提上了議事日程，當時確定由英國幫助中國海軍現代化，美國幫助中國空軍現代化。到了 80 年底，雷根上臺了，中美在臺灣軍售問題上又出了麻煩，胡喬木甚至提出不惜在外交關係上降級，十二大以後把「一條線」改成了全方位外交，就是不要突出中美關係，還是要和蘇聯緩和。所以 80 年是中美關係的蜜月期，鄧小平就是在這個蜜月中提出政治改革的想法。當時的形勢就像蘇共二十大之後的形勢。鄧小平講話後，各方面積極表態，但是兩個月以後，中宣部部長王任重就說了，小平的這個講話不宣傳了。為什麼呢？因為發生了波蘭團結工會的事件。這個事件發生不久，胡喬木就給鄧小平、胡耀邦、陳雲寫信，說要高度重視波蘭的這個事情，中國也可能會發生類似的事情。這樣形勢就急轉直下了，等到年底開中央工作會議的時候，陳雲還原派的路線就占了上風。鄧力群在回憶錄中很得意地說，在這個會議上，鄧小平講話中一口一個陳雲同志如何如何，我統計一下有七、八次。鄧小平在這次會上完全成了陳雲的尾巴。鄧力群總結說，鄧陳合作，到這是一個頂點，再之後就走下坡路了。陳雲當時假借青年的名義，引用了所謂「四君子」的話——「抑需求，穩物價。捨發展，求安定。緩改革，重調整。大集中，小分散。」「四君子」就是翁永曦、

王歧山、朱嘉明、黃江南。陳雲打出了一張青年知識份子主張
「緩改革」的牌——老幹部自然多數是擁護「緩改革」甚至「不
改革」的——把鄧小平也給打蒙了。

　　但是，競選運動充分顯示了青年中的主流思想，是要求推進
改革而不是「緩改革」。當時競選中有兩派，一派是以張煒為代
表的穩健派，另一派是以胡平、王軍濤為代表的激進派。穩健派
也是積極要求實行經濟體制改革的，激進派則進而要求政治體制
改革和全面改革。在競選中幾乎聽不到還原派的聲音，這說明陳
雲路線在青年人中根本沒有市場。競選運動改變了中國的政治生
態和話語場，還原派的話語此後在公開場合就逐漸銷聲匿跡了。
陳雲到達他的權力頂峰後，很快就跌落了下來，雖然他還有許多
人馬和實權——組織人事權、經濟計畫權等，但他失去了軟權
力，失去了左右話語、控制議題的能力。

　　競選運動在形式上有不同於民主牆運動的地方，它是在各個
單位的內部進行的；但又有一個共同之處，就是從下面影響了高
層的政治平衡。當時是還原派在主導政局的走向，我們通過體制
外的活動，提供了一種新鮮的活力，打破了體制內的一灘死水。
民主牆幫助黨內改革派扳倒了凡是派，競選幫助改革派抑制了還
原派。然而，它的許多參與者則為之付出了慘重的代價，像周為
民、王軍濤、韓志雄這些團中央委員，被徹底打入了另冊，成為
「新三種人」和公安局監控的對象。但是上層也不是鐵板一塊，
胡耀邦曾託王軍濤單位的領導給他帶過一句話，讓他不要墜青雲
之志。周為民到蛇口後受到公安機關的騷擾，要把他趕出蛇口，
袁庚、任仲夷、胡啟立、胡耀邦等先後出面擔保，才沒被趕走。
蛇口與香港一水之隔，周為民又擔任工業區的董事、港務公司的

總經理，公安機關卻長期拒絕給他辦護照，他在蛇口工作十年後，才第一次獲准到香港出差辦事。

二十三、首都各界愛國維憲聯席會議

我剛才說到 89 年 4 月 19 日的會。我在會上實際上是唱了兩個反調，其一是大家都在誇胡耀邦，我說了一些他的不太好聽的話，但也說他是勇於認錯的；第二個反調是針對會上有人說，看到外面學生運動的場景，感到很振奮，我說，我看到這些情況，首先感到的卻是一種悲哀。十三年前，我們就是這樣在廣場上，現在時間過去十三年了，這些學弟們還是採取與我們一模一樣的方式，可見這十三年政治上變化不大，進步太慢。進步稍微快點，很多問題就不用走上廣場了。那時我們剛剛和香港《鏡報》的徐四民座談過一次，題目就叫〈將民主從街頭引向人民大會堂〉。現在又走上街頭，我感到悲哀。我這個話，在當時可能不太中聽，所以《世界經濟導報》在整理會議記錄的時候，就沒用我講的這些話。當時發了好幾版，一共參加會的就三十幾人，差不多所有人講話的摘要都登了，我注意了一下，就我的講話沒登。這個講話說明一個什麼意思呢？我們作為過來人，對於胡耀邦逝世後的學生運動，一則是喜，一則是憂，憂的成份占得更多一些。因為我們感覺，首先從執政黨的方面，它沒有在政治改革方面真正做什麼事，沒有為政治表達提供更通暢的渠道；至於學生方面，也沒有得到政治反對傳統的傳承。我們在十年前政治上已經相當成熟了，在競選運動中已經表現得相當成熟了，

131

但現在的學生又以很幼稚的行為方式出現了，所以我們覺得運動以悲劇收場的可能性很大。後來有些人說我們是「黑手」，官方是這麼說，有些不是官方的人也這麼說，實際上這根本不符合事實。

胡耀邦逝世的時候，王軍濤正帶著一個隊伍，包括一批專家學者，還有十幾家報社的記者，在西北幾個省考察。此行受到西北出身的老幹部馬文瑞、郭洪濤、張邦英、張達志等人的支援，我們當時成立了一個延安社會經濟發展基金會。我們下面的一個所——北京應用技術研究所，在此行中與寧夏自治區企業管理局簽下一個合同，我們向他們轉讓一個電解方面的技術項目，有幾百萬元的轉讓收入。我們當時正在忙於這些事。我們的既定方針是：「以政治為靈魂，以經濟為後盾，以文化為形象」。從四五運動以來，我們就是一個有明確政治目標的團體，就是要推動中國政治民主化。但是，當時公開打出政治反對派的旗號，條件尚未成熟。因此，我們先從社會層面入手，在總體性社會中摻沙子，增加公民社會、自治團體的成分。所以我們設立中國民意調查中心、人才評價與考試中心，出版《經濟學週報》，成立函授大學、出版十幾種叢書，與地方上聯合開發專案，……。我們甚至還做了一個茅山道教基金會，中國道教協會主席的女兒是我們所派出的工作人員。當時的延安地委書記白恩培（現在是雲南省委書記）與我們有一些私交，通過馬文瑞的關係，王軍濤當時與陝西省委書記張勃興等也有接觸，我們專門成立了西部開發辦公室，想利用我們在諮詢、媒體方面的一些優勢，在地方上打開一些局面。在這種情況下發生大規模的政治運動，對於我們的工作部署是一種干擾因素。

　　我們在 89 年 5 月 1 日開過一個香山會議，這是我們所務委員會的閉門會議，會議通過了一些決議。我們把眼前的運動看成是暫時的，很快就會過去的，所以還是要按照我們的既定方針來辦。第一句話是「以政治為靈魂，以經濟為後盾，以文化為形象」，第二句話是「一體兩翼」。我們屁股要坐在知識份子、學術界、文化界這個主體上，同時我們要伸出兩翼：一翼是要與政府部門，包括搞智囊的像陳一諮這些人聯繫，推動他們在體制內部搞民主化；另一翼我們要與各種民間力量聯繫，包括過去民主牆民刊的積極分子──像任畹町，他的妻子就在我們所裏當出納，也包括學生運動的積極分子──像劉剛也在我們所工作。儘管我們不贊成在時機不成熟的時候搞大規模的學生運動，但是根據「一體兩翼」方針，我們還是要與他們保持接觸與聯繫，當時是由王軍濤、陳小平負責這方面的工作。我們在 4 月下旬發了一個所內文件，意思是可以以個人名義關心和接觸學運，但社經所作為一個單位，以及下屬的各個單位，都不要介入學運。

　　我們這個團體最終為什麼會捲入進去呢？鄭也夫曾說，他要負一定的責任。當時陶鑄的女兒陶思亮，是統戰部新成立的知識份子局副局長。她與知識界有廣泛的聯繫，我當時也與她打過交道，她與鄭也夫、周舵等人聯繫密切。5 月 13 日下午，我們正在《經濟學週報》開所務會議，按照 5 月 1 日會議的決議進行工作分工，這時門外來了一輛統戰部的麵包車，鄭也夫從車上下來後對與會者說：我受統戰部長閻明復委託，來請你們出山，現在學生在廣場絕食，誰勸也勸不動，想請你們找學生領袖做做工作，讓學生離開廣場。我當時覺得，我們即使介入也起不了作用，學生情緒已經到了那個程度了，我在 4 月 19 日就對此事不樂觀，到

了 5 月 13 日就更不樂觀了，我們還是應當集中精力作自己的事。所以我就對鄭也夫說，我們正在開所務會議呢。他說，這事急。我說，急也不行，請你先迴避一下，對此事我們需要表決一下。後來我們就表決，當時多數票覺得還是應該去，去做這個工作，包括我在內少數票反對，我主要覺得起不到作用，介入也沒有用。但是既然統戰部來請，多數人覺得還是應該去試一試的，後來王軍濤、陳小平、閔琦就坐這個車子去統戰部了。這樣一來，我們所就捲進去了。

我個人的介入還要晚幾天。我在給法庭的自我辯護書中說：在 5 月 16 日和 18 日之間，有兩件事對我產生了影響，使我部分地鬆動了不介入的一貫立場。其一，是一批我素來敬仰和欽佩的著名經濟學家要求我和王軍濤出面做學生的工作，防止不負責任的政治舉動導致改革倒退的悲劇。其二，是一位地位和名望都很高的自然科學家直接向我個人發出呼籲，拜託我利用前「四五英雄」的身份，救救青年學生的生命。老一輩科學家對國事和青年的關懷使我深受感動，這是比中央統戰部來找我的兩次邀請更有影響力的道義命令。吳敬璉等經濟學家的意見是石曉敏、劉力群等人轉達的。他們的意思是，形勢已經非常危機了，如果再控制不住局面，改革恐怕就要完了，如果我們能和學生說上話，一定要再努力一把。自然科學家是直接和我通了電話。原大氣所的研究人員、當時是我們下面的思創技術研究所所長嚴江征正好去拜訪中國科學院副院長葉篤正，因為他們過去都是大氣所的。葉篤正對當時的局勢也非常焦慮，說有什麼辦法可以向學生做工作。嚴江征說我認識一個人陳子明，原來也是中科院的，他或許與學生有聯繫的管道。葉說，你馬上給他打電話，我來跟他說說這

事。這樣他就與我通了電話，他的意思也是要我出面去做學生的工作。但有人不知是出於什麼目的，最近託人去問葉篤正，問他認識不認識陳子明，我和葉只通過一個電話，而且事情已經過去十幾年了，葉篤正說不認識陳子明，這很正常。我也不認識葉篤正，但知道有這個人，他講的話對我是有分量的，所以我就應承下來，說我們想想辦法看。

這樣就產生了首都各界愛國維憲聯席會議。起初只是一個聯席會議，「首都各界愛國維憲」是戒嚴以後加上的。在此之前，戴晴已經組織一批知名學者去勸過學生了，我知道僅靠勸說是無效的，還要對學生採取必要的措施，要做惡人。我當時說，與其讓軍隊把學生趕出廣場，不如由老師把學生綁回學校。經過激烈的爭論，5 月 19 日上午，與會者達成了初步的共識，下午，從會議上趕往廣場的張炳九打電話告訴我，11 名絕食絕水學生已被帶離絕食現場，獲得了初步的成效。但已經沒有時間容我們做進一步的工作了，一兩個小時以後，我就獲知了趙紫陽被停止工作和即將宣佈戒嚴的消息。

有人說我們有一個「三線計畫」，意思是說讓別人在前面衝鋒陷陣，自己坐收漁利。官方判我十三年刑，我還好理解，有人給我加上莫須有的罪名，對我進行道德審判，讓我感到無法理喻。我們只有一個二線分工，而沒有什麼「三線計畫」。二線分工是王軍濤的意見，由他在一線負責與運動有關事宜，由我在二線負責善後事宜。只要一介入學運，我們絕對不會有好果子吃，對這一點我們是心知肚明的。我在自我辯護書中曾說：從某種意義上說，現在選定我和王軍濤作為主要被告人是一件好事。因為我們對含冤受屈抱有充分的思想準備，為了救學生出虎口，我們

135

從一開始就估計到存在著「好心沒好報」的可能性，並不惜為此做出自我犧牲，現在不過是「果然如此」、「求仁得仁」而已。所謂善後事宜，包括兩個意思，一個是轉移資產，防止官方把我們的家業一網打盡；另一個是安排避難所，在郊外佈置一些隱蔽的點，準備好食品、飲料等。我的起訴書和判決書中都提到了我和王軍濤的二線分工。因為沒有這一條，他們就不好把別人的事安在我的頭上，我也就成不了官方認定的頭號黑手。

實際上，我是不贊同這個二線分工的。5月21日，有兩個學生從廣場上來找我，說了他們的一個懷疑。他們說，廣場上屢次撤退計畫都是被李錄破壞的，他們懷疑他是公安局的人。我根據四五運動的經驗，知道公安局特務是會在運動中起破壞作用的，覺得必須識別此人。因此，我在當天晚上就去了天安門廣場附近的旅店，找到王軍濤。王軍濤希望我專心致志地做好善後工作，反對我上一線。第二天，我們之間發生了一次爭執，當時在場的張倫在十幾年前的一篇文章中曾介紹過此事。我當時的觀點是，要不就乾脆不介入，要介入就要全力以赴地介入，分一線二線並沒有什麼實際意義，如果官方下了鎮壓的決心，你怎麼準備善後都是在做無用功。後來我們又爭執過一次，也是因為軍濤認為我沒有認真做善後工作。他說，你不做好準備，一旦開始大屠殺，我們這些人連個躲的地方也沒有，到時候連速食麵也買不到了，那不是對我們不負責任嗎？從事後來看，鄧小平在「六四」之前就表示要利用這個機會做一次「大掃除」，我們這個團體正是「大掃除」的主要對象之一，所謂「三朝元老」嘛，我們介入不介入，分工不分工，都是逃不掉的。由於我們決定不出國，所以後來被抓住的恰恰就是我們這些人。

5 月 23 日成立的首都各界愛國維憲聯席會議，主要是王軍濤、劉剛、包遵信、甘陽、王丹他們在運作，我就參加過一兩個鐘頭的會，因為我答應了軍濤，只要會議一成立我就退出一線。有的人或者明說或者暗示，王丹他們絕食是王軍濤唆使的。其實，在聯席會議之前，王軍濤和王丹相互並不認識。我與王丹見面比王軍濤要早。89 年 2、3 月的一次理論討論會上，王丹批判王軍濤是中國保守主義思潮的代表人物，令我感到非常驚訝，這是我第一次見到王丹時的第一個深刻影響。王軍濤是 5 月 18 日在薊門飯店開會時才與王丹有了直接接觸，在 5 月下旬到 6 月初逃離北京的一段時間裏，他們一直在一起。

離開一線後，我就安排王之虹、于國祿、畢誼民等人準備避難所。他們買食品、礦泉水、汽油等物品，收拾房間，搬家具等，忙了好幾天。我自己則幹了另外一件事，也是以另一種方式來準備後事。我組織了一個班子，趕寫一篇理論大文章，準備在《經濟學週報》截稿前，用全部八個版一次性發出來，為這次運動留下一個理論性的闡述。參加寫這篇文章的人有閔琦、劉衛華、石小敏、劉力群、楊百揆、孫立平和我。我們在一起集中了幾天，在一個遠離廣場的旅店裏，討論了文章的基本框架和寫作分工，然後各自回家寫作，說好 6 月 7 日大家再碰頭，把初稿拿出來。結果 6 月 3 日晚上就開槍了，6 日我得到了馬上要來抓我的確切情報，當晚就匆匆乘火車去內蒙了。這篇文章沒有最後完成，但它的主要內容，後來到 90 年代，還是由參與寫作者陸續地表達了出來。

王之虹她們準備的地方，後來也算是發揮了一點作用。包遵信等十來個人在那兒住過一個晚上，第二天又轉移到另一個地

方，然後就分頭離開北京了。王之虹還給王丹他們做了假工作證。6
月 5 日，很多大兵就住在勞動人民文化宮，王之虹的單位就在勞動
人民文化宮的西配殿，走廊裏都是當兵的躺在那兒，之虹和另一
個女孩就從刺刀叢中穿過，進屋給王丹他們辦了假工作證。

二十四、被捕和判刑

我本來還不想走。我想軍濤他們必須走，我再留下來看看。
我那時住在中央財金學院對面的一個小旅館中寫作，不敢在家裏
寫，6 月 6 日我去法大、北航、鋼院等大學轉了一圈，想瞭解一
下學生們的情緒，看看下一步還能做些什麼。我在鋼院看到了被
坦克壓死的博士生的照片。就在這個時候，我收到了陳子華發來
的傳呼資訊，讓我趕快去一趟師大我姑姑家。她的一個好朋友，
原來也在我們這兒幹過事的，當天告訴她一個緊急消息。她的一
個鄰居是公安局某處的負責人，私下透露給她，已經定了一批逮
捕名單。我妹妹的朋友問，有陳子明嗎？那個負責人說，當然
了，陳子明怎麼會沒有。後來知道，實際上有好幾個通緝名單，
21 名學生領袖的，韓東方等工自聯領袖的，方勵之夫婦的，這是
上了電視的；還有一個名單也已經拿到了電視臺，但最後由於某
種考慮而沒有播，這個名單包括 7 名知識份子——嚴家其、包遵
信、陳一諮、萬潤南、蘇曉康、王軍濤、陳子明。當時還不知道
會全國通緝，如果知道要通緝的話，可能就不跑了。子華把之虹
也叫到我姑姑家，告訴了我們這個情況，然後大家一起商量這麼
辦。我姑姑堅持我必須離開北京，她當地下黨的時候也遇到過類

似的情況，國民黨當局要抓她的消息被一個朋友透露了出來，她就和一批地下黨同學跑到中共佔領區去了，沒跑的人後來有的就被殺害了。我姑姑地下工作經驗比較豐富，她認為我不能再回自己家了，由我弟弟子清回家去收拾行裝和準備錢，然後由在西直門火車站工作的表妹直接把我們送上了去呼和浩特的火車。

和之虹在寧夏沙坡頭，1989 年 6 月

當時我對王之虹說，咱們蜜月也沒有去旅行，這次我帶你去轉轉。當時我的計畫是去西北一帶，包括去新疆，先在外面轉兩三個月，再回來。我們從呼和浩特到了達爾罕茂明安聯合旗，帶之虹領略一下草原風光，當然比錫林郭勒大草原還是差一點。然後去了銀川、賀蘭山和沙坡頭。到蘭州的時候，就看到報紙上要求愛國維憲聯席會議的參與者自首的通告，但是既沒有點名，也沒有照片。這時覺得不能再遊山玩水了，需要找一個地方躲躲。我在西安遊覽了大雁塔、華清池、秦始皇陵和兵馬俑後，就簡單

地化了一個妝，到理髮館把頭髮燙了燙，留起鬍子，摘掉眼鏡。從西安先到了鄭州，然後又去了武漢。我們來到了華中師範學院，我在校門口對過的小樹林裏等著，之虹去找劉衛華的妻子張迪。張迪哭著告訴之虹，劉衛華剛剛被公安局帶走，公安局的人就在這裏埋伏著呢。我們馬上返回火車站，買了一張立刻就要發車的車票，經過襄樊、柳州，然後到湛江一個遠房舅舅的家中住了下來。

事實上，我們所裏有好幾個躲起來的所務委員都沒有抓到。閔琦沒抓到。謝小慶沒抓到，他一方面躲躲藏藏，一方面還在幹國家公務員考試的工作。畢誼民先是把王丹、包遵信、王軍濤送到哈爾濱，然後他自己跑到溫州，他在那裏打工一年多，直到我和王軍濤審判後才出來。

我在湛江待了三個多月。這期間王之虹去過蛇口、上海和海鹽，看看能否轉移一個隱藏地點。到了 9 月下旬，我的親戚在街上看到我的通緝令，回來就跟我們說了。在這種情況下，我覺得我們應該離開湛江了。我就讓王之虹先和我的弟妹聯繫，再讓她找子華聯繫所裏的人，請他們在北京幫助安排一個地方。到了 10 月 10 日，所裏來了一個人，他說已經和香港方面聯繫上了，可以安排我經香港出國，馬波（即作家老鬼）就是通過這個途徑出去的。我說，我是要回北京的，不準備出國，如果出去了，我判斷 20 年內都回不來，所以我不能出去。他看我的態度比較堅決，就說那咱們明天再談。結果當天夜裏，公安局就把我和之虹抓起來了。他們還設了一個套，把香港的羅海星騙到湛江抓起來，後來判了四年刑。官方在報導這件事的時候，故意說成好像我是在偷渡的時候被捕的。公安部常務副部長親自到湛江指揮這一行動，後來他們又通過同樣的辦法，在長沙誘捕了王軍濤。

　　後來我瞭解到，他們為了抓到我，是花了大本錢的。我們到內蒙的時候，他們是知道的，但我們比通緝令快了一步，他們還沒有奉到上面的明確指令，不知道應當怎麼辦。我們在呼和浩特的第一晚，就有公安人員來查房，我們給他們看了工作證和結婚證，他們當時也沒說什麼。第二天，我們租了自行車遊玩，跟蹤的人大概是被甩掉了，因為開汽車跟蹤自行車是很困難的，所以後來在北京跟蹤王之虹的人必須同時配備汽車、摩托車和自行車。我們去了達爾罕茂明安聯合旗，他們可能以為我們去阿巴嘎旗了。他們後來在我插隊的地方跟篩蘿子似的篩了好幾個月，一直到我在湛江被抓。都做到了什麼程度呢？據一位寶昌知識青年後來告訴我，那時他是在錫林浩特工作，他單位裏的一個幹部，退伍前是武警的副營長，那個人告訴他，89 年我就在你們家「蹲坑」，蹲了幾個月。對這個關係相當疏遠的人都下了這麼大的功夫。後來我對公安局的人說，如果你們只花 10 萬元經費，肯定是抓不住我的；如果肯化 100 萬，就有可能了；如果花 1000 萬，就肯定能抓住了。據說後來光是獎金就有幾十萬元。

剛剛釋放回家的之虹和媽媽喻昌楠，1990 年 12 月

　　之虹當時是與我一起被抓的。她在看守所待了 400 多天。女看守曾對她說，放你之時，就是判陳子明之日。後來果然是這樣。放她的時候沒有做任何結論，抓她的唯一理由就是因為她是陳子明的妻子。當時對之虹的通緝令用的是她的單人婚紗照，非常漂亮的一張照片。抓我們的時候叫做「收容審查」，現在已經被廢除了。到我轉為正式逮捕的時候，就把王之虹給放了。當時被官方認為是主要黑手的 9 個知識份子，方勵之夫婦躲進了美國大使館，嚴家其、陳一諮、萬潤南、蘇曉康出國了，只有包遵信、王軍濤和我三人被抓住了。後來他們琢磨一下，我和王軍濤是老民運分子，從四五運動、民主牆、競選，到 80 年代的各種民間運動，而且是有團體的；我和王軍濤都是兩進宮了，可以算是老運動員了，包遵信年齡比我們大，「反齡」比我們小，這次算是第一次涉足，所以在三人之中選擇對我們進行重判，包遵信只判了五年。原來是要定我們三項罪名：陰謀顛覆政府罪、組織反革命集團罪、反革命宣傳煽動罪，吉林長春唐元雋一案，僅僅因為後兩項罪名首犯就被判刑 20 年，官方可能是在國際壓力下，認為判得太長了不合適，就撤銷了組織反革命集團罪，只給我和王軍濤判了 13 年。因為我們這個「黑手」帽子是他們給硬扣上的，根本拿不出什麼像樣的證據，所以判 13 年都很勉強。很難說得出口。一般人知道王丹、吾爾開希，知道方勵之夫婦，知道劉曉波，因為報刊做過不少他們的反面宣傳，但很少有人知道我和王軍濤，因為發了幾百字的有關我們被判刑的消息後，官方就停止談論此事了。他們滿足於找到幾個替罪羊，趕快把「動亂」、「暴亂」一案有個了結，以後人家再問起來，就只說「風波」了。而且，他們精心挑選在第一次海灣戰爭的有利時機，完

成了對我們的一審和二審，因為美國在這個時候需要中國在安理
會中的棄權票。錢其琛頭一天去紐約開會，第二天就開始審判我
們了。

　　官方把我和王軍濤判得最重，他實際上在找後帳，算總帳，
但他不會承認這一點。在審訊過程中曾經問過我以前的事情，也
有人告訴他們，我從 70 年代起就徹頭徹尾的反黨，是這群人中
最危險的分子。我對提審員說，你要我交代以前的事情可以，你
先把中央撤銷天安門事件平反的文件拿來給我看看，如果沒有對
以前的事情作出新的結論，就請免開尊口，我不會提供讓你犯錯
誤的機會。在整個 80 年代，有關部門對我們這個團體的發展，
設置了種種的障礙，包括取締研究機構，經濟上查帳和罰款，以
行政手段禁止函授學院招生，威脅嚇唬你的合作方，等等。但是
要把我們置於死地而後快，他還做不到，因為我們沒做什麼錯
事，他抓不住我們的把柄，只能搞一些嚴控、電話竊聽、心理威
懾、造謠什麼的。這一次總算是有了一個把我們往死裏整的機會。

　　一開始的時候，聯合辦案組的提審員也說過些狠話。譬如
說，如果你頑固不化，你就要豎著進來，橫著出去。但他們不敢
直接用判死刑來嚇唬人。後來據王之虹說，官方對我們的判刑問
題也是有過反覆的，死刑、無期徒刑、二十年、十五年，都曾在
考慮之列，之虹有一段時間非常焦慮，心理壓力很大，因為有人
告訴她可能要判死刑。但根據我自己的政治經驗，我覺得不可能
判死刑。

　　我前後兩次坐牢，感受大不一樣。在四五運動前，辦案人員
在與政治犯較量時，心理上還有一定的優勢。「六四」之後對政
治犯的迫害，完全缺乏群眾基礎，包括公檢法系統的人員，內心

都不支持鎮壓和審判。法院和監獄的人，私下都向我們表示過歉意。我的審判員在宣讀判決書後，下來就對我說，我是吃這碗飯的，實在沒辦法，你們事情的是非曲直，我們都是很清楚的。後來我們在監獄中絕食，王之虹遇到司法部獄政管理局的一個處長，一見面就說，老陳的事遲早是要平反的。他見之虹的目的是要讓她做工作勸我停止絕食，為了博得之虹的好感，他第一句就說這個。公檢法系統所有的人，都沒有與我們吹鬍子瞪眼的，只有在秦城預審初期，有一個人跟我拍過桌子。當時我跟他說，只要你拍一下桌子，我就拍十下桌子，你要是不想問問題了，咱們就拍桌子。我怎麼一說，他知道我是一個言出必行的人，他就不拍了。因為我是兩進宮，鬥爭經驗就比較豐富了。我一進監獄就提出 6 個條件，都是很具體的：包括看通緝令，說明收容審查的法律依據，說明妻子王之虹目前的處境，提供廣播報紙，解決借閱圖書問題，提供充足的文具紙張等。這些條件不滿足，我也沒有什麼別的辦法，就是一個對策，不張嘴，不說話，反正嘴巴長在我的身上。你滿足了我的條件，我才說話。他們辦案子，沒有我的配合是完成不了任務的，必須要讓我說話，所以只好答應我的條件。沒有經驗的人就不可能提出這些條件。當時關在秦城的人，有的人只能在手紙上記一點自己的東西。而我在裏面寫《十年改革反思》一書，以及寫各種讀書筆記，就用了兩千多張稿紙，而且後來帶到了二監，最後全部帶回了家。我隔壁的吳稼祥是第一次入獄，他沒有經驗，就沒有要到稿紙寫自己要寫的東西。

在「六四」開槍後有三個年輕的局級幹部表態反對，他們是張煒、吳稼祥、石小敏。書面聲明是吳稼祥起草的，吳當時是中央辦公廳研究室的一個組長，他這個組長就相當於局長，他寫過

一本《中南海日記》，裏面寫到他與溫家寶等的一些交往等，挺詳細的。他後來給判了三年。張煒曾經是 50 年代生人中在仕途領跑的人，先後擔任天津經濟技術開發區管委會主任、天津市外經貿委主任，如果沒有「六四」，很快就會擔任副市長或者市委副書記，現在的位置會在李克強、李源潮、習近平等人的前頭。吳稼祥讓他簽名，他就簽了，後來被一擼到底，開除黨籍、公職。石小敏和吳、張是好朋友，吳稼祥沒有徵求石小敏的同意，就給他代簽了。結果石小敏受到的懲罰最輕。

我第一次威脅絕食和實施絕食，都是在秦城監獄。我到秦城後好幾天沒人理我，把我曬在那兒，我從窗戶可以聽到其他牢房有廣播聲，可是我這兒卻沒有廣播。問看守，他說開通廣播要由預審員批准。我就寫了一個紙條，要求在哪天哪天之前見預審員，否則我就開始絕食，後來他們在規定時間之前就來了，這等於取得了一個勝利。第一次實施絕食，是在開庭前夕，因為他們原來答應我，不管審判結果是什麼，都要在程式上嚴格按法律辦事，但是上面要求他們必須在春節前審結，所以他們就食言了，我絕食表示抗議。

法院的人最初對我說，在程式問題上會按法律規定辦事，我也曾一度對此寄以希望。檢察院的人對我的態度很不好，法院的人則態度比較好。檢察院的人到秦城送達起訴書，還要跟我談話。我說，你先給我看看你們的證件。他們很生氣地說，我們穿著檢察院的制服，到這兒來找你談話，難道你還懷疑我們的身份？我說，檢察院的制服，大街上都能買得到，我得看你的工作證。他們說，你是個犯人，還這麼凶啊！我們找你談話，沒有必要給你看證件。我說，你不給我看證件，我就不搭理你。後來他

們為首的那個人就急了，連「他媽的」這種話都出來了。那我就更不理他了，拍拍屁股我就回牢房了，所以檢察院就沒跟我談成話。後來法院的人大概是從中吸取了教訓，從一開始對我就很客氣。檢察院的起訴書裏面有許多內容是偽造的，實際上也不是他們的事，是公安局整理錄音時出的錯，公安局把錄音的書面材料交給檢察院，檢察院就寫進起訴書了。這裏面有幾句話是很嚴重的，包括要判江澤民的死刑，緩期執行，等等。這個錄音是 5 月 15 日我在全國總工會大樓一次會議上的講話，在整理的書面材料中有七、八句都不是我的原話。我要求法院的人調錄音帶來聽，他們同意了，我們就一起聽，然後由技術人員在正確的文本上簽字作出鑒定。後來，判決書對於起訴書做了多處刪改，譬如 5 月 15 日涉及江澤民的話，5 月 18 日薊門飯店會議所謂提出「倒鄧」，都是捏造的，都給刪掉了。

這樣，我對法院的人感覺不錯，就對他們說，希望在律師查證、當庭對質等方面，都一一按照法律規定辦，不要急著在春節前結案，他們一口應承下來了。我說，也不要求你們的判決結果有多麼公正，是有罪還是無罪，不是你們能夠決定的；咱們只需要弄一個比較規範、比較好看的審判過程，凡是法律上規定可以做的，咱們都把它做一遍，這樣就算是交了一個滿意的答卷，你們也算是對得起自己的職業操守了。於是我就提交給他們一張清單，有哪些問題需要律師去取證、查證。一天深夜，一審的主審法官突然跑來了，說是馬上就要開庭了，把通知送達給我。我說，咱們說得好好的，要做一個漂亮的過程，你怎麼就這麼匆匆結案了呢？我以前給你們寫過，如果你們想在春節前草草地了結這件事，我是不配合你們的；果然被我言中了，你們就是想用我

們做一個春節大禮包，那我就恕不奉陪了。因為法律上有規定，必須在開庭前將通知書送達本人，他讓我簽字，我說我既不收，也不看，更不簽字，你還是把它帶回去吧。後來我回到自己的牢房，法官又追到牢房裏，他說，我們把通知書給你擱下，就是送達了。我說，你要是這樣說，你們就是不講理，那我也不講理了。法官說，那你想怎麼著？我說，那我就不出庭。他們說，不出庭不行。我說，我病了出不了庭還不行嗎。於是我就絕食。春節前夕正是數九寒冬，我就穿一個褲衩去外面的放風圈放風，他們問我幹什麼啊？我說，不幹什麼，我鍛煉身體。我就是要在大風中受凍，就是要它感冒發燒。如果他們要來硬的，我也不排除採取進一步的措施。那天我正光著身子在放風圈中受凍的時候，看守長來了一次，勸我穿衣服，我沒理他。過了一會兒，又來了一個看守，讓我走，我就不走，他說，你愛人來了。自從在湛江一別後，我已經 14 個月沒有見到之虹了。所以在這種情況下，我就去接待室見了之虹。王之虹轉告了外面朋友們的意見，希望我不要採取絕食之類的自殘行為，我就接受了他們的意見。

由於我有這個行動在前頭，也給了他們一個下馬威，讓他們知道陳子明是很難弄的。最後達成一個什麼效果呢？開庭的時候，他們已經都佈置好了，攝像機就有好幾台，據說政治局委員都在看轉播。他們反覆給我做工作，希望我不要端著大茶缸進法庭。結果，我還是把大茶缸端進去了。後來有人跟我說，你夠牛的，在法庭上旁若無人，翹著二郎腿，端著茶杯，做著筆記。那天他們宣讀證人證言的時候，我不時打斷他們，「聽不清楚，請再讀一邊」，他們心說，你還命令我們，但還是照辦了。我還以檢察官侮辱我母親（罵「他媽的」）為理由，要求他回避，雖然

147

被法庭駁回，但是把檢察官氣得夠嗆，要求法庭從重判我的刑，當然這是不可能的，我的刑期是由政治局拍板的。

開始的時候，之虹也是關在秦城監獄。我們就關在同一棟樓，這個樓裏都是一個人一間牢房，當時只有兩位女同胞，一個是她，一個是戴晴。但是我對王之虹這個人是比較瞭解的，她需要有人與之交流，她是耐不住寂寞的。秦城監獄吃的很好，但是我認為對她的心理壓力比較大。秦城監獄有一個特別壞的地方，24 小時都有武警輪流值班，每個牢房都安排一個哨兵，哨兵都是男的，沒有女的。牢房的房門上有一個小孔，廁所的牆上鑿了一個大孔，你時時刻刻都在哨兵的視線範圍內，你上廁所的時候可以看到哨兵的臉，沒有任何隱私可言。後來我就與他們談，讓他們把之虹弄到半步橋看守所去。那兒吃的不好，基本上就是窩頭加白菜湯，但在那有伴，是與很多刑事犯關在一起，也有點事可做，這樣可能對王之虹好一些。預審員後來就同意了。王之虹到了半步橋，還和牢頭獄霸打過架，她能說會道，力氣也大，打敗了原來的牢頭。而且女看守也同情她的遭遇，對她比較照顧，經常把她叫出去，到辦公室幫幫忙等，活動空間比較大。關於坐牢的情況，之虹寫過一本《風雨同行》，是香港明報出版社 95 年出版的。

二十五、爭取獄中人權

判刑後，把我們從秦城監獄轉移到了北京市第二監獄，現在是在東五環路的邊上。一去二監，就把我們放在小號裏。小號是懲罰犯人的地方，犯人犯錯誤了，才在那兒關緊閉。可是我們剛

進去，就把我們關在那了。他們是想用這個方法，給我們一個下馬威。我們也知道他的意圖，你給我們下馬威，我們也得給你下馬威。當時我們去了五個人，王丹、任畹町、包遵信、王軍濤和我。像一個環形運動場那樣的禁閉室有二三十個小號，把裏面的人都清空了，就關了我們五個人。我們被分散安排在四個角上，互相之間看不見，但是喊話能聽見。我和王軍濤一個在東南角，一個在東北角，可以喊話，跟別人喊話就比較費勁了。我和王軍濤就要求見監獄領導，領導不來我們就砸門。每個小號都通著一個大一點的放風圈，我就拒絕看守關這個通放風圈的門。小號的條件雖然差，但可以和王軍濤聊天，也算是一個補償吧。

王軍濤有肝病，獄方卻說他沒病，後來醫院證明他有病，搞的獄方很狼狽。作為一種懲罰，到了每月家屬探視的時候他們就不讓王軍濤的妻子見他，王軍濤為了表示抗議，就宣佈絕食。在這種情況下，獄方就來硬的了，給他戴了手銬，挪了牢房（從東北角到西南角，離我的牢房更遠了）。他們為了防止我與王軍濤喊話，專門在走廊上砌了一堵隔離牆，當時王丹他們三個人已經下隊，禁閉室只有我和王軍濤兩個人。我們五個人的探視日是分開的，每天有一個人見家屬，第一天是王軍濤，第二天是我，下來是包遵信……。軍濤絕食的時候，我沒絕食，因為我第二天要見王之虹。他們在接見前讓我寫一個保證書，保證不談王軍濤絕食的事，只能談自己的事，否則就停止接見。我說，行，我就談我的事。到接見室一看，王之虹也不在，他們只讓我妹妹來見我。我就對子華宣讀了我給喬石的一封信，信中說，我為了抗議他們對王軍濤的虐待，自即日起開始絕食。我也沒說王軍濤絕食的事，我只是說了我自己絕食的事，但我的事是有理由的，理由

就是你們虐待王軍濤。事實上，在我以這種方式向外透露我們絕食的消息之前，外面就已經知道王軍濤絕食的事了，是二監的看守給他家裏打了電話。王之虹也多次接到匿名通報消息的電話。這樣一來，中國的監獄人權狀況，就受到了廣泛的關注，國際輿論和一些國家的政府和議會，包括歐洲議會，就對中國政府施加了輿論和外交的壓力。

王軍濤在整個監禁期間絕食 23 次。我在二監只絕食兩次，但有一次絕食的時間比較長，絕了 20 天，光喝水。後來他們把王軍濤轉到了延慶監獄，他的牢房是一個病房的格局，還有電視什麼的，一直是一個人一間房。當時為了我們這個事，歐洲議會、美國議會等都通過了專門的決議，這邊則是由公安部、司法部的副部長出面辯解，公佈了一些照片，還偷偷地拍了一些畫面，賣給外國記者，200 美元一捲，後來有的記者還給王之虹拷貝了一捲。意思是說，他們的待遇還可以，沒有說的那麼厲害。

事實上，我們一進二監獄，就被關進小號。小號是很小的，不到三平方米。屋裏有一個茅坑，一個水龍頭，洗臉、上廁所都在裏面。曾經有幾天停水，大便都沒法沖下去，牢房裏臭氣熏天。它給人一個非常不好的感覺是，它特別高，有 5 米多高，像是在一個枯井裏的感覺。哨兵就在上面走來走去，像是從井口往下看。對我們的最大妨礙是，由於房間太高，點一個 15 瓦的電燈，下來的光線就十分暗，整個晚上沒法看書。當時我帶進去一套不列顛百科全書，厚厚的十冊，我踩在上面還是看不清楚字。所以我絕食的一個要求就是要求換 40 瓦的日光燈，後來他們還真給安了，絕食以後就給安了，但沒幾天就讓我下隊了。

　　我當時被分到八中隊，包遵信是在四中隊。一下隊，他們就搞了一些陰謀詭計。我們是四人一間房，那三個人是專門監視我的。他們就在房間裏進進出出，散佈一些聳人聽聞的言論。他們說，不好啦，有一些犯人在水房裏磨刀呢！為什麼磨刀？他們聽隊長說，來了一個刺頭，據說這個人比較硬，啊，你硬，有我們的刀硬嗎？我們就是要教訓教訓他。他們有意在我面前說給這些話，實際上是隊長安排的。心說監獄長治不了你，有人能治你，他們要借助犯人來壓服我。我聽到他們的議論後，馬上要求見中隊長。我給他一份書面聲明，把我聽到的話都寫在上面了。我說，我認為這些言論你是知道的，即使你原來不知道，現在我也告訴你了，如果出現所說的情況，一切責任要由你個人承擔。由於我聲明在先，後來他們就沒敢打這張牌。以夷制夷，用犯人來整治犯人，這是他們一個重要的手段。但對於像我這樣的老運動員，同樣是無效的。我經常把話說在前頭，在我覺得他們可能會採取什麼行動之前，我就會對他們說，你們如果採取什麼行動，我就會採取什麼對策，把所有的可能性都跟你說得清清楚楚，你掂量了後果再採取行動。這就叫「多用威懾」，「少用對抗」，用圖上作業代替盲目碰撞。

　　監獄裏的管理分大隊、中隊，中隊下面分班。一棟樓是一個大隊，一層樓是一個中隊。到隊裏就要服從隊裏的規矩，隊裏的規矩就是要幹活，要開會，一切都要集體行動。我說，這個不行，這個免談，我要求有政治犯的待遇。官方不承認政治犯這個概念，也沒有政治犯的專門待遇，都是跟刑事犯在一起。各個地方的政治犯如果取得了某種特殊對待，都是靠自己爭取來的。二監對於除了我們 5 個人之外的「六四」判刑人員（有 100 多

人），既集中管理過，也分散管理過，他們也是在逐步摸索管理的經驗。王軍濤去延慶監獄後，我們剩下的 4 個人是一人一個中隊，包遵信和王丹在我北面的一棟樓，他們出來放風我能看見他們，但說不成話，太遠了，除非我在樓上與他們喊話。任畹町在更北面的一棟樓。

絕食是要求改善獄中待遇，要求出來是不可能。我現在評價有些維權人士的行為，我認為應當掌握這樣的方針：小目標，可以採取大動作，比如像絕食什麼的；大目標，只能採取小動作，集腋成裘。我在監獄裏每次提要求，只要求挪動一小步，譬如說要一個三屜桌，要求每天打乒乓球，……當時監獄管理局管教處的一個副處長說，陳子明還要一個辦公桌，他真是異想天開，根本辦不到。但是過了一段時間也解決了，我在監獄中凡是提出了要求的，差不多最後都一一落實了。我不提大要求，都是提一些小的，有可能達到的，但逐漸就形成了一個慣例——要不就不提出要求，凡是提出要求的，就一定要堅持到底，不達目的不甘休。

絕食的開始幾天感覺比較餓，到後來就不怎麼覺得了。反正也不怎麼活動，就躺在床上。他每天按時送飯，然後就撤走。他們沒有對我進行過鼻飼，對王軍濤就弄過。這次絕食之後，他們特許王之虹增加一次見面，讓王之虹來勸我進食，而且還送我一本書，薄一波新出的《若干重大決策與事件的回顧》，說是知道你愛學習，我們監獄管理局的局長專門送給你的，希望你在裏面安心學習。他們對你表示敬佩，也算是給了我一個臺階下。話中也透著讓步，意思就是，只要你不再給我們添亂，其他的我們也就不要求你了。事實上也就是這樣，我在監獄期間，沒有參加過監獄的任何活動，比如勞動、開會、看電影，等等。中隊的所有

活動，我一概不參與。另外像洗澡和購物，我也不與大波人一起去，專門安排了一個時間，只有我們屋的四個人。和我同房間的人都沾了我的光，他們不用勞動，我的飯菜也常常分給他們吃一些。

我每次提出要求都有書面材料，這些材料的底稿我都帶出來了。我在裏面寫的所有東西都留了底稿，我寫了很多，有抗議啊，要求啊，聲明啊，大概有幾十份，都帶回家了。這些東西能全部帶出來是一個非常罕見的特例。

二十六、人質外交和保外就醫

為什麼會出現這樣的特例呢，因為我的保外就醫，是他們急著讓我出來，我在這件事上自己並不積極。讓我和王軍濤出來，是克林頓把美國給予中國有條件最惠國待遇改成無條件最惠國待遇的一個主要條件。這個談判很艱難，開始他們國務卿來談時，李鵬還罵了一頓，好像就是不可能了，但後來又讓外交部長錢其琛說了一些緩和的話。最後的臨門一腳是美國駐日大使作為總統特使過來談的，他在北京談的時候都沒談通，很失望地返回日本了，他正在給國務院打報告，國務院告訴他又有了最新的進展，條件談成了。所以這個事辦的很急，他們是 5 月 13 日決定放我，在夜裏 12 點，就通過新華社英文電訊的方式向外宣佈，陳子明已經保外就醫離開監獄，實際上我 11 點半才知道這件事。我那時書很多，王之虹每次來看我，都給我帶來兩個手提包，一包是吃的用的，一包是書和雜誌。積累下來，到走的時候，我那有一千多本書，還有許多雜誌和報紙，這樣光打捆，就打了幾十捆。

當時是他們急著要完成任務，我倒不太急。我說我沒有向你們要求過保外就醫，他們說你愛人要求了。我說，我愛人要求沒要求我不知道，反正我沒要求。他們知道我這個人脾氣比較倔，愛較真，所以他們都沒敢提出要檢查我的東西，如果他們要檢查，我可能就不走了。而且他們要仔細檢查我的幾十捆書，也需要幾個鐘頭。12 點他們就對外宣佈說我離開監獄了，實際上我到 2 點多的時候還在捆書呢，再拖下去他們就要失信於人了。

後來他們告訴我，當時有幾十個外國記者等在我們家門口，所以放我出來後，並沒有馬上回家，而是由公安局的一個副處長，帶著我去了河北省平山縣，也就是西柏坡所在的縣。在平山縣還換了四個招待所，我說，你們這是幹什麼呢，又來打遊擊啊？他們說，是為了躲外國記者。我說，你們躲記者至於躲這麼老遠？還三天兩頭換地方？他們說，你不知道，外國記者無孔不入，他們已經知道你在平山縣了。5 月 14 日離開監獄，一直到 6 月 9 日才回家，一直在外面轉悠。

妹夫于國祿、妹妹陳子華和我在二監八中隊樓門前，1994 年 5 月 14 日 2 時

154

　　我第一次保外就醫出來是 94 年 5 月，進二監是 91 年 4 月，在二監待了 3 年 1 個月，在秦城待了 1 年 5 個月，整個是從 89 年 10 月到 94 年 5 月，不到 5 年就出來了。

　　說起來很可笑。我出獄的時候，什麼手續也沒辦。從平山縣回來了後，到 94 年 10 月，監獄的人突然來了，說是要補個手續。什麼手續呢？我看了看，是一個保外就醫的文件，病由寫的是「皮膚搔癢症」。我說，要是「皮膚搔癢症」就可以保外就醫，監獄裏的人都可以放出來了。更可氣的是，他們來的時候，我已經動過癌症切除手術了，正在作放療。我自己是赤腳醫生，出來後就覺得有點不對勁，就到醫院去看，確診是癌症後馬上就住院動了手術。

　　最荒唐的是他們拿我打人質牌。95 年李登輝訪美，他們要跟美國人發脾氣。自己手裏沒有幾張牌，發脾氣也沒有什麼好摔的東西。一個是原定中國國防部長訪美，現在不訪問了；一個是原來答應把陳子明保外就醫，現在再把他抓回去，以示對美國人的抗議。因為美國國務院曾表示不會讓李登輝訪美，可是後來美國國會全票通過決議，支持李登輝訪美，克林頓就批准了。中國政府認為美國政府說了話不算數，我也還敬你一個說話不算數，把陳子明重新收監，不管你是不是真有病。

　　「皮膚搔癢症」可以保外就醫，癌症患者卻被收監關押，這麼做太沒有道理了，太說不過去了。當時像季羨林、張岱年、湯一介這樣的著名學者，還有王若水、童大林等改革派知識份子，連署了一封給政府的信，為我的事打抱不平。這封信沒有公開發表，是通過內部渠道交上去的。

　　95 年 6 月 25 日，我再次入獄，家中又被抄了一次家。這次抄家時，把我們在銀行的儲蓄全給查封了，還要沒收家中的現

金。當時抽屜中有 2000 元錢，他們要拿走，王之虹不讓拿，王之虹說，你要拿走，我明天就沒有飯吃了，硬是從員警手裏搶回來的。這件事的影響很壞，連香港主要的親大陸團體負責人都看不過去了，專門為此與大陸的有關部門進行了交涉。第一，把一個癌症病人抓進監獄，還要沒收全部儲蓄，這不是要把政敵及其家屬斬盡殺絕嘛。第二，當時已經臨近香港回歸的時候了，不經過任何法律手續，就查封銀行帳號，斷人家的經濟血脈，開這樣的先例，他們覺得對於香港的民意有非常不好的影響，不利於香港的順利回歸。所以他們要與公安部交涉此事。公安部由一個副部長出面回應說，你們這個可能是誤傳，沒有對陳子明採取這個措施。他實際上是在欺騙輿論。之前是全部都給封了，王之虹去銀行交涉的時候，最後銀行在不得已的情況下，出示公安局給他們的公函，簽字的人就是市公安局一處負責與王之虹打交道的人；但是在副部長公開對香港人講了這話之後，王之虹再去辦，就給解凍了。其中有一個外匯的小帳號，只有幾十馬克，當時忽略了，過了幾年才去取，銀行仍然不讓領，最後還是由公安局打了招呼才領出來的。

中美關係是一個大局，發脾氣歸脾氣，但不能總是發脾氣，鄧小平講話，「中美關係還是要好起來的」，江澤民還是期待對美國進行國事訪問嘛。我再次「保外就醫」出來的日子也是戲劇性的。克林頓第二次競選總統剛剛獲勝，96 年 11 月 6 日傍晚，那天我正在大會議室看美國大選結果的電視新聞，與我同屋的人問我：老陳，克林頓連任，與你這個事有什麼關係？我說：還是有一點關係的。7 月份美國國家安全事務助理萊克訪華的時候，肯定會談到我這個事，很可能已經達成某種私下協議。克林

頓連任了，就可以按照協議辦了；如果克林頓落選了，這件事也還會辦，但剛剛換了一波人，他們需要辦理交接，而且可能還要和中國政府再談一道，就會拖一段時間。我正說到這兒，中隊長來了。他說，老陳，你出來一下。一般隊長對我都很客氣的，很少干涉我的活動。我就說，看國際新聞正看得熱鬧，別著急，有事等會再說。隊長說，這次你還就得著急點，王之虹現在就在辦公室等你呢。你要是不出來，我就跟王之虹說，老陳正看電視呢，等看完了再來見你。我說，王之虹來了，那我得出來。結果到辦公室一看，王之虹和公安局一處的人來接我回家了。

二十七、建設性反對派

對我的抓抓放放，不僅是國際政治的風向球，也有國內政治方面的原因。94 年我保外就醫後，提出了「建設性政治反對派」的口號。95 年「兩會」期間，包遵信、王若水、陳子明、徐文立、陳小平、劉曉波、周舵、吳學燦、閔琦、沙裕光、廖亦武、金橙等 12 名知識份子發表了致全國人大的兩封公開信——〈反腐敗建議書〉和〈廢除收容審查保障人身自由建議書〉。「六四」前夕，王之虹、王丹等 56 人聯名發表〈汲取血的教訓：推進民主與法治進程——「六四」六周年呼籲書〉。此後王丹、劉曉波等人相繼「失蹤」。我在「六四」當天發表了〈絕食聲明〉，對此表示強烈抗議。官方看來也是不能容忍這些做法。

包遵信、劉曉波和我，2003 年（左 5 劉曉波，右 3 包遵信，右 2 余傑）

　　只要你是政治反對派，不論你是建設性的，還是革命性的，當局都還沒有容忍的雅量。到體制內去改變黨的路線，這是我在四五運動以前的想法。四五運動之後，我認為我們的使命就不僅僅是改變路線而是要改變體制。通過一種體制外或者說體制邊緣的獨立政治力量的存在，逐漸讓執政黨接受這個事實，從而改變中國的政治生態和政治制度。你先有一個事實上的力量的存在，才談得上別人對你的承認和合法化。我們從《北京之春》以來就一直是這樣做的，只不過在「六四」之前沒有公開打出政治反對派的旗號。

　　現在有不少人對於 80 年代的政治生態完全缺乏瞭解，以為我們與鮑彤和趙紫陽有什麼關係，是他們的幕僚、智囊，或者以為我們的所是所謂「三所一會」中的一員。例如網上非常流行的《朱鎔基傳》和《中共「太子黨」》，都是這麼說的。這純屬張冠李戴，或者說陳（一諮）冠陳（子明）戴。

　　「三所一會」是指國家體改委中國經濟體制改革研究所（所長陳一諮）、國務院農研中心發展研究所（所長陳錫文）、中信公司國際問題研究所（所長是曾任趙紫陽秘書的李湘魯、副所長朱嘉明）、北京青年經濟學會（會長鮑彤、副會長陳一諮）。這幾個機構都是從陳一諮的農村組演化出來的，其骨幹中還包括了曾受陳雲賞識的「四君子」中的王歧山、朱嘉明、黃江南，為首的翁永曦在同輩人中最早晉升至副部級領導職務，在整黨時就被太子黨告狀，以「三種人」的名義整掉了。農村組的主要成員去了新成立的體改所，另一部分成員則併入了發展所，中信國際所與體改所和發展所關係密切，三個所合在一起，構成一個完整的研究佈局。同屬於這個系統的另一個機構是由鮑彤任主任的中央政治體制改革研究室，是一個部級機構，直接對趙紫陽負責，鮑彤同時又是中央政治局常委秘書。它的前身是中央政治體制改革研討小組辦公室，陳一諮是辦公室秘書長，因此也有一些農村組和體改所的人被安排到這個機構，例如擔任綜合改革局副局長的高山。

　　80年代中後期的時候，在少數人中有一個說法，叫做3C，或者說「三陳」，代表青年人中三條不同的路徑。其一是陳元，這個完全是太子黨接班的路徑。其二是陳一諮，從體制外向體制內轉化，從智囊層靠攏決策層，繞開縱向晉升的臺階，從橫向切入權力高層。其三是陳子明，在體制外生存與發展，積累文化資源和經濟實力，同時堅持作為一股獨立的政治力量。這三條路徑不是一種簡單的平行發展的關係，也有交叉與碰撞。譬如陳一諮下面負責社會調查的室主任楊冠三，與我們所搞民意調查這塊兒的人就很熟，有一種合作關係，還曾向鮑彤推薦我們的調查系統，鮑彤派陳曉魯（陳毅的小兒子，政改研究室的局長）到我們

所考察過，後來就沒有下文了。原來國情組的成員，被體改所吸收了一二十人，但他們當時對我和姜洪極為防範和排斥。「北京青年經濟學會」相當於體改所的聯絡部和統戰部，有上百個理事，但就是沒有我和姜洪，姜洪對此非常憤怒。陳元後來擔任了北京市委常委兼體改委主任，組建了一個「北京市青年經濟研究會」，安排我和姜洪擔任常務理事。他想要吃掉我們這個團體，壯大他的實力，如果我們捲起自己的旗幟，投到他以及他老子的門下，就可以抹掉民主牆和競選以來我們身上「異議分子」的痕跡。姜洪動心了，從 81 年到 85 年，我們合作了四年，但這時我們分道揚鑣了。姜洪通過陳元進入了體制，先是在中國人民銀行當副所長，後來又轉到國資局和審計署，現在是國家行政學院教務長，屬於副部級幹部了。姜洪個人從民刊主編轉型為體制內高官了，但這樣一來，他也就脫離了我們這個團體，不能代表這個團體了。這個團體的主要代表人物，就從姜（洪）陳（子明）轉變為陳（子明）王（軍濤）。

實際上，如果這批人要走體制內的道路，也用不著等到 80 年代。四五運動平反以後，周為民、韓志雄、王軍濤就當了團中央委員。同一屆團中央委員中，現在擔任正省部級以上幹部的，就有孫家正、李成玉、李至倫、李繼耐、李德洙、吳愛英、宋德福、賈春旺、錢運錄、雷鳴球、張寶順；劉鵬、劉延東、李克強、李學舉、李源潮、宋秀岩、黃華華、韓正、張慶黎還是下一屆的團中央委員；副省部級幹部就更多了。但周為民等人志在幹大事而不是做大官，所以才辦了民刊《北京之春》。另外像曹志傑，當時的全總主席、中央政治局委員倪志福已經親口告訴他，內定由他擔任全國總工會執委兼宣傳部長，他不老老實實地當

官，卻在四五被捕者中發起公審「四人幫」的簽名和遊行，結果激怒了上面，連個委員都沒當成。這說明，在四五運動以後，就已經有一部分人決心走徹底變革體制的道路。雖然這股力量是比較弱小的，這條路至今也還沒有走通。

二十八、《囹圄文集》

按照公安局的說法，對我的「保外就醫」就是「監獄搬家」。一般的保外就醫，可以自由活動，只是隔一段時間要到派出所去點個名。我則沒有任何的自由，上醫院和買衣服，都是由一處（現在叫國保總隊）的人帶著去。樓道裏、樓下都坐著公安局的人，既有西城分局的，也有德外派出所的，還有聯防隊的。最多的時候有 50 多人。為什麼會有怎麼多人？因為還有技術偵察和跟蹤的人。他們跟蹤王之虹跟了好幾年，平時就有 2 輛車 8 個人，住在我們樓下地下室的招待所裏。有的時候他們根據電話竊聽，知道王之虹要見什麼人，還會臨時要求支援，據王之虹說，她在同一天裏看見過 7 輛跟蹤車。除了直系親屬，連我的表弟表妹都進不了我的家門。從 96 年到 02 年，我連一個朋友都沒見到過。

在此期間，只能是看看書，寫點東西。在 13 年刑期中，寫了一兩百萬字的文章，我把它們彙集了一下，編了 6 卷《囹圄文集》。秦城卷是《誰是歷史的罪人》，包括我的自辯書和附錄〈改革十年反思〉。二監卷是《陰陽界》，這個書名是高瑜起的，主要是我和王之虹的書信集。這兩卷的主要內容已經在香港出版過。家囚卷有 4 卷：一卷是與左右翼思潮論戰的；一卷是百

年歷史的回顧；一卷是討論國際形勢和中國改革發展戰略；還有一卷是專著《中國行政區劃改革與地方自治》，有六十餘萬言。

由於何家棟先生和其他一些朋友的幫助，我與王之虹通信中的內容，從 92 年開始就陸續在 6、7 種國內報刊上發表了。後來寫的文章，大部分也以各種筆名在國內報刊上發表了。由於《戰略與管理》歷任主編的垂青，我是該雜誌十年生存期間發表文章最多的作者。最近統計了一下，我在該刊共發表過 42 篇文章，包括與何家棟先生合寫的文章。為了參與國內的思想論戰，我儘量把文章寫得委婉一點，磨掉一些稜角，以便讓更多的人能夠看到。

從 2002 年 10 月到 2006 年 10 月，是我的 4 年剝權期。在剝奪政治權利期間，我可以外出見朋友了，但門口的「警衛」還是沒有撤，只是人數減少了。我在昌平買了一處房子後，城裏城外兩處住宅都給按了崗哨。我把這期間寫的文章又編了《囹圄文集（續編）》4 卷。從 2004 年 2 月到 2005 年 8 月，我和何家棟辦了一個網站，「改造與建設——北京社會經濟科學研究所網站」。每天的點擊數已經超過 5 千，而且每天都在以幾百的速度增加，剛剛申請了一個更大的空間，正在倒資料庫的時候，被中宣部下令封殺了。在這個網站上我與學術界朋友們的討論答辯文章，編了一卷《獨立評論》。還有兩卷是《民主思想在中國》和《憲政與民主的先行者》。另外一卷是關於國際正義與社會公平的文集。此外，我還編了兩本書，一本是邀請四五運動當事人合著的《四五運動：中國二十世紀的轉捩點——三十年後的回憶與思考》；一本是邀請高校競選運動當事人合著的《憲政的萌芽：1980 年競選運動》。前一本書在香港出版了，後一本書尚未脫稿。

2006 年 10 月之後，我的剝權期滿，將迎來我生命中的一個新時期。

荊棘路，幸福路

──銀婚感懷

2007 年 1 月，對我和之虹具有特殊的意義。我五十五歲生日，之虹五十歲生日，我們倆的銀婚紀念日，都在這個月裏。回顧我們並肩走過的四分之一世紀，不禁感慨萬千。這是充滿艱辛與苦難的歲月，也是充滿甜蜜與溫情的日子。

一

我和之虹戀愛期間，我在讀研究生，她在上電大，兩個人都很忙，不能經常見面，通信就是不可缺少的。當時之虹與同桌的女同學，兩個人關係非常密切，彼此的情書可以交換著看。那位女同學，幾乎每週都可以接到男朋友的情書，每封情書都密密麻麻地寫滿了幾大篇，全都是情意綿綿的詞句。經過一年多的交往，她已經以未來兒媳婦的身份參與了男朋友家裏的一些活動，最後的結局卻是對方的移情別戀，導致她一度痛不欲生。相比之下，我給之虹的信，平均起來一個月不到一封，一般每次不超過一頁紙，有時候只有一兩句話。她的同學不用拆信封，對著太陽光就可以讀出信的內容，此事一時成為之虹的笑柄。其實，我的多數信件只能稱為約會通知書，只有寥寥的幾封可以算作情書。而正是這幾封信奠定了我們婚姻的堅實基礎。

子明致之虹（1981.6.21～22 夜）：

你一定看過小說〈愛情的位置〉。劉心武的這篇小說雖然在粉碎四人幫後的中國文學史上佔有一席之地，卻算不上藝術的佳品。不過平心而論，其中也包含著一些作家對社會的洞察。小說中寫道，多數的人們都要「搞對象」，結婚，生孩子，卻永遠嚐不到愛情的滋味。有些人是因為終生不知愛情為何物，有些人是因為缺乏追求愛的勇氣和耐心，有些人則是被自然與社會剝奪了愛的權力。有一句著名的詩句：「生命誠可貴，愛情價更高。」儘管我不是裴多菲、賈寶玉那樣的多情的種子，癡心的男兒，畢竟還不甘心像芸芸眾生那樣去「搞對象」。我相信，至少我希望，你也不是一個沒有頭腦的女子，你做事有主見，能分析，能判斷，能決策。你對愛人的選擇，是遵循社會上的習俗和「一般社會價值」呢？還是經過你自己的深思熟慮之後，用你的心作出唯獨屬於你的抉擇？這是我一直想要深入瞭解的。

……如果滿足於你來我還，不痛不癢地扯幾句，不久我們就要結婚了，大概這不會有太大的疑問。但是，過於順利的婚姻是否可能潛伏著致命的暗痕呢？所以，我從來不願意用層層偽裝把自己的弱點掩蓋起來博取你的好感，我倒寧願層層剝筍，讓你看清我的信念和為人。推心置腹，真誠相待，是我對待所有朋友的態度，更不用說對待愛人了。清醒的刺痛或者甜蜜的夢幻，你更願意要哪一個

呢？在我看來，坦率的言語是溝通心靈，灌溉情感的惟一渠道。……我想要知道你的心情。無論是駁斥，爭辯或者抱怨，我都期待著。

之虹致子明（1981.6.23～24 夜）：

　　如何地選擇愛人，每個人都有自己的標準。在選擇的問題上我還是經過深思熟慮的。在我初次戀愛時，面對而來的求愛的人不是一個，而是最少五個。甚至前前後後相繼而來的還要多。有的我對你說過，有的我沒對你說過，我主要是尊重本人的意見，既然不成，替他保密，這個事只有我一人知道，連最要好的朋友也沒告訴。面對這些我如何選擇呢？這個問題我考慮再三，以至我那些晚上常常失眠。如果我要遵循社會上的習俗和「一般社會價值」的話，我會選一個身高 1.80，長相風流的美男子；或選一個能說會道，善於外交的「大使」；或選一個忠厚老實會幹的人也很實惠。甚至有些跟我不錯的人還告訴我，不要找知識份子，書呆子，不會幹家務，工資也不很高（工人獎金高）……等等。對於選一個美貌能幹的男子，我當然願意，但這不是重要的標準，我選擇愛人主要是看這個人的人品、為人、思想、事業心等。

子明致之虹（1981.7.29）：

　　我是一個很有意志力和思辨力的人，這就決定了我在諸如愛情的問題上，也是理智型而不是感情爆發型的。愛情對我來說，並不是一種充滿佔有慾

165

和排他性的東西。真正愛情或者更恰當地說理智型的愛情不應只考慮使自己得到快感，更要考慮到給對方帶來幸福。我自己知道，你也許知道也許不知道，社會上像我這樣的青年不是很多的，我可以給你的生活帶來別的許多人不可能帶來的一些方面的新的、豐富的，甚至是高尚的境界，但這不一定就是幸福。因為幸福來自每一個人不同的主觀感受，不存在什麼統一的幸福標準。與此同時，我也可能會使你的生活在另外一些方面缺少色彩。我對你的內心世界瞭解得還不深，因此我不能把握我的介入是否會給你的生活帶來幸福，而我是不願意給別人帶來不幸和後悔的。基於這種考慮，我們每一次深談時，我都要反覆地涉及這一個話題，以便找到最終的答案，但是我現在還不能說答案已經找到了。我知道，我想你也知道，我們不是具有同樣的經歷和思想類型的人，但我以為，這並不一定對建立愛情或者家庭有妨礙。不同類型人的結合可能使生活更豐富、更美麗，但這要有一個起碼的前提，就是相互諒解和寬容。……如果我自認為抓住了你的內心世界，我就會抱一種更有競爭性甚至咄咄逼人的態度。我擔心你會因為現在的不慎而導致將來的悔恨，在我的眼裏，你總歸是比較缺乏人生的經驗。

我的生命，不論過去或將來，都和政治有不解之緣，如果你願意和我的生活聯繫在一起，勢必更多地捲入政治的漩渦。……一個人不可能一下子就變成政治上的專家，但可以比較容易地激發自己的政治熱情和責任心。我所希望你的，也就是這一

點。當然，是否能滿足這一點，並不是我的一個條件，我尊重別人的選擇，反對把自己的意志強加於人。一個自由、民主的信仰者，最重要的就是要學會容忍，求同存異。

之虹致子明（1981. 8.1～2 夜）：

在關於愛情的有些觀點上我認為我的想法和你是一致的，首先，真正的愛情應該建立在相互諒解和寬容的基礎上，另外戀愛應使雙方獲得幸福。

在我的一生中只有二十幾年的時間，但也受到了一些風波和挫折，但跟你的經歷來比可能微不足道，算不了什麼。的確我踏入工作崗位晚，接觸社會少，對於人生的經驗比較缺乏，特別是從小經歷了一場文化大革命，思想上對許多問題的看法可能偏激。但我對我經過思考而決定了的事，還是不會悔恨的，至少到目前為止，我還沒有為我做出的某一件事而後悔過。咱們倆的聯繫，我已經過考慮，其主要地就是考慮政治方面的問題，實際上，經過考慮後，我同意和你交朋友，已經是準備把你和我的政治生命聯繫在一起，通過你我這一段的接觸，我已或多或少地開始關心起政治時事，已開始捲入了政治的漩渦。

通過上述的通信，我曾經擔心的兩個人政治閱歷上的差異，已經不再是兩顆心徹底交融的障礙。於是，我便採取了「一種更

有競爭性甚至咄咄逼人的態度」，
我們的戀愛關係很快從「言」的階
段發展到「行」的階段，幾個月以
後我們就登記結婚了。

二

把「政治的漩渦」和「愛情的漩渦」摻和在一起，並不是一
種無的放矢的情景設想或者說情感測驗，而是一種實實在在的生
活考量。

我和之虹戀愛的時候，頭上有幾個耀眼的光環——著名的四
五英雄「小平頭」之一，中國科學院研究生院研究生會主席，海
淀區第七屆人民代表。如果我不向她竹筒倒豆子般地坦白一切，
無論是她，還是她的家人和同學，都不可能知道被這光環所掩蓋
的懸在我頭頂上的「達摩克利斯劍」。

由於我是 1980 年冬季首都高校競選運動的主要發起者、組
織者和參加者，第二年春節前後我幾乎遭到了沒頂之災。1981 年
1 月 8 日（這一天正是我的二十九歲生日）和 2 月 10 日，《國內
動態（清樣）》兩次向最高層密報我的活動情況。當時的中共中
央主席胡耀邦，聽取公安部門和內參部門的不實之辭後勃然大
怒，稱競選運動是青年學生在歷史上第三次向黨奪權（第一次指
「反右」以前的大鳴大放運動；第二次是指文革中的紅衛兵運
動）。他的講話已經作為白頭檔送到了中央辦公廳的印刷廠，但
後來又從印刷機上撤了下來。由於韓天石、李昌、張黎群等黨內

改革派人士（同時也是胡耀邦的團派嫡系）及時的勸告，胡耀邦醒悟了過來，撤銷了他對競選運動的政治定性。根據中國科學院院長方毅（同時是中央政治局委員、書記處書記）和黨組書記李昌的指示，中國科學院研究生院黨委於 1981 年 3 月 6 日向上遞交了有關我參加競選情況的詳細報告。報告的結論是：「根據陳子明同志在我院的表現，我們認為陳子明同志的政治態度和參加海淀區人民代表大會前後的活動情況，沒有越軌的行為，即使在有的問題上有點偏激的認識，發現以後也是引導和教育問題。」這樣，我總算逃過了一劫。但這些內幕我是在多年以後才知道的，同時也獲知，中國科學院系統對我的寬容態度並沒有影響公安部門對我的立案偵查和長期監控。

即使不算從民主牆運動到競選運動這一段，在我二十多年的人生中就經歷過三次大起大落。跌宕與坎坷已經成為我的宿命。在和之虹結合之前，我必須讓她清醒地認識到這一點。我只能選擇一位在幸福觀上與我契合的女性作為終身伴侶。我不能讓我深愛的人在事後追悔莫及。

文革前夕，我是北京八中初一年級數學考試的第一名，是班級體操、短跑、舉重等體育項目的第一名。受到老師的器重，同學的羨慕，我的自信心也非常飽滿。當時八中正在進行數學程式教學實驗，我的學習進度非常快，自我感覺在初中畢業前就可以掌握高中的全部課程。文革狂飆起，由於我是「非紅五類」出身，不僅不能成為「紅衛兵」，連參加「紅外圍」的決定權也掌握在別人手裏。雖然還沒有像有些出身不好的同學那樣被掛牌批鬥、剃陰陽頭，但是自己受到班上「紅五類」同學的羞辱，家裏被宿舍大院「紅衛兵」查抄，爺爺奶奶在恐怖的「紅八月」中被

趕出北京。然而，我並沒有一蹶不振，在「批判資反路線」後發起了以班上「非紅五類」出身同學為主體的造反組織，在軍訓後擔任了班級的紅衛兵排長，並因為在「復課鬧革命」方面的表現當選為軍訓師（西城區中學）「學毛著積極分子代表大會」代表。

下鄉插隊期間，我最早抵制矛頭針對蒙族幹部群眾的「挖肅運動」，最早下浩特放羊，最早用自己的醫療知識和藥品來為牧民看病，因而博得了基層幹部群眾和解放軍「三支兩軍」人員的好感，在十八歲的時候就擔任了大隊革委會副主任。但是好景不長，由於我拒絕利用手中權力——根據大隊幹部的工作分工，社員殺羊食肉須有我的批條，這在牧區是一個非常重要的權力——為公社幹部提供優惠，由於我在公社團代會上作為知青代表批評了公社主要領導幹部的工作作風問題，立馬受到了政治上的報復。公社組織了對我的外調，然後突然取消了我的持槍基幹民兵資格，收繳了我所持有的槍械。也就是在這個時候，陳伯達事件和林彪事件先後爆發，我的整個思想都轉移到對官方理論和社會制度的懷疑方面，與公社領導人的矛盾也就逐漸淡化了。1974年，我作為大隊第三批工農兵學員，離開生活了六年的阿巴嘎草原。

在北京化工學院，我一入學就擔任了學習委員，繼而又擔任理論學習小組組長。由於我已經自修了全部中學課程以及部分微積分及大學物理課程，比只有小學四五年級或者初中一二年級文化程度的同學明顯高出了一截，同時我也十分樂於為別人提供輔導和幫助，因而在班上頗有人望。就在班級黨支部將我列為重點發展對象的時候，有關部門繳獲了我與內蒙插隊同學的通信，我被抓進了看守所，並被定性為「反革命」。共青團北京化工學院委員會〈關於開除陳子明團籍處分的決定〉稱：「陳在插隊期間

與徐雲（內蒙錫盟師範學員）一起，以交談和寫信方式，交換、散佈了大量的反動觀點和不滿言論，形成了一系列反動謬論。他們誣衊我國的社會主義制度，歪曲階級鬥爭和無產階級專政，否定黨的各項方針政策，還狂妄地提出，要『爭取混入黨內，竊取較高的權力，實行和平演變，最後達到制度的改變。』陳的思想反動，系統全面，性質嚴重……團委研究同意二系 7404 班團支部和二系團總支關於開除陳子明團籍的處分決定。」1976 年 4 月初，學校對我宣佈了開除學籍和團籍的決定，將我送到通縣永樂店農場勞動改造。兩年半之後，學校又召開全校師生大會為我平反，恢復學籍和團籍，並讓我做了參加天安門廣場四五運動的事蹟報告。又過了一年，我是 7604 班應屆畢業生中惟一一名考上研究生的工農兵學員。

在 1976 至 1981 年間，我參加了四五運動、民主牆運動和競選運動，並在其中發揮了比較重要的作用。我本人雖然在這三次民主運動中都沒有受到直接的政治迫害，但我知道：一起在天安門廣場並肩戰鬥的「首都人民悼念總理委員會」成員在「四人幫」倒臺前曾被內定判處死刑；一起在西單民主牆並肩戰鬥的民辦刊物《探索》主編魏京生和《四五論壇》主編徐文立被判處十五年徒刑及剝奪政治權利三年、四年；一起參加高校競選運動的許多同仁受到了不同程度的行政處分以及各種變相的政治報復。我在 1980 至 1981 年間放棄了美國親戚幫我聯繫的赴美攻讀生命科學博士學位的機會後，就已經下定決心在推動中國民主化的崎嶇道路上一直走下去。這條道路上充滿了政治的險惡，隨時都有掉進陷阱的可能性。因此，我和之虹在熱戀的花前月下，也躲不

開一些沉重的話題——我在此前被捕、被批鬥、被管制勞動的經歷，以及以後再度身陷囹圄的可能性。

三

當之虹表示她看重的是我的人品，並準備把兩個人的政治生命聯繫在一起的時候，我完全相信這是她的由衷之言。我深深地知道，之虹是一個有頭腦，有決斷，「言必信，行必果」的女性。

我和之虹從小就認識。我比她大五歲，我和他哥哥之鋼是幼稚園和小學一年級的同學，她和我弟弟子清是小學和高中的同學。我們兩家在上海就是對門，那時候之虹還沒有出生，我媽媽抱著我，她媽媽抱著之鋼，傍晚時候常在各自門口邊乘涼邊聊天。兩家先後搬到北京後，再一次成為一個大院裏的鄰居。我的外婆和婆婆（媽媽的舅母）與她媽媽走得很近，經常你來我往，互相串門。

之虹說，她二十幾年人生中的「風波和挫折」和我比「算不了什麼」，事實上，她所經歷的坎坷並非「微不足道」。文革期間，之虹父親因為臺灣光復後去那裏參加過中國工程師年會，被打成「特務」、「反革命」，關進了牛棚。之虹從「三條槓」的學校少先隊大隊長以及年級班級多種頭銜的學生幹部被一擼到底。她母親因為「反革命家屬」和「資本家女兒」的雙重身份，被紅衛兵勒令每天打掃院子。我多次看到之虹和之鋼在清晨的寒風中陪著母親用大掃帚掃院子。在一段時間裏，之虹父親高級工程師的工資被扣押，單位每月只發生活費，家裏的儲蓄和財產也

被查抄一空。之虹母親過去家境富裕，在生育四個孩子後就離職做了家庭主婦，現在只好到街道縫紉組接活來維持一家人的生計。外婆告訴我，當時只有九歲的之虹已經能夠幫助母親踩縫紉機加工工作服了。我也曾看到之虹背著三歲的弟弟之青，在合作社門口撿拾散落的大白菜幫子。

之虹母親曾擔任居委會委員，她為人樂善好施，在鄰居中很有人緣。但在開過之虹父母親的批鬥會之後，院裏的人大多不敢再接觸他們一家子了。只有包括我家在內的兩三戶鄰居還跟他們有來往。據之虹回憶，在自己家的電視機被抄走後，她當時最喜歡的一件事就是到我家來看電視。

在我去內蒙插隊期間，之虹一家去了河南。父親和之鋼、之鋒在一機部幹校勞動，母親和之虹、之青被安排在附近的農村居住和上學。因此，之虹和我一樣，也有過一段農村生活的體驗。他們從幹校返回北京的時候，原來的住房已經被別人占去了一半。全家三代八口人（之鋼已經娶妻生女）擠住在僅有的一間屋子裏。外婆和婆婆曾在我家幫助照看過之鋼的女兒，所以兩家人的來往比以前更頻密了。從我 1968 年下鄉插隊到 1978 年平反重回北京化工學院讀書，一晃就是十年，之虹已經從梳著兩個小辮子的黃毛丫頭變成了亭亭玉立的大姑娘。當時還沒有什麼名牌時裝，但是之虹的衣服剪裁得體，更加凸顯出她佼好的身材。詩曰：「窈窕淑女，君子好逑。」我停留在她身上的目光，比當時也經常到我家來的妹妹子華的女友們都要多。

　　一次，王家姆媽（我當時對之虹母親的稱呼）來我家接孫女的時候見到我，便問我為何沒有去學校。因為很熟，我就和她開個玩笑。「我生病了。」「生什麼病？」「相思病。都快三十歲了，還沒有人看得上我。」「這個病好治，我來給你介紹一個女朋友吧。你想要什麼樣的？」話說到這裏，玩笑話變得認真起來，我有心試探一下，就說：「像你們家小妹那樣的就成。」王家姆媽高興地說：「那好啊，等之虹從昌平回來我就和她講。」

　　王家姆媽很快就把我的話告訴了外婆和婆婆。兩位老人都拍手稱快。我的爸爸媽媽和王家伯伯也極表贊成。之虹當時在北京手錶廠（廠址在昌平）讀電大，她這個當事人反倒是最後一個得知此事的。她點了頭，我們便開始做朋友。要是按照雙方老人的心意，恨不得我們馬上就確定婚事，可是我和之虹為了增進彼此的瞭解，還是相處了三年朋友。就我這方面來說，婆婆的一句話起到了關鍵性的作用：「院子裏的老人都很喜歡之虹。從她很小的時候起，每次看到我從合作社買菜回來，都會幫我提菜籃，送我回家。她對普普通通的鄰居老人都這麼好，對於自己的丈夫和婆家人就更不用說了。之虹這樣的好姑娘，打著燈籠都難找，你可不要從眼皮底下錯過了。」

　　當時我想，家庭門當戶對，從小青梅竹馬，彼此知根知底，這些都是婚姻的重要考慮因素。因為婚姻不僅是兩個人的事，也是兩家人的事，如果男女之間的愛情都不到雙方家庭的祝福，他們婚後的生活質量和幸福感都會大打折扣。待人真誠，性格爽直，做事乾淨俐落，既有女性溫柔賢慧的一面，又有男性果斷沉著的一面，這些都是之虹壓倒性的優點。在 1979、1980 年的時候，曾經有朋友很認真地分析：「現在有許多官復原職的高幹的

女兒待字閨中，你和軍濤既有政治榮譽（所謂「四五英雄」）又有高學歷（中國科學院的研究生和北京大學技術物理系的本科生），是鑽石王老五，可不要隨隨便便找個人，就把自己打發了。」對於這種過於政治功利化的考慮，我一笑置之。

四

在我和之虹結婚前夕，媽媽單位裏分配了一套二居室的房子，媽媽就給我做了新房。小倆口一結婚就有自己的獨立空間，這在 1980 年代初還是比較罕見的。我們家立刻變成北京青年知識份子聚會的一個場所。可以說是「談笑有奮青（艱苦奮鬥的青年，對現行體制忿忿不平，但與現在的仇外憤青不同），往來無白丁（當時是研究生、本科生，現在大多已經成為院長、系主任、博導、在歐美大學執教的華裔教授、副省部級幹部或者廳局級幹部）」。有時是個別人來訪。例如國務院發展中心的劉力群在愛人來北京工作前，常來寒舍造訪，大衣口袋裏一邊裝著一瓶啤酒，一邊裝著一包花生米，一侃就是一個通宵。有時是成群結夥的聚會。當時我們用煤油爐做飯，十來個人圍著一個煤油爐，居然也吃得津津有味。大家都很願意到我家來，一則是離大學區很近（我當時住在海淀區的四道口），二則是有個善解人意、熱情招待的女主人。有一次，七、八個客人要和我談一整宿，吃飽了喝足了，就把之虹轟回娘家睡覺去了。

經過四五運動、民主牆運動和高校競選運動，我結識了一大批優秀的青年知識份子，其中有北大的、清華的、人大的、社科

院的、中科院的、發展中心的、體改委的……。儘管有 1981 年 2 月的中共中央、國務院的「九號文件」——其中規定「處理非法組織和非法刊物」的總方針是：「絕不允許其以任何方式活動，以任何方式印刷出版發行，達到合法化、公開化，絕不允許這些非法組織、非法刊物的成員在單位之間、部門之間、地區之間串連，在組織上、行動上實現任何形式的聯合」，根據該文件精神全國各地有上千人被捕、判刑、勞教——原民刊《沃土》主編姜洪和原民刊《北京之春》編輯部主要成員陳子明還是依託中國社會科學院青少年研究所（所長張黎群，副所長鍾沛璋、李景先），先後組建了中國勞動就業問題研究組（簡稱就業組）和國情與青年發展研究組（簡稱國情組）。

1983 年夏秋季節，國情組的規模已經搞得很大，下設勞動就業體制改革、流通體制改革、部體制改革、教育體制改革、科技體制改革等若干研究組，有上百名剛剛畢業和在校的研究生、本科生參與課題研究。但是到了冬季，國情組就成了「清理精神污染」運動的犧牲品。青少年所被胡喬木、鄧力群等人視為搞「資產階級自由化」的典型，自身已經難保；公安部門又向青少年所施加壓力，讓他們與「非法刊物的成員」脫離關係，否則就會有大麻煩。這樣一來，青少年所只好宣佈與國情組脫鉤。「山窮水盡疑無路，柳暗花明又一村。」正當我們為歷次民主運動積累起來的力量如何繼續存在下去發愁的時候，城市經濟改革啟動了，「公司熱」升溫了。我們這批人決定以民辦公司的方式重新集結。然而，當時辦公司只能辦集體性質的公司，而且必須要有上級掛靠單位，我們想了很多辦法，走了很多路子，都沒能解決掛靠問題，只好到之虹身上打主意了。

　　之虹電大畢業後，先後擔任北京鐘錶工業公司學校教員、公司團委副書記、書記。當時之虹既有文憑，又有多篇青年研究論文發表在學術刊物和團內刊物上，再加上年輕女幹部的年齡優勢和性別優勢，仕途的大門似乎已經向她敞開。就在這個時候，我看到報紙上有關外地團組織創建「團辦企業」的報導，就說動之虹仿行。她在取得北京團市委副書記孟學農、劉敬民的批准後，在北京鐘錶工業公司團委下面開辦了一個「北京自強實業有限公司」，由她擔任法人代表。只要有一個合法的生長點，我們這批人的聰明才智就能迅速地施展開來。很快，我們就在自強公司下面開出了子公司、孫公司，搞起了一大攤子事業。公司開張不久，之虹就接到了調令，調她擔任團市委研究室主任，這是一個正處級的職務。當她退回調令的時候，她的同事和領導都驚呆了，懷疑她的精神是否還正常。因為剛起來的這攤事實在離不開她這個法人代表，之虹完全是為了我們而放棄了自己的仕途前程。緊接著，國務院下發檔要求黨政機關與公司脫鉤，「團辦企業」不能再辦下去了，之虹必須在團委書記和公司經理之間作出選擇，如果她選擇後者，就必須帶著自強實業公司與鐘錶工業公司徹底脫鉤，這就意味著放棄國家幹部身份及其所附帶的「鐵飯碗」和社會保障。之虹再一次義無反顧地為了我和我的朋友的事業而選擇了犧牲自己。

　　當事業初見成效的時候，團體內部又出現了摩擦。有的合作者不尊重之虹的意見，想把她排斥在決策圈的外面。為此，我寫了一個致主要合作者的備忘錄：

　　本備忘錄的目的在於提請諸位注意王之虹在創辦公司及其衍生事業上做出的重大犧牲及貢獻，以及由此她作為我們的事業的合作者之一理應獲得的尊重。王之虹所學的專業是機械，她自幼以來的想望是從事技術工作，成為一名工程師。1983 年，當她根據我的意見轉行到政工口時，即是為不是她個人的事業做出了犧牲。正是由於她犧牲個人的興趣擔任了團委書記以及她與局、市團委領導的交往，才使公司得以成立，使我們贏得了多年來所企求的法人地位。在創辦公司初期，主要是由於王之虹的努力與活動，才籌到了開辦公司所需的資金，找到了公司的落腳之處和專職人員。從無到有比從一到二要經歷更多的艱辛和困苦，恐怕是不難理解的。

　　當我們在前面各路出擊時，王之虹作為殿後的法定代理人，默默地承受著最大的風險和最大的心理壓力。當真正遇到麻煩時，還是要由她來拋頭露面排難解紛。不論是自強打官司，北方與工商局、出版處交涉，還是經濟所與銀行的矛盾。

　　諸位包括我在內，從事這項事業不妨礙個人今後的發展。王之虹則不然，她走出這一步，即意味著斷絕了她在團的系統和鐘錶公司內部升遷的可能性，她今後的發展只能與公司的命運栓在一起。而這樣做並不是她自己的本意，僅僅是為了服務於我們的事業。近一年來，由於吃不好，睡不好，心理壓力大，之虹身體狀況越來越差，這也是她做出的犧牲之一。

在王之虹做出如此重大犧牲的情況下，如果換來的是不把她視為事業的合作者之一，重要決策不讓她知曉，同時又讓她承擔決策的後果，對於她提的僅有的幾個請求不予尊重，因此而造成她的極度痛苦和悲傷，這一責任只能由我承擔，因為是我把她導入了我們合作的圈子。

由於我對王之虹負有的道義與法律責任，特寫此備忘錄提請諸位瞭解我的不滿與擔憂。

盡管之虹內心有許多的委屈，她為了維繫我與同人之間的合作，減少所謂「家族統治」的色彩，忍痛淡出了團體的決策圈。然而，所有來自外部的壓力，還是首先落在她的頭上。之虹曾寫道：

奉當時北京市委書記李錫銘和市長陳希同之命，北京市審計局、成人教育局和文化局的三個副局長帶工作組進駐函大和青年書刊發行社審計。……審計工作組進駐的時候，曾經擺出一副氣勢洶洶的架式，有的職工問我怕不怕，我回答說，一點也不怕，因為君子坦蕩蕩，無私者無畏。

當時有的朋友對我頗有一些意見，因為我對財務開支卡的比較緊，有些事子明同意了，在我這裏又碰到釘子。我這樣做是基於以前的教訓。自強公司開辦初期，因為我仍然擔任共青團的職務，就把經營方面的事完全託付給子明的一個朋友。當時正趕上銀行為擴大 1984 年的貸款基數，拼命大放貸，

銀行信貸員甚至主動上門追著給你貸款。在這種情況下，自強公司也借了一百多萬元的貸款。主持經營的朋友用這筆款進了一批摩托車，轉手又加價賣給外地的一家公司，但只收了定金而沒有收全款，此後追款的事就不再過問了。既是朋友，又是兼職人員，你拿他一點辦法也沒有，後來跑銀行、工商、法院，出庭打官司，全是我這個法人代表的事，最後還是砸在手裏一批摩托車，賠了不少錢。這說明對於民辦企業來說，同樣要解決權與責必須相符的問題，如果有責無權，則缺乏積極性，如果有權無責，就很容易大手大腳，拿花錢不當一回事。

但是，我對錢的緊張是出於對事業的負責，而不是為了個人和家族的利益。在經歷審計之後，專職工作人員和一些兼職的朋友才知道，我和我的家人沒有謀取絲毫的個人好處。我們經手創辦的企業和事業單位已有十來個，但我和子華作為專職人員只領取一份很低的報酬；所有兼職人員都在我們的系統內至少領取一份兼職工資，唯獨子明一個人不拿兼職工資，只在中國社科院哲學所領一份「皇糧」。有的人辦函授總收入不過幾十萬元，就為自己購置了房產（當時只需要花幾萬元人民幣）；也有人向我和子明遊說買房產的事，我們馬上予以拒絕，雖然在辦公司辦函大期間，我和子明的居住面積減少了一半（兩居室的單元分出一間房給子明弟弟結婚用）。自己的手腳乾乾淨淨，就不怕有關方面在經濟問題上做文章。

　　當局想要從經濟犯罪入手，搞垮我們這支以「非法刊物的成員」為主體的潛在政治力量，但是他們翻來覆去，始終找不到我和之虹以及其他團隊骨幹的任何把柄，不得不黯然收場。

<h1 style="text-align:center">五</h1>

　　從 1989 年 5 月底至 6 月初，我一直在組織幾個人寫一篇大文章，準備用《經濟學週報》的八個版一次性刊出，就八九民運的意義與中國現代化的前途做一個理論性的闡述。6 月 6 日下午，我接到子華發來的傳呼資訊，讓我趕快去一趟北京師範大學姑姑家。原來，子華剛剛從一個好友處得到了可靠消息，當局正在準備對知識份子進行大搜捕，而我就位於逮捕名單的最前列。我在安排軍濤、劉剛等人暫時離開北京避難後，本來還想堅持一下，因為根據當時的內部分工，是由軍濤等人和學生保持聯繫，我自己並沒有多少直接介入。姑姑聽了子華的情況介紹後，堅持我必須馬上離開北京。她認為，在危機關頭，對於當局的行為要做最壞的考慮，不能過於天真。她四十多年前在浙江大學幹地下黨的時候就遇到過類似的情況，國民黨當局要抓學生的消息被透露出來後，她就和一批地下黨同學跑到中共佔領區去了，沒跑的人後來有的就被殺害了。我接受了姑姑的勸告，決定先出去避避風頭，等局勢穩定下來後再回來。

　　之虹後來寫道：

　　既然子明已經決定出走，我便把自己為他準備
的行裝和他從招待所帶過來的一個手提包收拾到一
起。一邊收拾一邊囑咐他，一個人出門一定要照顧
好自己，注意安全，注意身體。可是我心裏一直七
上八下，不知不覺地說出聲來：你一個人走我真不
放心，萬一出個什麼事兒，連個報信的人都沒有。
子明馬上接過話說：既然你這麼不放心，就跟我一
塊兒出去轉轉吧，我早就答應你要補度一次蜜月旅
行，咱們這些年忙得要命，一直沒有兌現，就借這
個機會還了願吧。在場的親屬一致認為兩個人一起
走比較妥當，出走的事就這樣定下來了。我準備回
家去收拾自己的行裝，在場的人都覺得應當儘量減
少風險，就決定由與我們同住在一個單元的子清回
去幫助收拾。……

　　面臨這種倉促出走的局面，我的心情可以說是
相當緊張，可是子明對於此行卻是滿不在乎的，從
他的言談舉止中看不出絲毫的異樣。自 1975 年之
來，子明已經成了與公安系統打交道的老手。那一
年他被北京市公安局以反革命小集團嫌疑拘留審
查。四人幫倒臺後的幾年裏他又為自己平反之事與
公安局有過幾十次的交涉。整個八十年代不斷地聽
到公安部門對他關注、干擾、跟蹤、竊聽的消息，
他總是一笑置之。因此，這一次出走他完全是當作
一次蜜月旅行來安排的。他對我說，咱們東西南北
走上一圈，幾個沒去過的旅遊勝地例如神農架、張
家界、九寨溝都要去。

　　我當時這麼說，是我對形勢的嚴峻程度仍然估計不足。後來我才得知，鄧小平已經發了話，要趁這個機會來個大掃除，把「非法刊物成員」、「自由化分子」之類的「不安定因素」來個一網打盡。對於我這個民主運動、自由化的所謂「三朝元老」來說，無須審判，厄運已經註定。

　　6月7日，我們在呼和浩特火車站附近的一家旅店度過了逃亡之旅的首夜。半夜三更，「咚咚咚」的敲門聲把我們從睡夢中驚醒，闖進來一群員警。他們檢查了我們的工作證和介紹信，還要看結婚證。因為我們是用化名工作證登記的房間，與結婚證上的姓名不符，所以不能給他們看結婚證，只能讓他們看介紹信上對夫妻關係的特別注明。員警們拿了這幾個證件看了好半天，才退還給我們。之虹認為他們是從北京跟蹤而來，我認為如果他們是北京員警，就把我們抓起來了。這應當是在當時緊張空氣下的一種普遍性的檢查，但是基於此次的教訓，以後住旅店就不要再住在一起了。顯然，這將使我們的「蜜月旅行」大打折扣。

　　第二天，我們又換了一個旅店。第三天，我帶之虹乘車往北去達爾罕茂明安聯合旗（百靈廟）。烏蘭察布盟北部的草原並沒有我插隊的錫林郭勒草原那麼茂盛，但至少可以讓之虹領略一下草原風光和牧區生活的基本樣式。隨後，我們返回呼和浩特，向西去包頭、銀川。後來我們得悉，警方在這時候已經掌握了我們到達內蒙的情報，但他們以為我們是從百靈廟向東，去了阿巴嘎旗。他們組織了大批人力，在我插隊的地方進行了拉網式的搜查，還對曾與我一起插隊的寶昌（太僕寺旗）知識青年家進行了蹲坑佈控。

　　當時，北京社會經濟科學研究所正在與寧夏人民出版社合作出版由我主編的《現代化與政治發展》叢書和譯叢。叢書已出版

的有《現代政治學導論》、《行政論》、《組織論》、《政黨學概論》、《中華人民共和國政治制度》，已組稿的有《政治參與的理論與實務》、《比較議會制度》、《比較行政制度》、《當代政治思潮》、《政治發展》、《政治家概論》等。譯叢第一批書也已經送到印刷廠排印。寧夏人民出版社在 1989 年 5 月發了譯叢的徵訂單，書目包括《政治腐化》、《政黨與政治發展》、《現代社會的官僚體制》、《傳播與政治發展》、《政治發展中的危機與延續》、《科層組織與政治發展》、《現代憲法》、《政黨與政治發展》、《現代公共行政》、《政治文化》、《政治文化與政治發展》、《西方民主政治中的文官與政治家》《政治人——政治的社會基礎》、《預算、政綱與競選》、《監察制度比較》、《現代化與政治後果》、《現代民主政治——參與、穩定和暴亂》、《文化變遷與經濟發展》、《多元政治——參與和敵對》等，其中 9 本書在 7、8 月份就可以面世了。我到銀川去，就是想催促出版社趕印出書，否則很可能被當局封殺。後來，在 1989 年下半年共有數以千計的圖書胎死腹中，我們這套書自然是在劫難逃。直到今天，這些對於中國民主化極有參考價值的書也沒能出版。

在寧夏，我們遊覽了銀川市區、賀蘭山、沙坡頭、中衛縣等。我和之虹在銀川品嚐了地道的羊肉泡饃、蓋碗八寶茶，在沙坡頭乘羊皮筏子渡過了黃河，之虹還第一次騎了駱駝。玩得很盡興，心情也很放鬆。但是到了甘肅以後，形勢急轉直下。剛剛走出蘭州火車站，我們就在車站廣場上目睹了驚險的一幕。幾個員警撲向一個學生模樣的年輕人，三下兩下把他塞進了一輛警車，隨後警車拉著警笛揚長而去。在離車站不遠的街頭公園，我在閱

報欄上看到官方對王丹等 21 名學生的通緝令。本來我是想繼續往西走，到新疆各地旅遊觀光的，而之虹這時已經沒有了絲毫「蜜月旅行」的雅興，她主張往東走、往南走，去朋友或親戚處暫避。我拉著她逛了蘭州的商業中心和兩個公園，但是她的心裏卻是七上八下、忐忑不安的，眼睛不停地左顧右盼、前瞻後望，注意有沒有跟蹤的「尾巴」。我後來在給她的詩中寫道，「飽覽河山意未暢」，說的就是當時的情形。

到了西安，我們去找認識的一位朋友，沒有找到他本人而見到了他的弟弟。他告訴我們，他哥哥已經上了西安市公安局的黑名單，現在躲藏在陝北的一個地方，他自己馬上也要乘飛機掩護另一個朋友去海南暫避。在之虹的堅持下，我做了一個簡易的化裝──到理髮店去燙了髮，摘下了平時須臾不離的近視眼鏡，把鬍子留了起來。在我的堅持下，我們還是遊覽了大雁塔、華清池、秦始皇陵和兵馬俑館，並在一家飯館吃了仿唐菜肴。在從西安到鄭州的火車上，我們的同座是一位很愛講話的陝西省公安局七處的出差人員。他洋洋得意地告訴我們，西安看守所在五月底已經騰空，裏面的人犯全部遷到了外地看守所，準備安置即將入獄的大批知識份子和學生。顯然，在「六四」之前，當局已經做好了鎮壓的周密部署。

隨後，我們經鄭州前往武漢。在武漢下了火車，就感覺到這裏的空氣比其他地方都要緊張。公安人員在候車室裏檢查旅客的證件，警車在街上開來開去，機關門口的警衛攜帶著以前從未見過的微型衝鋒槍。這天下著小雨，我們冒雨從車站直奔華中師範大學，去找劉衛華。我在華師馬路對過的一塊報刊欄假裝看報，之虹自己去華師大門口的體育用品商店找衛華的愛人張迪，她當

時正在那裏擔任經理。張迪一見到之虹，就把她帶到了一個空房間，摟著之虹哭了起來。原來，衛華剛剛被北京市公安局的人帶走，武漢市公安局也接到了我和軍濤等人的照片，便衣員警已經把衛華家監視了起來。如果那天不是一個下雨天，如果我們直奔衛華家裏，恐怕就被埋伏的員警抓個正著。

之虹匆匆地安慰了張迪幾句，就離開商店與我會合。我們立刻掉頭返回火車站。之虹用《經濟學週報》記者證買了候車時間最短的去襄樊的火車票。從抵達武漢到離開武漢，前後不過三四個鐘頭。那天，從武漢到襄樊的列車旅客格外少，一節車廂只有十來個人。要是平時我們會非常高興的，在火車上可以舒舒服服地睡一覺，可是這會兒心情卻非常緊張，因為人少檢查起來會非常仔細。火車開動後，之虹就到廁所裏把我隨身攜帶的日記本一頁一頁地撕碎，丟到火車窗外。到襄樊後我們連車站也沒有出，緊接著上了去柳州的火車。從襄樊到柳州，從柳州到湛江，旅途中險象迭生。火車上不時出現一隊隊的巡警，把有些學生模樣的旅客帶走盤問。我和之虹在火車上一直用上海話交談，以減少員警對我們的關注。

我有一個表舅（媽媽的堂兄）住在湛江。我當時估計，出生地上海市和祖籍地浙江省海鹽縣的親戚家，公安機關恐怕都會去追查，而湛江的表舅在檔案上沒有記載，故而比較安全。到了表舅家的樓外，仍然由之虹先行登門，把北京軍隊開槍、員警大規模逮捕、知識份子紛紛離開北京躲避的情況向舅舅做了介紹，表示了我們想要暫住的意思。舅舅欣然表示歡迎。我和之虹便在湛江安頓下來。

　　住了一段時間，我們內心感到不安，擔心住得久了會給表舅家帶來麻煩。於是，之虹在 6 月底和 7 月中旬兩次離開湛江，去廣州、深圳、武漢、上海、海鹽等地打探消息。在她去廣州的那天，正好是颱風光臨湛江的日子，房子的門窗被吹得嘎嘎作響，碗口粗的樹也被刮斷，之虹後來告訴我，風吹得人根本停不住腳，走路就像是飄離了地面。她得到的消息是，上述各地所有的親戚和朋友家都有警方佈控。到 9 月下旬，我決定還是返回北京。我們第一次把自己的落腳點告訴了家裏，並請家裏人聯繫北京社會經濟科學研究所的朋友，接應我們回京。

　　10 月 10 日，一位北京來的朋友和我見了面，他告訴我，已經和香港方面聯繫好，可以安排我偷渡去香港。我對他說，現在出境看來並不難，已經有很多人通過各種渠道出去了，但是想要再回來就沒有那麼容易了，很可能二十年都回不來，因此我不考慮出境的問題。這位朋友表示第二天再來和我談。當天夜裏，我和之虹就被捕了。

　　在湛江市公安局，我首先要求瞭解之虹的狀況，否則，我拒絕回答任何問題。當他們告訴我之虹住在賓館而不是看守所後，我才和他們談話。押解到北京秦城監獄後，我仍然是首先詢問之虹的情況。當被告知之虹也關在秦城時，我要求他們給之虹換一個地方。秦城的伙食不錯，但是單獨關押不適合之虹的性格。不久，之虹就被轉到了半步橋看守所。那裏的伙食非常差，當時還是以棒子麵窩頭和清水熬白菜為主，但是有人說話作伴，手頭有事情可做，之虹不會感到寂寞。

六

　　被羈押整整四百天之後，之虹於 1990 年 11 月 14 日以「取保候審」的名義回到家中。這時，她的心理非常矛盾，一方面希望早日恢復自由，一方面又擔心對我的審判日期越早判刑會越重。看守所的女員警曾多次對她說：一旦你出獄之日，就是你丈夫正式逮捕之時。事情果然如此。11 月 23 日（錢其琛赴美參加討論制裁伊拉克問題的聯合國安理會會議的前一天），預審員向我出示了逮捕證，同時告訴了我之虹出獄的消息，並轉給我一張之虹的照片。

　　在對我進行審判之前，之虹所承受的精神壓力是一般人難以想像的。當時她已經獲悉，在所有八九民運被捕人員中，只有陳

子明、王軍濤、劉剛、陳小平四人是以「陰謀顛覆政府」和「反革命宣傳煽動」兩項罪名被捕的，其他人都沒有「陰謀顛覆政府」的罪名。警方還曾想把我們作為一個「反革命集團」同案審理，我和軍濤被定為「首犯」。社會上對於我們的判刑有種種說法，輕則十五年，重則死緩，當然也有人說會判死刑。

之虹為即將到來的審判做了大量的準備工作。朋友們向她推薦介紹的律師不下三四十人，她親自見過面的就有二十人。北京市司法局專門就有關「六‧四」案件的律師辯護問題作過規定，在這種情況下尋找敢於做無罪辯護的律師是非常困難的。大多數律師都表示只能做輕罪辯護。之虹最後選定了吉蘇皖、高曉風兩位律師。他們和我第一次見面時劈頭就說：「我們是『妮妮』聘請的律師。」我聽了先是一愣，然後一下子就明白了，這是之虹教他們表明身份的接頭暗號。「妮妮」是家裏人對之虹的昵稱，其他人是不知道的。我曾要求律師與我見面時要攜帶之虹的「親筆詳細介紹信」，未獲允許，所以之虹就特意安排了這樣一個接頭暗號。

在開庭的時候，法院不允許之虹旁聽，她和一些朋友只能在法院門口等待消息。最後的結果是「判刑十三年，剝奪政治權利四年」。在判刑後第一次探視的時候，我對之虹說：「我和軍濤是為歷史背起了一個沉重的十字架。你是為愛情背起了一個沉重的十字架。」之虹說：「誰讓我選擇了你呢！再苦再難，我也心甘情願。」

判刑後，我被從秦城監獄轉到北京市第二監獄。二監位於東南五環路外，當時還沒有公交車，之虹探監是由朋友用摩托車送她去。每月一次或者兩次探監，之虹都要為我準備許多物質和精神的營養品。謝小慶的母親盧玉伯母做得一手好菜，之虹去看望

謝韜伯父和盧玉伯母的時候，每次伯母都會教她幾個菜，讓她到探視時做給我吃。一到探視日，之虹在清晨四五點鐘就起床了，給我做兩個好菜，煲一鍋靚湯。她坐在摩托車後座上，懷裏抱一個裝食品的大提包，背上是一個裝有幾十本書的大背囊，風塵僕僕地趕到幾十里外的二監。幾個月奔波下來，她的腰椎就損傷了。

作為一名政治犯家屬，之虹不僅要承受苦難，還要面對艱險。在我們家門口，部署了許多西城分局的員警和聯防隊員。在七八年時間裏，之虹走到哪兒，就有北京市公安局十一處的汽車、摩托車、自行車跟蹤到哪兒，還專門安排了公安系統的女子散打冠軍對她實行貼身跟蹤。有一次，為了及時把我在監獄裏絕食的消息傳播出去，之虹一會兒過天橋，一會兒跨越馬路當中的隔離欄，一連擺脫了十一處七輛汽車的追蹤，終於接受了外國電視臺的採訪。公安局還屢屢對她進行拘傳，有時竟然連續拘傳五天，把她扣在派出所不讓回家。

除此之外，之虹還要面對親友的埋怨和不理解。1994 年 5 月和 1996 年 11 月，我兩次保外就醫，警方都向之虹施加壓力，讓她對我做工作，接受流亡美國的安排。一些朋友也埋怨之虹，為什麼不說服子明接受流亡，致使癌症之身還要再受牢獄之災。之虹說：子明不願意出國，自然有他的道理，我不願意因為我的緣故，給他的決策增加困擾。子明自己願意走，我就跟他出國；子明願意留，我就跟他留在中國；反正是「秤不離砣，公不離婆」。

我在服刑期間，常常想起我作為生日禮物抄給之虹的《舊約·傳道書》第九章第九節的一段話：「願你在年華飛逝的人生中，與你所愛的那位女子幸福地生活吧，因為上帝賜給你這位妻

子，就是對你在塵世中所歷艱辛的最好獎賞。」（譯文轉引自
《卡特自傳》中文版）

七

托爾斯泰在其名著《安娜·卡列尼娜》的開頭寫道：「幸福的家庭都是相似的，不幸的家庭各有各的不幸」。我和之虹有與其他家庭相似的幸福──在教育孩子上分工合作，在購房購物上有商有量，
時不時燒一桌菜小酌一頓，警方允許出門後帶孩子去郊區旅遊……但是，我們也有自己特殊的幸福。

在從廣州押往北京的路途上，我和之虹被關在一頭一尾的兩個包間裏，彼此不能相見。押送人員給了我兩個橘子。這時我想起了之虹，就從中挑了一個大的，讓他們轉給之虹。押送人員告訴我：「你妻子也有。」我說：「我妻子最愛吃水果，這一個橘子我要省給她吃，請你一定要交給她。」過了一會兒，押送人員回來了，還給我拿來一條毛褲。11月的廣州，可以穿兩件單衣，火車越往北開，天氣便越冷，之虹知道我穿得很單薄，就把身上的毛褲脫下來，讓我穿上。我瞭解情況後，堅持讓押送人員把毛褲退還之虹，因為我知道她不久前發過一次燒，身體狀況不太

好。這時候，我身上雖然穿得很少，但是心裏卻是暖呼呼的。正所謂患難見真情。

在開庭前夕，我為了抗議法院不按法律程式辦事，進行了絕食，並表示要採取更加激烈的行動。這時，法院破例允許之虹到秦城監獄來看我。當我在接待室見到已經隔絕一年四個月的之虹時，立刻撲上去和她緊緊地擁抱在一起。身旁的公安人員，就好像都不存在了一樣。在整個接見過程中，我們一直手拉著手，有著說不完的話。俗話說，小別勝新婚，更何況我們已經別離了這麼久。

1995 年 9 月世界婦女大會在北京召開期間，警方為了防範之虹可能給他們製造的麻煩，想出了一個怪招。他們把之虹送到二監留宿，變相關押了十八天。在這十八天裏，監獄裏專門關出了一層樓，作為我和之虹的二人世界。除了吃飯時有人從樓道口鐵門送飯菜進來，整座樓平時只有我們兩個人。有一次獄方忘了給我們送中午飯，喊破了嗓子也沒人理我們，直到吃晚飯的時候才有人來。為了防止竊聽，我們就在走廊裏一邊散步一邊聊天。我們在這次留宿期間說的話，超過了以往幾年中說的話。

在之虹三十六周歲前夕，我給她寫了一封祝賀生日的短信：

　　虹：
　　新年好！
　　生日快樂！

　　我們已經攜手走過了十年，我們還要並肩走得更遠更遠。

　　在人生旅途上，你是我的伴侶，給生活帶來歡欣與溫馨；你是我的同仁，一起建造事業的廣廈；你是我的學友，「紅袖添香」的情趣令我留戀而又憧憬。在順利時，你讓我清醒；在危難時，你毅然與我共赴。

　　你的明眸，善識真偽；你的芳心，憐憫眾生。你那勤勞靈巧的雙手，飽我口福，美我外觀。你那溫情而又堅定的話語，暖我心房，給我力量。

　　沒有愛情就沒有人類，沒有世界。任何人間利器，都斬不斷兩顆心熔鑄成的愛的連環。

　　讓我們相親相愛，直至永遠。

明

之虹在給我的回信中說：

　　你是一個十分內向的人，感情很少外露。在十多年中我都不曾記得你對我說過「我愛你」之類的話，連談戀愛時也未曾有過這種甜言蜜語，更別想著你能誇獎我了。但我深深知道你十分喜歡我，這可以從平時的一言一行就能看出，從我決定嫁給你之日起我對此點是深信不疑的。你這次感情的表露使我很激動，甚至是吃驚，這表明你對我的情和意還要深得多啊！

　　確實，監獄的特殊生活，給了我回味往日的閒暇，使我的感情變得更加細膩。在之虹三十七周歲前夕，我又送給她一個禮物：

之虹生日有感，寫以賀之。

窈窕淑女人善良，
君子好逑神嚮往。
天壇攜遊探心曲，
玉淵共泳訴衷腸。

結縭三日赴學忙，
實驗台前誇專長。
割捨所愛為理想，
夫妻相率改本行。

創業維艱風雨狂，
凜然清白作棟樑。
官場法庭勇周旋，
巾幗上陣最前沿。

飽覽河山意未暢，
南國三月伴書郎。
紅袖添香情愈濃，
師友往事細考量。

秦城鄰室晤面難，
幸有靈犀兩心連。

194

　　柔弱女子鏗鏘語，
　　丈夫屈膝九泉見。

　　別離四載倍思卿，
　　尺素頻頻慰我心。
　　當代孟姜不流淚，
　　一片丹心照汗青。

八

　　世上的美滿姻緣與和睦家庭，可以說比比皆是。夫妻二人既是生活伴侶，又是學習和研究夥伴的，就不那麼多見了。在我和之虹共同走過的歲月中，那些「紅袖添香」「伴書郎」，夫妻攜手攻課題的情景，是最值得珍藏的記憶。

　　「結縭三日赴學忙，實驗台前誇專長。」這說的是我在中國科學院生物物理所讀研究生時候的事。我和之虹結婚的時候，她還在作畢業設計，我正在忙著做實驗，因此連婚假都沒休滿，就各自奔赴學堂了。結婚前夕我們常常在圓明園約會，她從昌平回來，就直接到中關村生物物理所找我，然後我就騎車帶她去圓明園。有一次路過北京大學西門，那裏有一家西餐廳，我花十元錢請之虹吃了黃油對蝦，是戀愛期間我最大的一次破費。這一頓美味佳餚，令我們咀嚼回味了二十多年。有的時候我手頭特別忙，約會地點就改在了實驗室裏。之虹一會兒幫我洗試管，一會兒幫我用精密天平稱量毫克級的眼鏡王蛇神經毒素，對實驗室裏的小

195

白鼠、荷蘭豬也非常感興趣。我打趣地對她說：「你這麼心靈手巧，不如由你來替我念這個研究生吧。」她則說：「我的理想是繼承父業，做一名出色的機械工程師。」

然而，我和之虹在結束學業後，都離開了原來的專業。我改行是按照事先的計畫，之虹改行則在很大程度上是聽從了我的意見。她剛當上公司團委書記，就攤到一個給全公司青年做近代史輔導報告的任務。這本來不是她的長項，我責無旁貸地給她擔任了學術秘書。我先幫她起草了一個提綱，並開出若干參考書目；之虹寫出初稿後，我再幫她仔細地修改。之虹根據這個稿子做了幾個小時的輔導報告，反應相當不錯。她後來對我說，這裏面的功勞，有我的一半，也有你的一半。

為了適應做青年工作的需要，我建議之虹自修社會學和心理學。同時，我也陪著她一起攻讀這兩門學科。邊幹邊學，學以致用，是一種學習的捷徑。作為階段性的學習成果，之虹在問卷調查的基礎上撰寫了〈要重視對專職團幹部的選拔與培養〉，我在問卷調查的基礎上撰寫了〈定量評價機關幹部工作的一個實例〉、〈企業幹部素質的自我評定〉、〈幹部改革傾向的心理測量〉；我和之虹共同撰寫了〈青年與改革〉；之虹和我還有北京外國語學院黃晶生、中國社會科學院社會學所葉念先合寫了〈青年調查問卷的設計構思〉。中國行政函授大學開辦後，我還幫著之虹編纂了其中的一本教材〈人事心理學〉。在這段時間裏，我們一方面著手創辦多種企業和事業，一方面刻苦讀書寫文章，雖然忙得不可開交，但是成果迭見，因而忙中有樂，苦中有甜，精神世界十分充實。

在湛江避難的三個多月裏，我按照原定計劃進行「中國現代化歷史考察」的研究。我夜以繼日地讀了幾百本書，之虹則幫我

抄寫了上千張資料卡片。後來，之虹用以下文字詮釋了我的詩中所說的「紅袖添香情愈濃，師友往事細考量。」

　　子明的自製能力特別強，無論外界環境多麼複雜，他都能很快排除干擾，把注意力集中到他想做的事情上去。剛剛在湛江安頓下來，他就在市圖書館辦了一個圖書借閱證，又去市一中圖書館流覽了全部藏書。他把這兩個圖書館與中國近現代史有關的 1949 年後出版的圖書基本上看了一遍，然後埋頭研讀兩大套書：《文史資料輯刊》和道光朝以後的《東華錄》。除了聽聽美國之音和 BBC 的廣播，以便瞭解國內外最新動態外，他全力以赴地投入了中國現代化歷史進程的研究。他每天大約看十個小時的書，邊看邊把需要摘錄的段落劃出來。我幫他抄讀書卡片，一天下來，也要抄一兩萬字，可惜後來抄家時，大部分卡片都被弄丟了。看書抄書累了，就一起回憶過去十年中的學習工作經歷，對有關的人與事做一些分析評價。以前，我主要是在事務上、行政上幫助子明工作，對於政治上的是是非非我並不是特別感興趣，經過「六‧四」，我自己也裹到了政治裏面，不關心也不可能了。這一時期與子明密切的思想交流，等於是自己在政治上補了一次課。

　　1991 年初，我在獄中第一次得到給爸爸媽媽寫信的機會，我
向他們彙報說：「90 年 10 月份我全力以赴搞翻譯，29 天完成了
整整十萬字；89 年 12 月至 90 年 4 月間，我在一百天內寫作 25
萬字，同一時期內還修改謄寫了一遍。」我勸慰兩位老人：「你
們權且把我看作出國留學去了，而且過不久總歸可以見面的。在
我們這個長壽的時代，40 歲不過是青年時期的結束，80 歲才是中
年時期的黃昏。在不老的爸爸媽媽面前，我只是一隻羽翼未豐的
幼雛，在籬笆牆裏遊嬉學步呢。在一個天真好奇的心靈前展現的
世界，處處是盎然的生機，時時是和煦的春風，面對赤誠的童
心，連鬼神也會變得友善。純真——樂天——隨和，這是爸爸媽
媽教給我和傳給我的無價之寶。隨遇而安，奮鬥不息，學習無
涯，這是明明的優點。」我在秦城監獄的一年五個月中，在應對
上百次提審之餘，撰寫了二十五萬字的《改革十年反思》，四萬
字的《誰是歷史的罪人？——我的辯護書》，二萬字的《九十年
代展望》提綱，翻譯了三十萬字的《中國文明史》；自學了《數
理邏輯》、《社會統計學》、《經濟計量學》三門課程，閱讀了
《二十四史》中的七八部史，作筆記幾十萬字。

　　判刑十三年後，我制定了一個龐大的自修計畫。我選擇了
《中國文明史綱》、《中國現代化史綱》、《世界思想史綱》三
個研究方向。《中國文明史綱》分為四編：I 中國文明的搖籃
（文明背景研究），II 漢民族的形成（遠古至西元前 1 世紀），
III 東亞文化的定型（西元前 1 世紀－西元 13 世紀），IV 多元帝
國的確立（西元 13 世紀至 19 世紀初）。僅其中第 I 編的自修計
畫，就需要下述資料：「宇宙學、天文學、地球科學、地質學、
地貌學、氣象科學、冰川學、水文學、海洋學、古生物學、土壤

198

學、植被學、生命科學、動物學、植物學、體質人類學、民族學、語言學、遺傳學、文化人類學」；「中國古代宇宙觀、中國古代天文學思想史、中國古代地學思想史、中國（古）地質學（華夏古陸）、中國冰川學、中國古地貌學、中國古氣候學、中國自然地理、中國古代自然景觀（植被）、中國史前地理與歷史地理、中國古動物及古人類學、中國民族學、漢語和少數民族語言及方言、中國人口史、中國各民族志和民族史（最近民族出版社等組織了一套大型叢書），中國古民族學，有關人種和民族的人類學、遺傳學、分子遺傳學」；「世界人種、語言、民族的分類學和比較研究專著，古文字（埃及象形文字、楔形文字、字母文字）學，社會生物學和生物社會學」；「中國史前考古學專著，新石器時代文明的比較研究，近年新發掘、新石器文化的報告，例如遼寧紅山文化」；「中國原始社會史、中國原始思維（藝術、宗教）史、中國的巫術與薩滿教」……之虹答應做我的研究助理，但只有真正動手之後，她才知道這個工作有多麼的困難與辛苦。她向朋友們借了十個北京圖書館（現在叫國家圖書館）的借書證，這樣才能保證每個月給我借十五到二十本書。五年下來（1991 年至 1996 年），之虹一共為我借了近千本書，加上向朋友個人借的書和新買的書，她前後送進監獄達二千本書。我開出的書目和她借到的書目，已經攢了厚厚的幾個卷宗，至今仍然保存著，這是我們夫妻同心、攜手攻關的見證。

　　1996 年 11 月第二次保外就醫後，鑒於家裏多次被抄，幾個電腦先後被扣，我決定先寫一些既有現實意義又不具有尖銳對抗性的文章。我選擇的題目是「中國行政區劃改革與地方自治研究」。當時我還不能去圖書館，仍然是由之虹給我當研究助理。

我本來只想寫一篇兩萬字的論文，可是之虹的資料工作做得太出色了——後來列出的參考文獻有著作 563 種，文集 53 冊，地方誌 30 種，古籍 33 種，報刊文章 596 篇，這些都是借閱和複印過的，實際上之虹檢索過的資料遠不止此數——我最後寫成了一本幾十萬字的專著。全書十章都以筆名分散在國內多種報刊上發表了，並在學術界引起了一定的反應，引用率頗高，商榷文章不少，專家們對作者的真實身份也有過一些猜測，但是至今還不能在國內結集出書。如果有朝一日能夠出版，我一定要在此書的扉頁上題詞：「獻給本書合作者，我的愛妻王之虹。」

九

如果營造家庭的溫馨小巢要以遠離人世、絕棄朋友為代價，那還不是完美的幸福與快樂的極致。孔子說：「樂多賢友，益矣。」孟子的理想是，友一鄉、一國乃至天下之善士。魯迅曾贈瞿秋白一聯，其上聯是「人生得一知己足矣」。令我和之虹感到十分滿足的是，我們的知己朋友，絕不止於一位數。我和之虹都交友甚廣，而且一旦成為朋友，就是終身的朋友。譬如說，現在和我經常來往的朋友，既有中學同學，也有一起插隊的「插友」，還有同宿舍的研究生，更有在歷次民主運動中結識的戰友。之虹上初中的數學老師，最近從河南來京送孫女上大學，還和我們見過面。我的朋友，後來也都成為之虹的朋友，甚至有的同人與我發生政治分歧時，仍然對之虹保持一種友善的態度。之虹的朋友，後來也都成為我的朋友，包括我和之虹戀愛期間的「情敵」。

　　按照孔子的觀點，「樂多賢友」與「樂道人之善」是相輔相成的。人孰能無過，與人交往，是「友其德」而非「友其過」。我和之虹都很少說別人的閒話，即使在夫妻之間，也不輕易議論他人的過錯。孔子說：「朋友信之」；子夏說：「於朋友交，言而有信。」我們正是秉持這種為友之道，才能將二人世界和諧地融入朋友世界，並不斷擴大朋友世界的範圍。

　　當之虹選定吉蘇皖作為我的辯護律師的時候，老吉曾說過一段出自肺腑的話：「現在由律師站出來為子明、軍濤說話，是歷史賦予的使命；如果在政治高壓下沒有人敢作無罪辯護，是中國律師界永遠的恥辱。我既然決定站出來，就準備好將來與子明一起坐牢。經過一段時間的交往，我非常相信你的人品。萬一有那麼一天，希望你能幫助照管一下我的女兒。」後來，老吉雖然受到政治迫害，一度被扣押律師執照，還沒有達到被捕入獄的程度。但是，之虹確實受獄中一位難友之託，為她照管了十幾年兒子。

　　子路曰：「願車馬衣輕裘，與朋友共，敝之而無憾。」畢誼民就是具有如此俠義心腸的一位摯友。「六四」後，小畢也在通緝之列，他在溫州打工，逃過了追捕。當官方準備審判我和軍濤等人時，小畢回到北京。公安局雖然不再追究他的刑事責任，但是在開庭審判期間不允許他留在北京，逼他去哈爾濱與妻兒團聚。小畢躲過公安局的耳目，偷偷溜到我們家來住，主持應對開庭的各項後援工作。他和其他朋友一起幫軍濤聘請了著名律師張思之先生，並借錢租了西苑飯店兩個大房間，便於律師聯繫有關的證人和搜集證言。他後來寫道：「我和朋友們開會，確立了基本原則：一定要打好這場官司，絕不能留下歷史的遺憾。並確立了三點：一要對軍濤、子明負責，為他們爭取最好的結果；二要對社會

和歷史負責，留下真實的一頁，經得住歷史的評判；三要對自己負責，說真話，承擔責任，留下人生的清白。在這場訴訟中，很多人的表現都令我感佩：謝小慶一直在為訴訟的事前後奔波；劉衛華接到我的電話，拋下剛出生不久的孩子和妻子，義無反顧地從武漢赴京；於國祿開車白天黑夜地接人、送人，面對公安局的跟蹤毫無懼色；周舵是我到他家找到他的，他剛從監獄出來不久，公安局也要他離開，但他還是幾次到西苑飯店與律師長談。積極參與訴訟活動的還有鄭棣、劉迪、劉力群、楊百揆、王捷……。正是這些人的正義、勇敢和承擔負責的精神，在特定的時期、特定的地點為『六‧四』留下了真實的證言，為律師給軍濤、子明無罪辯護提供了有力的證據。」在法庭宣佈一審判決後，小畢才在除夕之日回到哈爾濱，見到已經分別兩年的妻子瑩瑩和兒子。過了春節，他又匆匆趕回北京。「因為子明、軍濤還要進行二審訴訟，我們這個團體的好多事還需要我做。在哈爾濱車站，火車開的剎那，瑩瑩懷抱中的兒子望著我，那雙大眼睛依依不捨，我的眼圈濕潤了……」

令人難以想像的是，小畢在「六四」後的大鎮壓、大通緝、大逮捕中倖免於難，卻在 1993 年中箭落馬，被判處有期徒刑三年，唯一的罪名是「挪用公款，給王軍濤、陳子明等人發工資」。小畢所在的單位，是北京社會經濟科學研究所創辦的一個下屬機構，我擔任理事長一職，在被捕前我沒有在這個單位開工資，是因為當時我下面有十幾個單位，我不願意領多份工資，堅持拿與其他人相同的工資，現在小畢為我開一份工資，也是理所當然，無可非議。顯然，對畢誼民的判刑，既是當局對他報復性的找後帳，欲加之罪，何患無辭；也是一種威懾和恐嚇，力圖切斷朋友們對我和軍濤在經濟上的接濟。

在我身陷囹圄期間，給了之虹最大的支持和幫助的師友，是不久前逝世的何家棟先生。之虹在〈懷念我的何伯伯〉一文中寫道：

> 何伯伯家成了我避風的港灣，難了，累了，孤獨了，……我都會來到這裏。這裏有溫情，我可以在這裏放鬆情緒，盡情傾吐自己的委屈與期盼。這裏有智慧，我可以在這裏獲取鬥爭經驗和人生閱歷，支撐我戰勝所面對的困難和艱險。這裏是「咖啡屋」，我不僅可以在這裏與何伯伯、伯母交流思想，還可以與老朋友相聚，與新朋友結識，進行當時對我來說是難能可貴的社會交往。這裏是「遊樂場」，我在外出辦事的時候，有時會把孩子放在這裏玩耍。我們孩子小時候是很頑皮的，我都不好意思帶他來，但何伯伯每次見到我，總要問起孩子，並囑咐我多帶孩子串串門，以免因為缺少交際而養成孩子孤僻的性格。有一次，我把孩子放在何伯伯家一個多小時，回來的時候，見到這一老一小（70多歲與4、5歲）正在熱烈地談論中國地理，從東到西，從南到北，各省市自治區的位置，各大城市的名稱，時而看看地圖，時而翻翻書。見到這個情景，我真是非常的感動和欣慰，多麼溫馨，這種交流對當時見不到父親的孩子來說是非常需要的情感教育。這裏又是「大賣場」，因為子明在獄中要看大量的報紙、雜誌，訂閱費用很高，何伯伯就把家中訂閱的報紙、雜誌都集中起來，我每半個月去取一次，帶給子明，這樣我就可以節省一筆開銷。只

是不好意思，本來伯母有剪報的習慣，因為要給子明留報紙，伯母也改變了她堅持多年的習慣。何伯伯還經常給子明推薦一些書看，並把別人送給他的書讓子明先睹為快。他每次都要和我交談一些政界與思想界的動態，讓我探視時盡可能地傳遞給子明。別人給何伯伯送來一些食品，他也總是不會忘記子明，二一添做五，見面分一半，即使是他最喜歡的茶葉也有子明的一份。……

何伯伯以他的睿智和溫情，扶持我走過了子明在獄中時最艱難的那幾年。當子明 13 年後與朋友們再相聚的時候，朋友們都很驚訝——他的思想依然十分敏捷，他對世事變遷的理解一點也不比別人差，完全不像一個與外界隔絕了十多年的人。對於這一切，朋友們當然要誇我這個賢內助，但我自己最清楚，這中間離不開何伯伯的功勞，離不開他對我的點撥、啟發、支持、幫助。

子明於 2002 年刑滿後，可以走動了，我們仍舊是何伯伯家中的常客，經常會去取報紙、雜誌、書籍，何伯伯還是會將自己喜愛的茶葉分一些給子明。只是不需要我來充當傳聲筒的角色了，當何伯伯與子明熱烈交談的時候，我可以安逸地在一旁傾聽，享受著一種別的女人可能難以理解的幸福的感覺。

在我和之虹結婚後的二十五年中，倒有十七年是我的刑期和剝權期，如果沒有雙方家庭的理解和呵護，沒有眾多朋友的關懷和支持，我們既不可能取得事業和學業上的成果，也不可能得到生活上的溫飽和小康。愛情、親情、友情，是我們的幸福之源。

我和之虹都深知，我們的荊棘之路尚未走完，我們將繼續在奮鬥與搏擊中品嚐幸福的滋味。我們期待，到攜手走入金婚的時刻，我們心目中理想的中國將會出現在世界的東方。最後，用我在十六年前《誰是歷史的罪人——我的辯護書》中的一段話來結束這篇感懷：不論未來等待我的將會是什麼，「我將報之以永遠自信的笑容，海洋般寬廣的善意和松柏一樣挺立的傲骨，始終堅信愛的偉力和熾熱將熔化最堅硬的磐石和最冰冷的心房。」

2007.1.10

獨立路，無悔路

——我與軍濤

今年，是王軍濤「五十而知天命」之年，也是我和他相識相交的第三十年。我們在這三十年中，既有風雲際會，又有跌宕坎坷，還有生死與共。從 1991 年在北京市第二監獄分手後，光陰已經過去了十七年，回憶往事，倍覺想念。寫下我們共同經歷過的一些事情，作為給軍濤的一份生日禮物。

一、金星人與火星人的會師

我和軍濤本來是相差甚遠的兩種人，如果沒有 1976 年的四五運動，我們大概是不會成為戰友、同道和兄弟的。

雖然我和軍濤都是「50 後」，但我出生在 1950 年代初，他出生在 1950 年代末，如果不是「十年文革」，我們或許就不會被歸入同一代人。譬如說同為「20 後」，頭上的人可以是「三八式幹部」，尾上的人可能就趕不上抗日戰爭了。再譬如說同為「70 後」，頭上的人或許會有濃厚的「89 情結」，尾上的人也許就不知「六‧四」為何物了。

我是南人，籍貫浙江；軍濤是北人，籍貫河南。我是知識份子的後代，祖、父兩代都是電機工程師；軍濤是軍人子弟，父親

是軍隊的高幹。如果按照正常年代的邏輯，我們很可能走上截然不同的發展道路。是四五運動的歷史洪流，把我們匯聚到一起。

四五運動，是中國二十世紀史上罕見的一次「對內的國民運動」（梁啟超語），是繼五四運動之後再一次扭轉中國現代化方向的國民運動。在她之前，五四運動、五卅運動、一二九運動都是「對外的國民運動」；1949 年以後毛澤東發動的歷次「群眾運動」，實質上都是「運動群眾」，和「國民運動」完全是兩碼事。在它之後，自發的「國民運動」也曾多次發生，但只有「八九民運」繼承了它的衣缽，是一次「對內的國民運動」。四五運動之所以偉大，之所以能夠扭轉乾坤，因為它是多種政治力量的「向量和」（王力雄語），是積聚了十年的各種政治能量的總爆發。

我在〈歷史大視野中的四五運動〉（載陳子明等著《四五運動：中國二十世紀的轉捩點——三十年後的回憶與思考》，香港：博智出版社，2006 年版）中分析了四五運動爆發時的政治格局：毛派與非毛聯盟對陣。「毛派政治力量，除了毛澤東本人掛帥，還包括四個組成部分：嫡系，旁系，前寵，愚忠者。」「非毛聯盟既是不同年齡的人的聯盟，也是不同觀點的人的聯盟。……不同觀點的聯盟，主要是指還原派陣營和改革派陣營的政治聯盟。」「我們把還原派分為三種類型：所謂『還鄉團』，原教旨主義者，全面整頓派。」「我們把改革派也分為三種類型：黨內改革派，黨外社會主義改革派，徹底改革派」。具體內容此處不再重複。我想在這裏給出一種新的分類——如果不是當事人就不大容易體察到的分類，而軍濤和我正是這兩類人中具有典型性的代表。

　　這種分類，就是四五運動中的公開行動者與秘密行動者。當時，有很多人是開著卡車，大張旗鼓地去天安門廣場的，譬如說曙光電機廠和中科院 109 廠送花圈的隊伍。還有許多人是騎自行車偷偷地去廣場的，其中有不少自行車臨時摘掉了車牌。我因為也是騎自行車去廣場的，所以注意到這個細節。（但我自己並沒有摘車牌，我覺得摘車牌的自行車畢竟是少數，有可能反而引來便衣公安的注意，然後在那裏「蹲坑」抓人。）

四五運動的老朋友聚會於 2006 年（左起：王之虹、李盛平、周為民、曹志傑、陳子明、畢誼民、賀延光）

　　朋友中間，曹志傑是公開行動的，周為民是秘密行動的。1976 年 3 月 30 日，在人民英雄紀念碑上貼出了署名「北京市總工會工人理論組部分同志」的悼詞，打響了四五運動在北京的第一炮。曹志傑是工人理論組的副組長，是該行動的第一責任人。4 月 3 日，周為民等 8 人背著班上其他同學，偷偷地在一同學家裏製作了白花和悼詞，以「清華大學幾名工農兵學員」的名義安放在廣場的一個燈柱上，引起了轟動。「清華小白花」在當天深

夜就被清收掉了。第二天，總政管理局電工趙清芳重新製作了
「清華小白花」，送到廣場上，被便衣公安當場抓獲。北京市公
安局長劉傳新和清華大學的遲群、謝靜宜當時都對外宣稱，「清
華小白花」是偽造的。周為民本來是有可能逃過一劫的，沒想到
卻被一名同班同學發現了蛛絲馬跡，向學校當局告發了。6 月 6
日，周為民被捕入獄，其他「地下工作者」也被隔離審查。

　　曹志傑告訴我，公安局將所有天安門事件的案子分為兩個系
列，分別用中文數位和阿拉伯數字排序，公開簽名的定為「一號
案件」、「二號案件」……；匿名案件定為「01 號案件」、「02
號案件」……。曹志傑他們的悼詞被定為「一號案件」，匿名詩
〈揚眉劍出鞘〉（後來知道作者是王立山）被定為「01 號案件」。

1978 年的王軍濤

　　軍濤可以說是胸懷坦蕩的極端的公開行動者。他的老師想要
幫他遮掩，他還不領情，非要自己跳出來。請看軍濤〈我在「四
五」前後〉（載《四五運動：中國二十世紀的轉捩點——三十年
後的回憶與思考》）中的自述：

當時是班裏團支部書記。……清明節前後，我組織了兩個班學生去天安門舉行活動。

到了天安門廣場，同學們看到激動人心的情景，紛紛要我也寫詩。我自幼喜歡古典文學。有一段時間，每天寫一首詩。在環境和同學的激勵下，我共寫了 7 首詩。有三首是影射攻擊毛主席的。還有四首是悼念周恩來，攻擊「四人幫」的。我記得其中一首：「數月念思欲斷腸，未知貴驅散何方？小民不小惦心事，萬眾難壓奔騰江。曾揮淚雨道承志，怎料時變生虎狼。誓伐叛逆償遺願，不必刀斧意昂揚。」

4 月 7 日，全校師生聚集在學校操場聽中共中央兩個決議。鄧小平被撤銷所有職務，天安門事件被定性為反革命事件。我的年級的黨支部書記找到我，對我說，年輕人走彎路不要緊，誰都會犯錯誤；只要做個檢查，糾正錯誤，改了就好。他當時並不知道我在天安門廣場的活動。我氣憤地對他說，我不是見風使舵的牆頭草；我們交換過看法，我就是反對搞政治運動整人和不搞現代化，我不可能一夜之間因為有這兩個決議就轉變看法。他表示，可以繼續交換看法，但應當與中央在政治上保持一致。

此後，大批判在我的班上也展開了。但同學們嘻嘻哈哈，大都是開玩笑，走過場。我還寫了一首藏頭七律詩，原詩記不住了，但每句頭一個字聯起來是，誓為真理奮鬥終生。

　　學校又安排校工宣隊找我談話，但被我拒絕。我很尊敬這位老師傅，但他無法回答我的問題。那時，我喜好辯論，辯論只會羞辱這位受人尊敬的師傅。後來，我想，我畢竟是要求入黨的青年，應當向組織上如實地彙報自己的思想。這樣，我寫了一份思想彙報，坦率地說明我的看法和行動。大概有四個問題，我只記得三個：一是經濟和政治的關係；二是研究業務；三是老幹部的問題。

　　很快，社會上傳來了抓捕幕後策劃者、現場指揮者和反革命詩詞炮製者的消息。這三樣我都占了。我知道自己很快將會被捕。那時，甚至有些焦慮，為什麼還沒有動靜？

　　1976 年 4 月 16 日，這一天終於來了。那天是全校運動會。我剛對另外一個班的團支部書記講，我會被捕，而他有些不信。學校保衛處長叫我去他的辦公室。我意識到，這個時刻到了。我對那個同學擠擠眼，然後雄赳赳地跟著保衛處長走了。

　我本人則是一個藏頭露尾的秘密行動者，是公安局最想抓卻始終沒有抓到的人。我在〈永遠準備接受時代的考驗〉（載民刊《北京之春》，1979 年第 1 期）中敘述了我從運動旁觀者到積極參與者的轉變過程：

　　　　一個有志於將一生獻給人民事業的青年，常常會遇到嚴峻的考驗。……在我廿六年的生活道路上，就不止一次地遇到這樣的選擇了。但使我終生

難忘的，還是一九七六年的清明節。四月四日，我
在天安門廣場上度過了整整一天。那浸透著淚水的
花圈，那洋溢著無限愛與恨的詩詞，那浩浩蕩蕩、
正氣凜然的人海，都強烈地撥動著我的心弦。

　　晚上八點多，我看到紀念碑西南角上人格外擁
擠，想必是有好文章。我使盡力氣擠到欄杆跟前，
只見那兒貼著一張篇幅不大的小字報，然而卻是投
向四人幫的一枚重磅炸彈──〈第十一次路線鬥爭
大事記〉。我正看著，後面有人焦急地喊道：「請
前面的同志念一念！」於是，有一隻手在我肩上拍
了拍，要我來念。這輕輕的一拍，卻激起了我腦海
中的萬丈波瀾。我知道這是廣場上第一篇點名批判
江青的檄文，讀了就要冒風險。但如果我是一名普
通群眾，那我會自告奮勇地去讀的，然而誰能知
道，我當時早已是一名戴著帽子的「反革命」了。

　　那還是在一九七五年七月，我和一位外地的同學
在彼此通信中，批判了張春橋、姚文元所寫兩篇黑文
中的反動觀點。沒有料到，公安局竟然在「郵檢」中
截獲了這一切。於是，我被以「反革命小集團」的罪
名逮捕入獄。最後，我的問題被定為「反革命性
質」，送回學校，監督勞改。回校後，又經過了半年多
的批判和勞改，學校當局在一九七六年四月二日宣佈：
開除我的團籍和學籍，遣送永樂店農場監督勞動。在被
押送之前，我有了難得的幾天自由活動的時間，我當然
要到天安門廣場來目睹這偉大的歷史性場面……。

213

在廣場上，我一直十分謹慎。我深知，如果我再次被捕，等待著我的將是什麼。但那位不知名同志的輕輕一拍和群眾焦急的請求聲，使我從猶豫中猛醒過來。我是一名受過「傷」的戰士，但我決不能以此為藉口而甘當一名看客，人民需要我挺身而出，我能退縮嗎？當然不能！

我和身旁的一位青年齊聲朗讀這篇戰鬥的檄文了。可是兩個人的聲音還小，我提議：由我念一句，周圍的十幾名同志齊聲重複一句。就這樣用人組成的「擴音器」發出的吶喊聲，在廣場的夜空震盪著……。人們歡呼著，呼喊著：「寫得好！」「江青不要臉！」「人民信賴鄧小平！」「再念一遍！」我的嗓子啞了，另一位同志接替了我，他以更加宏亮的聲音朗讀著……

四月五日，早晨七點，我帶著紙、筆和膠布又來到了廣場。但那無數的花圈和詩詞已被洗劫一空。見此情景，一股怒火在我心中燃燒起來。一場殊死的搏鬥不可避免地爆發了，這次不是用筆和墨，而是用血與火。

我和無數憤怒的群眾一起，衝破了紀念碑上的「封鎖線」，獻上了當天的第一個花圈，唱起了悲壯的《國際歌》，抓住了那個攻擊總理和人民的小丑，推翻了那輛狂呼亂喊的廣播車，衝上了人民大會堂的臺階，要求「還我花圈！還我戰友！」上午十一點多，數萬群眾手挽手，列隊高歌，開始了示威遊行，向那座小樓──聯合指揮部進軍……

　　我們到達小樓門前時，工人民兵早在樓門外排成了「人牆」。我從一個民兵手中奪過一個半導體喇叭，準備呼籲民兵不要為野心家們賣命，儘快站到人民一邊來。但我剛要喊話就遭到暴徒的一陣毒打，群眾衝上來，才把我搶救出來。我顧不得傷痛，接過喇叭高呼：「嚴懲毀花圈、抓群眾的兇手！」「誰反對周總理就打倒誰！」「誓與黨內野心家、陰謀家決一死戰！」隨後許多同志也陸續用這個喇叭發表演說、高呼口號。在群眾的一致要求下，我和趙世堅、孫慶祝、侯玉良等同志被推選為代表，進小樓去和聯合指揮部談判。

1976 年 4 月 5 日在天安門廣場（第二排居中為陳子明）

　　我雖然挺身而出擔任了「群眾談判代表」，但是沒有忘記我的「反革命」身份。我知道當局會用我的這一身份來大做文章，所以我必須高度警覺。我曾在《人民日報》記者王永安處看到吳

鵬 1976 年 4 月 5 日在天安門廣場拍攝的兩張照片。一張後來被收入《人民的悼念》大型畫冊，是反映四五運動的代表性攝影作品，其中我的形象十分清晰；另一張是緊接著前一張拍攝的，已經看不到我的臉，只能看到左邊的一個耳朵。當時，我懷疑拍照片的人是便衣公安，看到閃光燈一閃，就下意識地把頭藏在了前排人的後面。從小樓談判出來後，侯玉良要求「首都人民悼念總理委員會」成員互相留一個通訊錄，孫慶祝留了真實的姓名和地址，劉迪留了個假名字（他的通緝令上就是用這個假名字），我則婉言拒絕了。後來他們幾位都被抓獲，我因為在 4 月 7 日就被送到通縣永樂店農場勞動改造，而倖免於難。

為什麼四五運動中有些人成為公開行動者，有些人則成為秘密行動者？這是一個有待學者們未來深入探討的課題。年齡並不是主要的原因，曹志傑比我大，軍濤比我小，但他們都選擇了坦坦蕩蕩的行動；而在匿名詩詞的作者中，既有老幹部和老知識份子，也有知識青年和青年工人。甚至思想觀點也不是主要的原因，選擇隱秘行動的人中，既有馬克思主義者，也有非馬克思主義者；既有「反江青分子」，也有「反黨反社會主義分子」。

二、四五人的脾氣

我和軍濤，可以說是「不打不相識」。1978 年 11 月 21 日，我們在國務院第四招待所第一次見面就頂嘴，彼此之間還不知道姓名。我現在已經想不起吵架的原因，但是當時有個深刻的印象，覺得軍濤年紀輕輕就指手劃腳、口出大言，太張狂了。使命感充盈，自信心爆滿，多懷疑，好爭辯，固執己見，不肯服輸，是四五人的

脾氣。而軍濤，正是四五人性格最突出的體現者。三十年過去了，現在的年輕人恐怕已經不大容易理解這一代人的政治性格了。

已故何家棟先生把 20 世紀的政治活躍人群分為以下幾代：世紀之交的一代、五四一代、一二九一代、四五一代和八九一代。他們既有共性又有特性。強烈的愛國心，炙熱的理想主義情懷，不屈不撓的鬥爭精神與犧牲精神，是幾代人的共性。但是四五一代人也有自己的特性：這一代人曾被稱為「懷疑的一代」，經過十年文革的磨難，他們已經不再相信「大救星」、「紅太陽」、「新社會」之類的偶像，而具有獨立的意識；經過四五運動的爆發、鎮壓和平反，他們看到了自己的力量，看到了自下而上地改變政治架構和社會制度的可能性。1978 年 12 月 21 日《人民日報》特約評論員文章〈人民萬歲──論天安門廣場革命群眾運動〉寫道：「人民的權利，必須由人民用鬥爭來保衛，人民的願望，必須由人民用鬥爭來實現。」青年「始終戰鬥在革命的第一線，成為一支最英勇、最剛強的先鋒力量」。「從天安門廣場的震天動地的革命吶喊和《國際歌》聲中，表明了自己的要求、自己的願望、自己的意志、自己的力量，顯示出歷史主人的威武不屈的面貌。」「他們不僅鮮明地提出了自己的政治要求和經濟要求，而且嘗試著按照自己的方式、自己的手段、自己的步驟來推動實現這些要求的社會變革，嘗試著給整個革命發展的進程打上自己的烙印。」這是發自《人民日報》的聲音，現在的人們想像得到嗎？軍濤曾在他的〈競選宣言〉結尾處慷慨陳詞：「過去的十年，我們已學會懷疑和批判；未來的十年，我們要學會創造和建設；讓我們新一代推動中國！」上述口號集中體現了四五人在 1970 年代末的精神風貌和政治抱負。

現在回過頭來說為什麼我和軍濤會在國務院第四招待所相遇。

217

由於軍濤在被捕時只有 17 歲，又是堂堂正正公開行動的，1976 年 11 月，他成為天安門事件被捕者中第一批釋放的人。軍濤後來寫道：

> （當時）沒有平反，但也沒有保留任何記錄。回到學校，我受到英雄凱旋般的歡迎。我沒有接受去部隊的安排，而是選擇去農村插隊。因為，在監獄裏，我已經知道或決定了這一生的使命是什麼。
> 1978 年 10 月，我被評為先進知青，隨後又被選為共青團十大代表。就在進城報到之際，又得知被北京大學原子核子物理專業錄取。在開會時，天安門事件平反了。緊接著，在天安門事件的鼓舞下，民主牆應運而生。我們一批共命運於「四五」運動的年輕人聚到一起。

「四人幫」被抓後，為了有助於平反，我公開了自己在四五運動中的活動。經過長達兩年的申訴，公安局同意給我平反，但是仍然留有「尾巴」：

關於對陳子明案的複查決定
京公保字 129 號

　　原北京化工學院學員陳子明同志於一九七五年七月二十六日以反革命小集團嫌疑被拘留審查，於同年八月二十九日將陳定為反革命性質，按人民內部矛盾處理。經複查，我們認為，雖然陳子明當時

的言論有些是錯誤的，但不應定為反革命性質，對
過去的結論應予平反，建議北京化工學院黨委恢復
陳的團籍學籍。

北京市公安局（公章）
一九七八年十月十九日

我剛剛從永樂店農場回到北京化工學院，就趕上了天安門事
件平反。這樣我就搖身一變，從「新生資產階級分子」（批判大
會橫幅標語上賜封頭銜）變成了「四五英雄」（在平反大會兼
「英雄事蹟」報告會上學校領導賜封頭銜）。校方通知我去國務
院第四招待所參加團中央召開的大會，出席者都是所謂的「四五
英雄」，於是就在那裏與軍濤碰撞出火花。如果說我與其他一些
四五運動的參加者和被捕者是為了推動運動平反而自發串連起來
的，我與軍濤的結識則完全是當局的功勞。

互聯網上有人說，魏京生和王軍濤都參加了民主牆運動，為
什麼魏京生被判了十五年徒刑，王軍濤卻當上了團中央委員？言
外之意是，王軍濤肯定是向當局屈服了，甚至是背叛了。說這種
話的人完全不瞭解當時的實際情形。

首先，軍濤雖然在民主牆運動中與魏京生的觀點和做法不盡
一致，但他始終是為魏京生辯護的。軍濤說（〈政治是責任和智
慧──訪哥倫比亞大學政治系博士研究生王軍濤〉，載《北京之
春》，1998年第8期）：

在魏京生被抓之後，唯一為他發表文章辯護的
就是我們《北京之春》，其他的刊物中有的還對他

219

作了溫和的譴責。後來在北大人民代表的競選活動
中，在人們問到魏京生案件的時候，有的競選者的
回答是「不瞭解情況」，或者「判重了」，或者說
「不該判」。我的回答則是「這是一個蓄意炮製的
錯案」。……當時有人說民主牆是「害群之馬」，
陳子明就寫了「誰是害群之馬」的文章，指出真正
的害群之馬是搞得天怒人怨的共產黨內的保守派。

其次，軍濤是先當上團中央候補委員（團中央委員會中唯一
的非中共黨員），才擔任民辦刊物《北京之春》副主編的。安安
穩穩地接受「組織上」的安排，在官僚系統中一步步地晉升（與
軍濤同屆的團中央委員錢運錄現在已經當上了全國政協副主席兼
秘書長，下屆的團中央委員劉雲山、李克強已經當上了政治局委
員和政治局常委），這不符合四五人的脾氣。不僅軍濤是這樣，
帶著「四五英雄」桂冠進入第十屆團中央委員會的其他人——王
海力、李西寧、周為民、賀延光、韓志雄……也都對傳統宦途不
感興趣（他們後來的情形，可見《四五運動：中國二十世紀的轉
捩點——三十年後的回憶與思考》一書）。周為民當時就說過，
四五人的理想是做大事——探索中國改革的新模式，而不是庸庸
碌碌地做大官。在鄧小平向民主牆下毒手之前，許多四五人對徹
底改變毛體制曾抱有相當強的期待和信心。

團中央把「四五英雄」召集起來，是要開一個動員大會。當
時經中共中央批准，決定組織幾個巡迴報告團，讓這些人到全國
各地去演講，宣傳他們的「英雄事蹟」。但是當局萬萬沒有預
料，這些人並不是一般的「英雄模範人物」，而是「用自己的鬥

爭去爭取和保衛」「人民的民主權利」的「最英勇、最剛強的先
鋒力量」（《人民日報》特約評論員語）。他們一點也不給當局
面子，利用這個場合成立了「四五運動受迫害者公民起訴團」。
曹志傑後來寫道：

> 一九七八年十月，中央為「四五運動」平反
> 後，被抓者中的二百多人組成「四五運動受迫害者
> 公民起訴團」。大家成立了一個領導小組，並公推
> 我為領導小組組長。我們寫了一份有二百多人簽名的
> 起訴書，抄了兩份，準備將一份貼到西單民主牆，一
> 份遞交最高法院。我們起訴的對象主要是「文革派」
> 的部分成員，除王張江姚外，還有原北京市委常
> 委、市公安局長劉傳新等人。起訴的時間安排在星
> 期天。報社和電視臺的記者也已聯繫就緒。

團中央的這次會議是在星期五，星期六北京化工學院召開全
校大會，宣佈為我徹底平反。我在平反大會上發言時，呼籲關心
政治的師生員工第二天下午和我一起去天安門廣場參加請願活
動。星期日上午，我正在民族文化宮禮堂看一部叫《冰上激情》
的「內部電影」——

> 忽然大喇叭裏喊話：「請陳子明到電影院門
> 口，有急事找你。」我出來後，發現是我媽媽帶著
> 一個幹部來找我，說是團中央派專車來接我，讓我
> 馬上跟著他走。匆匆忙忙來到了一個地方的會議

室，發現剛剛認識的一批四五運動受迫害者已經聚
集在這裏。當時發生了一場爭論，有些人堅持把情
願活動進行下去，有些人主張接受團中央的勸告。
我因為前一天已經在全校大會上宣佈了情願活動的
日程和地點，所以最初是不贊成改變計畫的，但後
來還是接受了會議多數的意見。從這件事所表現出
來的「四五」一代的政治主動性和首創性，是官僚
政治深惡痛絕、不能容忍的。

　　上述「政治意外」發生後，官方立刻撤銷了組
織「四五英雄事蹟」宣講團的計畫。這是支持「現
代化」的兩股力量的政治聯盟所出現的最初裂痕。

「四五運動受迫害者公民起訴團」解體之後，其中的一部分
人繼續尋找其他的集體行動方式，於是就有了民辦刊物《北京之
春》。團中央委員周為民擔任《北京之春》主編，團中央委員韓志
雄和軍濤擔任副主編。編輯和工作人員有：四五運動時「首都人民
悼念總理委員會」成員（即「四人幫」喉舌所說的「幾個小平
頭」）劉迪、孫慶祝、陳子明，天安門事件被捕者王雷、李舟生、
劉萬勇、林鋼（被捕時只有 14 歲），天安門事件積極參與者、正
在編寫《偉大的四五運動》（北京出版社，1979 年版）一書的畢誼
民、嚴江征、李勝平、鄭小龍等。由於有這樣一批剛剛受到表彰的
「四五英雄」投身到民主牆運動中，才使得當局投鼠忌器，沒有
在逮捕傅月華、魏京生和任畹町後，一舉否定整個民主牆運動。

鉛印《北京之春》封面

三、理工科出身的思維

在《北京之春》同人中，起初我與軍濤的來往不算多。但我和其他人的來往，大多屬於編務和事務範疇，最多也不過是對於當下政治形勢的評估。而軍濤與我之間的交流，則涉及到價值觀、世界觀、方法論和思維邏輯。幾次促膝談心乃至通宵達旦的切磋之後，我們就成為同人中思想最默契的同道。

在《北京之春》時期，我和軍濤是在讀的理工科大學生。軍濤在北京大學技術物理系；我在北京化工學院二系基本有機合成專業，第二年又考入中國科技大學研究生院（即中國科學院研究生院）分子生物學專業。周為民也是理工科出身，清華大學電子系，但他在 1977 出獄後就已經畢業了；後來又回到清華大學，擔任專職團委副書記（當時的團委書記是賈春旺）。同樣的理工科背景，又同樣喜愛人文與社會科學，眼界比較寬，知識比較雜，可能也是我們越走越近的一個原因。

1979 年與林希翎合影（第二排左一林鋼、左三曹志傑、左四王軍濤、左五林希翎、左六韓志雄，第三排左一孫慶祝、左二李盛平、左三陳子明）

　　理工科出身的人，比較強調思維的邏輯性和分析的系統性。所謂系統性，就是時時要考慮到一個事物在整個體系中的地位和作用；要注意區分微觀與宏觀，不要孔中窺豹、以偏概全；要懂得個人首創與歷史合力、表面湍流與深層穩流的關係。

　　這裏插敘一段軼事。因為我在大學是學化工的，所以比較喜歡用「光譜」這個詞。光譜分析、質譜分析、色譜分析，是化學家（包括生物化學家）檢驗和鑑別物質的主要方法。2000 年，我寫了〈今日中國的左派光譜〉一文，署名王思睿，因為當時還在13 年刑期，不能用真名發表文章。這個筆名是何家棟先生起的，他沒有告訴別人王思睿是何許人，因此頗有一些人（包括李慎之先生）最初以為這是何先生的筆名。我當時被嚴密地軟禁在家中，沒有機會與朋友見面，連與何先生也沒見過面，只是通過王之虹與他傳遞資訊。但是有幾個老朋友很肯定地對何先生說，一看這篇文章的標題和文風，就知道是子明寫的，不可能有第二

人。蘇軾詩云：「不識廬山真面目，只緣身在此山中。」說老實話，我到現在也不知道自己的文風是什麼。

在談得最長的一次，我與軍濤共同做了一個思想光譜分析，詳細梳理了世界上各種思潮和意識形態的來龍去脈、傳承影響關係以及在歷史和現實中的定位。我們分析了各種左翼思潮，包括盧梭主義、聖西門主義、馬克思主義、伯恩斯坦主義、考茨基主義、列寧主義、托洛茨基主義、史達林主義、鐵托主義、赫魯雪夫主義、毛主義、格瓦拉主義……。我們也分析了各種右翼思潮，包括蘇格蘭啟蒙運動傳統的自由主義、基督教民主主義、伯克的保守主義、凱恩斯和羅斯福主義、法西斯主義、納粹主義……。由於我從 1970 年代初以來，已經有近十年的思想探索和知識積累，而軍濤思想的根本性轉折是在 1976 年坐牢期間，所以在這次交談中，我說得多一些。軍濤在王之虹《風雲同行》（香港：明報出版社，1995 年版）序言中曾這樣評論：「（子明）常常看別人的長處多於自己，與人交往總想從他人處得到教益，這使他很少在生人面前表現出才華氣度。」軍濤對我瞭解甚深。我與他性格不同，他喜歡在任何人面前高談闊論，一下子就抓住人、影響人；我則只願意與朋友深入交流，朋友越熟，我的話越多。

在這次談話一兩年後，另一位與我有深入思想交流的朋友做過這樣的比較：他本人傾向於歐陸哲學，而子明傾向於英美哲學。雖然我們當時在一起緊密共事，但他認為缺乏共同的哲學基礎可能會成為未來合作的障礙。這話被他不幸而言中。然而，我和軍濤在哲學基礎上也是相當一致的。當時我正熱衷於波普哲學，各種哲學雜誌和社科文摘上關於這方面的介紹我都搜集了起

來。我向軍濤推薦了波普，認為波普的政治哲學是迄今為止我所瞭解到的最有說服力的思想，而軍濤當時也已經接觸到波普，可以說我們在這一點上是不謀而合。

我和軍濤通過對各自思想發展軌跡的認真反思，意識到我們已經脫離了廣義的左翼陣營，進入了當今世界自由民主陣營的範疇。但是考慮到《北京之春》的整體形象，我們仍然使用「社會主義民主」之類的詞語。例如，在為《北京之春》第 7 期撰寫的評論文章〈特權不除 國無寧日〉中，我寫道：

> 今天，絕大多數人不滿和反對「文化大革命」，但反對的理由各不相同。少數特權者反對「文革」，是因為「文革」觸動了個人的權利和地位，他們由此認識到，個人獨裁不利於整個特權階層的利益，他們想要建設一種政治官僚們按照等級大小安全地享有特權，而不必在獨裁者下面惶惶不可終日的貴族政體。
>
> 經過「文革」的大動亂，人民則認識到，所謂念念不忘階級鬥爭和無產階級專政的左傾路線，絕不會給人們帶來政治平等和社會進步，只有徹底發展社會主義民主，健全法制，才能剷除特權，推動生產力的發展。人民不會允許全盤「復辟」文革前的舊體制，不會允許在「安定團結」的幌子下扶植「文革」前就已存在的特權階級的萌芽。
>
> 特權不除，國無寧日，「文革」已經證明了這一點，今後，事實還會再次證明這一點。

　　這篇文章可以說是很有前瞻性的，但是我仍然在鼓吹「徹底發展社會主義民主」，而沒有使用「憲政民主」這樣的概念。我最早提及「憲政」的文字材料，是一年後寫作的「社會幻想小說」〈闖將〉和三年後撰寫的論文〈從幹部終身制談到政府的穩定〉，後者指出，我們的目標是「憲政的國家」、「實行憲政的政府」。

　　我曾在〈憲政旗幟下的左右翼聯合陣線〉（載《領導者》，總第 18 期）中指出：

> 　　毛澤東時代的政治反對派，主要是左翼反對派。1957 年「五一九運動」的典型話語是：「真正的社會主義應該是很民主的，但我們這裏是不民主的，……我們要為一個真正的社會主義而鬥爭！」（林希翎語）。四五運動的著名口號是：「秦皇的封建社會一去不復返了。我們信仰馬列主義。」所謂「資產階級偽科學」——政治學、法學、社會學、經濟學等——在 1950 年代被取締之後，又經過歷次政治運動的摧殘，胡適的傳人已經是鳳毛麟角了，但是在林彪「九一三事件」之後，新一代自由民主主義者又重新在中國大地上生長起來。他們之中的佼佼者在四五運動中發揮了重要的作用，但還不足以成為運動的主流。

　　民主牆時期，情況仍然如此。在民主牆人中，胡平是純正的蘇格蘭啟蒙運動傳統的自由主義者；但是在他的《沃土》同人中，有些人當時還停留在馬克思主義的修正主義者範疇。任畹町的《中國人權宣言》，把《世界人權宣言》作為自己的思想源頭，這在民主牆運動中可以說具有石破天驚、振聾發聵的作用；但是在其他文章中，他也喊過「民主社會主義萬歲！」「自由社會主義萬歲！」的口號，甚至說：「對於鐵托同志領導下的南斯拉夫式的社會主義，我們同情之、尊敬之、毫無保留的欣賞之，對於科學的社會主義，中國人權同盟理想之、探求之、爭取之。」魏京生在民主牆發表的文章中，從來沒有採用過「社會主義民主」的說法；但是在他代表《探索》簽署的〈聯合聲明〉（載《探索》，1979 年第 2 期）中，則表示：「各群眾社團和民辦報刊決心為實現社會主義民主和促進社會生產力的發展堅持長期奮鬥。」他在著名的《第五個現代化》「要什麼樣的民主」一節中闡明自己要的是「真正的民主」：「什麼是民主？把權力交給勞動者全體來掌握，就是『真正的民主』。勞動者不能掌握住國家權力嗎？南斯拉夫正在往這條路上走，並給我們證明了，人民不需要大小的獨裁者，可以把事情辦得更好。」顯然，他在當時的思想脈絡，還不能完全脫離社會主義的理論體系。

　　不論民主牆人的最終理想是什麼——「真正的馬列主義」或「真正的社會主義」，社會民主主義，自由民主主義，他們的對立面是共同的——就是毛澤東所建立的極權主義體制。四五運動反對的是文革十年或者說晚年毛澤東，民主牆運動反對的是 1949 年以後的二十八年或者說整個的毛澤東。譬如，我在〈難以割斷的歷史〉（載《北京之春》，1979 年第 4 期）中指出：「現在有

一種傾向，把十七年和十一年截然分開，十七年是天堂，十一年是地獄，這種說法割裂了歷史，或者就是有意掩蓋兩者之間的聯繫。」楊光在〈看！何處是中國人自己的思維〉（載《探索》，1979年第2期）中則把這個意思說得更加直白：

> 五‧四運動開始的自由活躍生活，後來被代之
> 以幾十年的黑暗專制獨裁。中國共產黨是打著民主
> 自由幸福平等等旗幟奪得政權的，然後卻又正式提
> 出用馬列主義、毛澤東思想的獨裁代替過去的獨
> 裁，新獨裁的特徵僅僅是在於把被鎮壓者的名稱換
> 了一下，叫做「階級敵人」。這樣的獨裁終於導致
> 四‧五與民主牆運動的大爆發，而這樣意義深遠的
> 自由民主運動今天又再次面臨被暴力鎮壓的危難！

從一方面說，在中國民主運動史上，民主牆運動是比四五運動更高的階段；從另一個方面來說，民主牆運動比四五運動的群眾基礎要狹窄得多。四五運動是一個動員廣泛的國民運動，民主牆運動則基本上屬於一個青年運動，其主體是青年工人，只有王軍濤、李盛平、胡平、姜洪等少數人屬於剛剛經過高考成為「天之驕子」的大學生、研究生群體。正是由於運動目標的提升，使得「徹底否定毛澤東思想」的民主牆運動與鼓吹「完整地準確地理解毛澤東思想」的鄧小平的政治聯盟迅速解體。

大多數民主牆人曾經對鄧小平寄以希望，更試圖通過自己的努力來影響鄧小平的政治走向。早期民主牆活動是一種秘密行動，我曾經和幾個朋友以接力的方式（有的人負責寫大字報，有

的人負責貼大字報）從事過這種活動。是在鄧小平對外國記者誇獎了民主牆之後，民主牆和民辦刊物才成為一種公開（或半公開）行動。民主牆運動的目的不是要促使鄧小平暴露「獨裁者」的「本質」，正如八九民運的目的不是要促使其暴露「屠夫」的「本質」。「階級本質」說是馬克思主義的產物，如果相信這種說法，就應當採取秘密行動來「搞革命」，而不應以公開行動的方式來推動改革。用共產黨的話來說，街頭飛行集會、撒傳單、貼標語，都是「左傾盲動主義」的表現。包括魏京生在內的民主牆人之所以同意在打了「社會主義民主」標記的檔上簽字，是因為他們知道，最重要的不是當下說了什麼，而是要保存民主牆、民辦刊物這樣一種可持續地爭取民主的鬥爭形式；真正的民主自由，則需要「堅持長期奮鬥」才有可能出現在國人面前。民主牆人都很清楚，他們在社會上只是一個勢單力孤的民主先鋒隊。

我和軍濤當時還作了一種政治（勢力、實力）的光譜分析。這種分析在我和軍濤的許多文章中都表達過。1980 年，軍濤在北京大學競選人民代表的系列文宣材料的第二部分〈現狀的分析〉中寫道：

> 思想解放運動在政治上表現為以「凡是派」為一方，以「體系派」和「改革派」為另一方的鬥爭。
> 天安門事件的平反和三中全會的勝利使人民群眾的熱情空前高漲，變革之風越刮越烈。各種思潮紛紛出現，各派政治力量重新分化組合，老的「凡是派」銷聲匿跡了，圍繞著應以什麼社會模式來取代「文革」那一套貨色，形成了兩種主要的思想派別。

　　黨內多數領導者認為，實行我黨十七年中（確切地說是五十年代前期、六十年代中期）曾行之有效的模式，因而他們被稱為「還原派」。「還原派」認為，「文革」的災難和目前的困難是壞人和工作上的錯誤造成的，而不是體制的缺陷；特權和官僚主義是思想作風問題，應當通過教育糾正；民主僅僅是一種手段，過分強調民主就是資產階級民主，等等。他們反對提體制改革。

　　黨內一部分領導者，理論界、輿論界、文化界的大多數，一大批思考的青年則認為，將一場災難簡單地歸結為某一政治集團的偶然得逞是不行的，「四人幫」橫行證明我國制度有問題，不改革將會重蹈覆轍；官僚主義、封建特權是集權制、「等級授職制」、「終身制」的必然產物，不能靠「清官」來解決；民主不僅是作風，主要是一種國家制度。……這一部分人是堅定的改革派，他們還沒有提出一套完整的社會模式，在發展的途徑和方法上也眾說紛紜，但他們有一個共同點：反對照搬十七年的社會模式（不論是史達林式還是毛澤東式），主張改革我國現行政治經濟體制，尋求一種新的社會發展模式。

　毛澤東死後的中國政治進程大致可以這樣概括：第一階段是華國鋒、汪東興等後來被稱為凡是派的毛派旁系聯合還原派、改革派打倒了毛派嫡系——「四人幫」和毛遠新；第二階段是還原派和改革派聯手扳倒了凡是派；在第三階段，還原派與改革派的

231

矛盾上升為主要矛盾。改革派本身也分化為經濟改革派和全面改
革派，黨內改革派和社會改革派（黨外改革派），社會民主改革
派和自由民主改革派⋯⋯

　　民主牆運動蓬勃開展的一年，大致上處於第二階段與第三階
段的過渡期。民主牆人應當首先反對什麼，其次反對什麼，暫時
不反對什麼，需要有一個通盤的考慮。儘管各民間刊物之間的溝
通與協調遠遠不夠，但在《北京之春》內部是有一個基本共識
的。由我執筆的編輯部文章〈對法律的嚴峻考驗〉，揭露和批判
了黨中央副主席汪東興在中南海內建造豪華住宅，先是以大字報
和大標語的方式貼在民主牆上，然後刊載在《北京之春》第 7 期
上。在評論文章〈誰是害群之馬？〉（載《北京之春》第 6 期）
中，我指出「害群之馬」是那些以「四個堅持」的名義「堅持個
人的一切特權、地位、洋房、汽車以及子孫的榮華富貴」的黨內
高幹。《北京之春》的矛頭首先指向凡是派，然後是指向還原
派，對於黨內改革派，則持鼓勵的態度。

　　弱小的自由民主運動還沒有能力左右政局，黨內半截子改革
派鄧小平甚至全面改革派胡耀邦奪取最高權力後有可能犧牲民主
牆人士，作為一種政治平衡的手段，對此我們是有充分估計的。
幾年後我在接受《中國青年報》記者王偉群採訪時說：我們隨時
都做好了自我犧牲的準備，只要能使中國的政治發展朝著民主有
5 度的轉向，我們就心滿意足了。

　　軍濤和我在近 30 年前的思想光譜分析和政治光譜分析，都
屬於一維分析，用來分析 30 年後的現狀，已經不夠用了。近
來，我開始嘗試採用二維分析。2004 年，我在〈我們沒有仇恨
但要反對散佈仇恨的人——兼與周舵商榷〉（網文）中，借用周

舵「溫和、漸進─極端、激進」和「左─右」二維模型，將各種思想流派歸納為五種類型：

在筆者的「五分法模型」中，依橫軸自左向右的排列是：極左（托洛茨基主義、史達林主義、毛澤東無產階級專政下繼續革命理論、金日成主體思想、波爾布特主義、格瓦拉主義等）、左（社會民主主義、民主社會主義、自由社會主義、綠黨式的生態主義等）、中（自由民主主義、雷根和柴契爾夫人意義上的新自由主義或新保守主義）、右（新權威主義、威權主義、蕭功秦式而非何新式的「中國新保守主義」）、極右（新法西斯主義、軍國主義、民族復仇主義等）。依縱軸自溫和向極端的排列是：中、左、右、極左、極右。極右的德國納粹主義、日本軍國主義比極左的史達林主義更富有對外的侵略性，戰爭所造成的人道主義災難更甚於古拉格群島。

2007年，我在〈憲政旗幟下的左右翼聯合陣線〉（載《領導者》，總第18期）中，提出了分析政治生態的「四象限模型」：

我們以「憲政─專政」作為縱軸，以「左─右」作為橫軸（為了更加簡明，此處不考慮中派問題），把政治坐標系劃分為四個象限。這樣才能比較準確地對各種政治力量進行分析評論。

第一象限是憲政右派，通常稱為自由民主主義或民主自由主義。大陸的自由民主主義從1970年代起逐漸形成一股「地下的潛流」，到1990年代後期則堂而皇之地「浮出了水面」。

第二象限是憲政左派，通常稱為社會民主主義或民主社會主義。筆者在幾年前曾經寫道：可以預期，它在21世紀的中國將會成為一種強勢的政治運動和政治勢力。在今年《炎黃春秋》第二期發表謝韜的文章〈民主社會主義模式與中國前途〉後，這一趨勢正在日益顯現出來。

第三象限是專政左派，它的主要代表是史達林主義和毛主義，還有與之類似的格瓦拉主義、波爾布特主義以及金氏主體思想等。從 1990 年代後期以來，隨著專政右派在中國愈來愈不得人心，毛派、文革派在被壓制多年後，重新發出了自己的聲音。

第四象限是專政右派，它在 1930 年代的主要代表是納粹主義和法西斯主義，在 1970 年代的主要代表是東亞和拉美國家的威權主義。在 1970 年代末、1980 年代初，東亞國家實行威權主義所取得的經濟成就，同樣給予中國執政者以深刻的印象，堅定了他們在專政體制下搞市場轉型的決心。納粹主義和法西斯主義是一種極權主義，極權主義與威權主義對於社會的控制強度是不一樣的。「改革開放」後的專政體制，其社會控制程度介於極權主義與威權主義之間，因此有人把它稱為後極權主義，也有人把它稱為次法西斯主義。

在「六四」大開殺戒後，專政右派大權獨攬的局面就已經很清晰了。現在是專政右派一派在朝，憲政右派、憲政左派、專政左派三派在野。

民主牆年代，是青年人思想迅速轉變的時期。時代潮流「三十歲一變」，現在又到了思想活躍或者說思想解放的一個新時期。

四、重新集結到競選運動中

1979 年 10 月，由於接連發生了首都市民抗議警方取締「星星畫展」的「十一遊行」和要求二炮司令部歸還校舍的中國人民

大學數千學生的遊行，官方決定以所謂「出賣軍事情報罪」和
「反革命宣傳煽動罪」判處魏京生 15 年徒刑，達到「殺一儆
百」、「殺雞儆猴」的遏制效果。1979 年 11 月下旬，五屆全國
人大常委會第十二次會議討論了「西單牆」問題，稱「到了非整
治不可的時候了」。12 月 6 日，北京市革命委員會發出通告，規
定除了在自己所在單位張貼大字報以外，所有大字報一律集中到
月壇公園，且要填報真名和其他資料，禁止在西單牆和其他地方
張貼大字報。

　　1980 年 1 月，鄧小平在中央工作會議上說：「去年『西單
牆』的許多東西，能叫它生動活潑？如果讓它漫無限制地搞下
去，會出現什麼事情？」「絕不允許宣傳什麼包括反革命分子在
內的言論出版自由、集會結社自由；絕不允許任何人背著黨，同
這些人發生聯繫，⋯⋯有些秘密刊物印得那麼漂亮，哪兒來的
紙？哪個印刷廠印的？他們那些人總沒有印刷廠吧。印這些東西
的印刷廠裏沒有共產黨員？支持這些人活動的有一些就是共產黨
員，甚至於還是不小的幹部。對這些黨員要講清楚，他們的立場
是非常錯誤、非常危險的，如果不立即徹底改正，就必須受到黨
的紀律處分。」他所說的「印得那麼漂亮」的「秘密刊物」，就
是指鉛印的《北京之春》第 1、2 期合訂本，這是民主牆運動中
唯一一冊鉛印民辦刊物。

　　從李西寧 1980 年 1 月 27 日的日記（李西寧：〈往事追憶〉，
載《四五運動：中國二十世紀的轉捩點——三十年後的回憶與思
考》），可以看到軍濤等人當時的處境。

　　（共青團十屆）二中全會明天將結束。聽了鄧小平的講話（1 月 16 日在中直機關）錄音，闡述了 80 年的工作。有幾點值得注意，一是要維護安定團結，二是要反對兩種傾向。他提出要修改憲法中有關四大（大鳴，大放，大字報，大辯論）的條款，在目前，要制止那些民辦刊物和自發組織，並說，「四大從來沒有起過積極的作用」。蔣南翔和周揚也到會講了話。

　　在討論中，團中央書記處借下面之口，提出某些團中委搞自發刊物，要他們作自我批評。引起了不小的反響，有四期簡報都是關於這個問題而發的。

　　我在小組會上發表了自己的看法。關於自發刊物的問題，我覺得要定義清楚一些，不能一概而論，還要維護憲法的起碼尊嚴。在沒有刪除言論自由，出版自由，結社自由之前，憲法仍然是神聖的。其二，關於某些團中委參與自發刊物的問題，這不需要大作文章。人家去年 11 月就已停刊，這是在中央打招呼之前。

　　小組裏有幾個中委發言時氣勢洶洶，指責搞自發刊物的團中委別有用心，給團中央丟臉。我問他們：「你們口口聲聲『自發刊物』，請告訴我是什麼刊物？你們看過幾期？」這幾位漲紅了臉，無人作答。

　　其實，王軍濤早就告訴我，他們辦的《北京之春》已經停刊了。他們曾到胡耀邦家談話，胡肯定了他們的一顆赤子之心，但也告誡他們不能操之過急。有些問題現在不易討論，有些提法過於偏激。

中國的兩種政治勢力仍然在較量著，不分勝
負。老頭子們也有自己的難處，夾在兩股力量當
中，左一棒子，右一榔頭，打得兩邊不准冒頭。

我對韓志雄、王軍濤、賀延光說，現在應該收
斂一點。要認真學習，潛心研究，少發議論，靜觀
局勢。「左」的東西比右的東西更可怕，有害，而
且這股勢力是不甘心退出舞臺的。遲早他們會借助
某一種思潮來與三中全會算賬。到那時，中央自然
會說話的。我們不要幫倒忙。

我手頭有一張《北京之春》編輯部部分成員 1980 年春天在香
山的合影，這其實是一張散夥前的集體留念。本來大夥兒已經準備
各奔東西了，但是很快便出現了一個新的契機，把團隊重新集結
起來。

1980 年春《北京之春》部分同人合影（第一排左王軍濤，右李南，
第二排左起閔琦、李盛平、張平、陳子明、王波、呂嘉民、呂樸）

　　拍這張照片的時候，我的興奮點是寫小說。1976 年唐山大地震的時候，我在地震棚裏開始構思一部反映文革經歷的長篇小說。以後陸陸續續寫了一年多，已經寫了 25 萬字，但剛從 1965 年 11 月寫到 1967 年 1 月，只寫了提綱中三分之一的章節。回到北京化工學院上學和參加《北京之春》編輯工作後，沒有精力繼續寫小說，就放下了。《北京之春》結束後，我又想到了寫小說。我知道關於文革的長篇小說在當時是不可能發表的，就想先寫一部中篇小說，投石問路。這部中篇小說名為〈闖將〉。小說開頭處寫道：

> 　　去年利用業餘時間寫了一部小說，描寫的是一個有志青年在十年動亂中的苦難經歷，拿給一位領導者看後被稱作「向後看」文學，因而將它塞進了廢紙簍。今年所見所聞所學有感於心，又寫了下面這麼個東西，其優劣可由讀者評價，但作者可以預先保證一點，它絕不是「向後看」文學，因為它所敘述的完全是發生在將來的事情，儘管離今天不算太遙遠。
> 　　一九八二年八月的一天，晴空萬里，驕陽似火。……

　　當時，嚴家其在《光明日報》發表了〈跨越時代的旅行——宗教‧理性‧實踐三個法庭訪問記〉，其中既有歷史小說的成分，也有幻想小說的成分。《北京之春》第 5 期發表了民主牆期

間最著名的「政治幻想小說」：〈可能發生在 2000 年的悲劇〉。
為了降低敏感度，我把自己的作品稱為「社會幻想小說」。

小說的主要情節是男主人公鄭星——曾經參加過四五運動的
清華大學化工系畢業生，如何在基層企業中進行企業改革，並先
後通過競選方式當選車間主任和廠長，在結尾的地方，通過小說
中人物的嘴說出：「我跟你說句體己話吧，聽說明年要在 A 省搞
改革政府體制的試點，立法和行政機構要分開，省人代會準備由
100 名專職人民代表組成，常年進行立法活動，並對行政部門進
行監督。省長和省人民代表分別由選民直接選舉產生，我們這部片子
趕在年底以前發行，就是要為你競選第一任民選省長鳴鑼開道。」

鄭星競選車間主任、廠長乃至民選省長，固然都是「社會幻
想」。但是在現實中，正在出現競選區縣人民代表的一幕。1980
年 5、6 月，上海等省市自治區先於北京開展基層人民代表選
舉，在一些大學中出現了競選活動。上海師範學院的徐政宇，復
旦大學的張勝友、徐邦泰，同濟大學的黃清、陳鷹，均是上海高
校競選活動的積極參與者。當時我弟弟陳子清正在同濟大學上
學，我聽說上述情況後，便委託他為我搜集相關資料。他陸續給
我寄來了一批材料，包括：《上海市區、縣人民代表大會代表選
舉暫行實施細則》、《楊浦區第七屆人民代表大會代表的選舉工
作計畫》、《楊浦區選舉委員會辦公室關於選民登記和選民資格
審查工作的意見》、《同濟大學選舉工作組關於投票選舉階段有
關選舉事務的幾點意見》、《同濟大學》校刊《選舉專刊》及刊
登了當選人民代表出席區人代會後《向選民彙報》的第七期校
刊、同濟大學各系選舉工作組的人民代表候選人介紹、建材系候
選人陳鷹的選舉宣傳材料、上棉十七廠工會《班組通訊》第八期

《區人民代表選舉特刊》，等等。他還撰寫了〈同濟大學的人民代表是怎樣產生的〉一文，此文後來由擔任清華大學選舉辦公室負責人的周為民作為選舉工作參考資料，油印下發。

我覺得，人民代表競選活動，可以為我們這批人重新集結提供一個合法的平臺。上海的競選活動尚處於零敲碎打的階段，我們在北京，則有條件開展更加有組織有計劃、更加豐富多彩的競選活動，並賦予她更多的政治含義。我把這個想法和軍濤談了，他表示完全贊同，並準備全力以赴。於是，我起草了〈今冬明春參加區縣級人民代表選舉工作的設想（提綱）〉。提綱的第一節是「目的」，全文如下：

> 我們是社會主義現代化和民主化的促進派。我們堅持在現存體制中通過合法的方式進行社會改革。社會主義民主化是一個長期演進的過程。我們在爭取實現每一項民主制度與權利的鬥爭中取得的哪怕是微小的進展都會成為後人的歷史財富。積極參加即將來臨的選舉，是我們目前可以實際進行的一項中心任務。

> 對於這次選舉，在全局範圍上不可希望過大，但是應當看到，在北京高校和部分工廠中展開真正民主的競選是有條件的，通過這次選舉，應當努力達到四項目標：

> 1. 推動整個民主化的進程，顯示人民的民主覺悟，表達群眾對黨中央改革派的支持和期望，給政局注入新的活力，振奮一部分群眾和青年的精神。

2. 使廣大高校學生，未來的幹部受到一次民主訓練和教育，使他們看到在中國實行民主的可能性和前景，從中受到鼓舞。

3. 我們自己在組織競選中受到鍛煉，增長才幹，為今後作好準備。

4. 把十幾名乃至幾十名立志改革的同志選入區縣人代會，為擴大青年一代直接參政和表達意見的權利開闢新的更為寬廣的渠道。

1980 年 8 月 18 日，鄧小平曾發表關於政治體制改革的著名講話，但是很快就無聲無息了。我們認為這是黨內還原派壓制改革派的結果，因此需要有自下而上的群眾性的改革呼籲，來「給政局注入新的活力」。

在提綱的第二節「可能性」中，我提出了有利於開展競選運動的幾項有利條件：

1. 受到憲法和選舉法的明確保障。

2. 改革派在不直接危及黨專政的前提下願意在選舉的形式上進行一些探索。

3. 已有外地（上海、西安）一些單位的成功經驗。

4. 北京群眾的政治熱情和覺悟比較高。

5. 北京的學生和青年中的種種社會聯繫渠道特別發達，容易聯合行動。

在北京高校競選運動中，所謂「聯合行動」主要表現為原《北京之春》與《沃土》成員之間的協調配合。兩家民間刊物的主要成員是前一年夏天在《中國青年報》召集的一次座談會上結識的，也可以說是官方把我們撮合到一起的。當時，我與《沃土》主編姜洪來往較多，王軍濤與《沃土》編委胡平同在北京大學，見面也很方便。

我在提綱的「準備階段」一節，提出了若干準備事項：

1. 利用學生會、校內外群眾刊物等各種社會聯繫和每個人的私人關係，在北京各個高校物色一至數名人民代表候選人，在選舉開始前掌握一張各校至少是各重點高校的候選人名單。

   這是最關鍵也是最困難的一步，是對我們這些人的社會影響、聲譽、聯繫以及我們的組織工作能力的一次檢驗。

2. 組織全體候選人一起研討選舉戰略和策略，制訂綱領交換情況。

3. 協助各候選人在本校組織自己的競選班子，聯繫選民、事先協商，做好初步的輿論準備。

4. 做好選舉階段所需的各項物資準備。

5. 準備工作應儘早著手進行。

1979 年冬陳子明全家合影（左起：陳子華、王之虹、母親吳永芬、父親陳爾臧、陳子明、陳子清）

軍濤和胡平後來說，「在北京十四所高校的競選中，子明大概推動了九所」。其實，這是大家齊心協力的結果。原《北京之春》成員出來競選的有：李盛平在北京大學一分校，王軍濤在北京大學，陳子明在中國科技大學研究生院，陳子華在北京商學院；原《沃土》成員出來競選的有：胡平在北京大學，姜漁在中國人民大學，……；周為民當時作為清華大學團委副書記和選舉辦公室負責人，不僅推動了趙國傑等人參加本校的人民代表和學生會幹部競選，還推動他的朋友韓朝華在北京師範大學競選……。後來當選為人民代表的是李盛平、胡平和陳子明，成為正式候選人的是王軍濤和陳子華。

1980 年初秋的一天，原《北京之春》的主要成員再次在玉淵潭公園的河邊聚集，對〈今冬明春參加區縣級人民代表選舉工作

的設想（提綱）〉進行了討論。〈提綱〉第五節提出了如下的
「競選辦法」：

1. 向選舉委員會（區縣、學校兩級）詳細瞭解選舉
   細則，記錄，以備後用，正式報名。
2. 油印散發本人簡歷與競選綱領，廣為傳播。
3. 在校內利用黑板報、小字報形式宣傳政見。
4. 走訪選民（包括校領導），組織小型座談會，發
   表有關簡報。
5. 張貼海報，以候選人名義召開大型會議，候選人
   發表演說，解答群眾提出的問題。
6. 當上面非法干擾選舉進程時，要堅決回擊，公開
   予以抨擊，向群眾呼籲，要求進行預選投票，爭
   取正式候選人資格。
7. 取得正式候選人資格後，不可鬆懈鬥志，繼續採
   取各種方式爭取選票，特別要與第一輪的競爭失
   敗者加強聯繫，爭取他們支持者的選票。
8. 競選獲勝後舉行慶祝活動，向選民徵詢今後工作
   的意見和建議，準備參加人大會議的作法。

對於這些競選辦法，大家進行了具體的分工，並製定了落實
的措施。在討論中，決定把北大一分校和北京大學作為開展競選
運動的重點。因為前者地處西城區，比其他位於海淀區的高校早
選舉半個月，可以作為競選運動的試點。後者是綜合性高校，人
才濟濟，最有條件把競選運動搞得有聲有色，並影響全局。後來
在李盛平競選期間，我和軍濤、閔琦、呂嘉民、呂樸、姜洪等人
作為助選團隊，在北大一分校的選民見面會上亮相，配合盛平回

答選民提出的問題。在軍濤競選期間，由於他在本校組織了陣容強大的競選班子，我們就沒有必要正式出面助選了，但仍有我和姜洪、曹思源、張平等人參與撰寫軍濤的競選文宣材料。

10 月的一天，軍濤和我參加了雷楨孝的人才學研究會籌備組於香山召開的一次露天聚會，碰到了來北京上訪告狀的湖南師範學院的競選者，得知該校的競選活動受到了當局的壓制。但這並沒有動搖我們在北京開展競選運動的決心。我們還在會上遇見時任北京大學學生會主席的張煒，交換了對於高校競選運動的想法。張煒當即表示，他也會參加競選。

我在秦城監獄寫《改革十年反思》時，把改革派分為經濟改革派和全面改革派，又把全面改革派分為三類：

> 從人民代表候選人的競選演說和宣傳材料中，可以清楚地看出當時青年知識份子的思想分野。這裏僅以北京高校競選活動的中心北京大學為例來說明這一點。從 21 名大學生、研究生競選人中，通過預選選出了得選票數排列前三位的 3 名正式候選人，其觀點依次為：政治改革先行論者、經濟政治改革並行論者、經濟改革先行論者。

這裏說的排列前三位的正式候選人，就是胡平、軍濤、張煒。在整個八十年代，胡平是四五一代中自由主義的領軍人物，軍濤是公民社會實踐的急先鋒，張煒是「50 後」在仕途上的領跑者（領先於現在的習近平、李克強等人，並有創辦天津開發區的驕人政績），然而到八十年代末，他們全都因為堅守知識份子的良知而受到當局的無情摧殘。現在，他們三人被迫流亡海外，有

家不能回。軍濤父親三次報病危，在重症監護室搶救，軍濤要求回國探親，均不能如願。

胡平離國前的合影（左起：陳兆鋼、王燕濱、李盛平、房志遠、胡平、楊帆、陳子明、郭夏、黎鳴、繆曉非）

1980 年競選的時候，軍濤只有 22 歲，但已經是一位「老運動員」，三次民主運動的參加者。對於軍濤當時的風采，他的北大同學馬波（老鬼）有如下的描述：

> 王軍濤是部隊幹部子弟，平日愛戴著頂呢軍帽。忘了是怎樣認識他的了，給我影響很不錯，從外表上一看，就知道這人不壞。雙頰黑裏透紅，眼睛秀氣，眼角又黑，又漂亮，有個深深的棱；目光純正，無一絲雜光；鼻子上直下方，潔淨，灑脫，

十分中看。平日，他臉上總掛著幾絲淡淡的憂鬱，初與人接觸時，有點不自然。

他是知名人物，首都體育館開四五英雄表彰會時，他坐在主席臺上，與王震挨著，上了電視，各報刊也紛紛介紹，溢美為：「中國新一代青年的驕傲。」但在學校裏，他一點也不趾高氣揚，對人彬彬有禮，誰到三十九號樓一〇五房間找他都接待。

他俊秀的相貌，滔滔不絕的談吐，四五英雄的名氣，引起了大批女性的注意。追他的女性真不少。中學同學，大學同學，朋友的妹妹，海淀書店的售貨員，電影學院的女學生……個個都很漂亮。明知他是個居心叵測的人物，就像有毒的河豚魚，因為要冒著生命危險吃，想吃的人反而更多。

同為北京大學競選者的袁紅兵是這樣描述軍濤的：

十名競選人中，除胡平之外，另一顆明亮的星辰是王軍濤。曾經被捕入獄的經歷，使王軍濤的人格具有了某種英雄的色彩。

王軍濤身材適中而勻稱，方形的臉顯得端莊肅穆，濃黑的眉毛下，一雙慣於直視的眼睛裏常常閃爍起英豪的男兒氣概——從中國占卜文化傳統的角度來看，他的「面相」表明了一種值得信賴的、坦蕩誠實的個性。

王軍濤走到舞臺前，舞臺的背景似乎一下子變得空蕩蕩的了，只有他的身影如同陽光金色殘跡上

的一座孤獨的浮雕。禮堂裏嘈雜的聲浪消失在緊張的寂靜中。彷彿面對無數凋殘的時間重迭成的死寂的荒野，蒼茫的神情覆蓋在王軍濤的臉上。他下意識地把右臂舉向空中，手掌裏好像托著一團要點燃蒼穹的火焰，然後，猶如吟頌悲壯詩篇似得，以渾厚而激昂的胸音，高聲說：「我的觀點是——為了中國的民主，必須徹底否定毛澤東！」

儘管毛澤東已經死了，儘管稍有良知的中國人都能從現實中意識到毛澤東的罪惡，可是，專制政治虛假的宣傳所鑄造的神聖感，卻仍然使毛澤東的形象成為沉重地壓在人們生命中的金色陰影。現在，當一個勇敢者說出，毛澤東這個共產主義之神乃是罪惡的象徵時，人們便茫然了，困惑了，那是因聽到真理的興奮和暴政前的怯懦交織在一起產生的茫然；那是因不敢直視輝煌的謊言凋謝之後的精神空虛所產生的困惑。而這種茫然和困惑使真理孤獨了。

一個靈魂高尚的聖徒站在遙遠的陽光中，向混亂的塵世講述真理——這就是那天晚上王軍濤留給袁紅冰的印象，而袁紅冰覺得，那個印象是美的。

1980 年的王軍濤（左一陳子明、左三李盛平、左四王軍濤）

馬波和袁紅兵都認為，是因為軍濤提出否定毛澤東的「爆炸性問題」，而讓「煮熟的鴨子」飛走了，痛失當選機會。我當時聽到這個消息，便心急火燎地連夜趕到北大，向軍濤談了我的看法：提出「毛澤東不是馬克思主義者」的命題，有可能丟失兩部分人的選票。一部分人是既反對毛澤東又反對馬克思主義的人，即使毛澤東是馬克思主義者，他們照反不誤；他們有可能誤會軍濤「反毛而擁馬」。另一部分人是反對「文革」和毛澤東晚年思想但還沒有對徹底否定毛澤東做好思想準備的人。我最擔心軍濤會失去前一部分人的選票，然而從馬、袁觀察到的情況來看，我對於北大學生的思想素質還是估計過高了，因為軍濤丟掉的主要還是後一部分人的選票。袁紅兵寫道：「如果說胡平關於『言論自由』的理性體現了這次北京大學競選運動的最高精神價值的話，那麼，王軍濤徹底否定毛澤東的觀點，則是這次競選運動的

現實政治意義之冠。投票的結果表明，北京大學的學生怯懦地避
開了現實政治，同時又勇敢地選擇了被專制政治視為思想異端的
理念」。北大學生選區共有選民 6094 人，選舉人民代表 2 人。正
式選舉的投票率為 91.2%，胡平 3467 票，當選人民代表；王軍濤
2964 票，得票率超過 50%，但沒有達到登記選民人數的 50%，未
能當選；張煒 2052 票，位居第三。隨後進行了補充選舉，投票
率跌至 81.3%，王軍濤 2936 票，仍未達到有效當選的選民數，補
選流產。順便說一下，由於《選舉法》有關當選規定的不合理，
在這次選舉中，有好幾個大學選區的人民代表席位都空缺了。

　　我所在的選區包括中國科學院的研究生院、環境化學所、地
球物理所，第一機械工業部機械科學研究院院部、機電所、起重
機所、標準化所，一共 7 個單位，選民 3107 人，應選出代表 1
名。未經過預選投票，就決定了兩名正式候選人：陳子明和雷天
覺。雷天覺是一機部機械科學研究院副院長兼總工程師、中國科學院學部委員、全國政協委員，他還曾擔任過第一屆全國人民代表大會代表，後來又擔任過第六、七屆全國政協常委。在正式選舉中，我獲得 1600 張選票，超過選民半數，當選為海淀區人民代表。

陳子明及其競選班子合影（左起：陳子明、李世愚、鐵學熙、嚴友為、林琿）

人民代表選出後，我又寫了一份〈關於下一步競選工作的提綱〉，倡議成立「學生代表聯席會議」，並提出「在區人大上的工作」事項九條。當選為海淀區人民代表的 5 名研究生和本科生──北京大學胡平、中國人民大學韓宇紅、北京師範大學李世取、北京鋼鐵學院李訊、中央民族學院羅維慶，支持我的提議。但到了區人大開會的時候，我們卻未能將這九條完全付諸實施。首先是由於清華大學顧立基、華如興的反對，學生人民代表沒有形成一致意見，攥起一個拳頭；其次是進入 1981 年之後，政治氣氛變得越來越緊張，超過了毛澤東去世後的任何時期。

五、漫漫獨立路

1989 年 6 月 30 日，陳希同向全國人大常委會做〈關於制止動亂和平息反革命暴亂的情況報告〉，通篇沒有提到軍濤，提到我的名字也僅有下面這一處：

> 同這種要求相配合，一些知識界的所謂「精英」分子，也就是頑固堅持資產階級自由化立場的極少數人，在此期間也組織種種座談會，利用輿論陣地大肆宣傳，其中最突出的是《世界經濟導報》和《新觀察》雜誌社 4 月 19 日在北京召開的座談會。這個座談會由戈揚主持，參加的有嚴家其、蘇紹智、陳子明（北京社會經濟科學研究所所長）、劉銳紹（香港文匯報駐北京辦事處主任）等人。他

們議論的中心也是兩個，一是為胡耀邦「平反」，二
是為反自由化「翻案」，並且明確表示支持學生的遊
行示威，說什麼由此「看到了中國的前途和希望」。

　　查導致《世界經濟導報》關張的那一份報紙，摘要發表了 4
月 19 日座談會上幾乎所有人的發言，唯獨沒有刊登我的發言。
為什麼《導報》編輯不喜歡我的發言呢？因為我對座談會議論的
兩個「中心」話題都潑了點冷水。我說，我與從學生遊行中「看
到了中國的前途和希望」的朋友看法不同，作為四五運動的參加
者、過來人，在十三年後看到相似事件的重演，人們在同一地點
以同樣的方式表達同樣的情感和要求，使我深感悲哀。這表明中
國的政治發展實在是過於緩慢了，政府至今還沒有為知識份子和
青年學生提供比這更暢通的政治表達渠道和表達方式，知識份子
和青年學生也沒有表現出在政治上比當年更加成熟和更有風度。
我又說，大家都在歌頌耀邦的時候，我要說幾句他的壞話。他也
會犯錯誤，譬如說，由於公安部門和內參部門的資訊引導，耀邦
曾把高校競選運動稱為建國後第三次青年學生「反黨運動」，在
韓天石等人及時說明真相後，耀邦才把刊載這一講話的白頭文件
從印刷機上撤了下來。這說明他知錯能改，從善如流。多年後，
張煒在悼念胡耀邦的文章中也寫道：「他的最為可敬可愛之處不
在於他的一貫正確，而在於他總是真誠地堅持真理，迅速地修正
錯誤。他不是神，因此也有說錯話、甚至辦錯事的時候。例如，
他曾經指責學生競選是青年學生在歷史上第三次向黨奪權（第一
次指反右以前的大鳴大放；第二次是指文革中的紅衛兵運
動）。」在那天的座談會上，李昌告訴我，當年是他本人（時任

252

中國科學院黨組書記）和方毅（時任政治局委員、書記處書記兼中國科學院院長）為我說了好話，才使我逃過一劫。

1981 年寒假的時候，我和軍濤心懷坦蕩，並不知道已經站在懸崖邊沿，處境岌岌可危。有關部門對競選運動的來龍去脈非常瞭解，完全掌握我們在其中所起的作用。很久以後我看到了中國科大研究生院的一份報告，才知道自己當時命懸一線。

院機關黨委轉報院黨組：

一月八日，二月十日《國內動態》（清樣）登載海淀區第七屆人大代表，我院研究生陳子明同志的活動情況。方毅同志二月十日批示：「可請科學院查明、詳告。」科學院黨組領導同志對此也有批示意見。根據這些指示，我們對陳子明同志的情況進行了瞭解。

科大研究生院八〇屆研究生陳子明同志的一些情況

……根據陳子明同志在我院的表現，我們認為陳子明同志的政治態度和參加海淀區人民代表大會前後的活動情況，沒有越軌的行為，即使在有的問題上有點偏激的認識，發現以後也是引導和教育問題。

中國科大研究生院
一九八一年二月廿八日

　　在四五運動和競選運動兩次民主運動中，本來我都是有可能被作為首要「反革命」處理的，但都僥倖逃脫了。（可能是為了找補回來吧，到了八九民運的時候，終於讓我當了一回首犯。）儘管當時科大研究生院的領導為我打了保票，方毅、李昌對我採取了「包庇」態度，但阻止不了公安部門對我長期實行竊聽等偵察監控手段，也不能使我免於納入所謂「新三種人」（「三種人」是指「追隨林彪、江青反革命集團造反起家的人、幫派思想嚴重的人、打砸搶分子」）的黑名單。

　　同樣，儘管有韓天石（時任北京大學黨委書記）、馬石江（時任北京大學黨委副書記）等「團派」的理解和保護，軍濤和胡平等競選參與者仍然受到不同形式的政治迫害。胡平的研究生學業結束後，長期不給他畢業和學位，也不給他分配工作。軍濤本來是要留校的，最後把他分配到了山溝裏，讓他無從發揮自己的政治影響力。陳子華和姜漁都被發配回原來的工廠，在專業上完全不對口。在外地大學，還有競選人被開除學籍、開除黨籍的案例。

　　事實上，全國高校競選運動參與者受到的迫害，還不是最殘酷的。在同一時間，社會上的民主運動活躍分子，正在遭受自四五運動以來最大規模的一次打擊。本來，在魏京生被判刑後，《四五論壇》等民辦刊物已經停刊。半年後，政治空氣逐漸回暖，一些民刊開始恢復，還醞釀成立全國性的組織。1981 年 2 月 20 日的〈中共中央、國務院關於處理非法刊物非法組織和有關問題的指示〉（又稱中央「九號文件」），所確定的處理「非法組織」和「非法刊物」的方針是：「絕不允許其以任何方式活動，以任何方式印刷出版發行，達到合法化、公開化；絕不允許這些非法組織、非法刊物的成員在單位之間、部門之間、地區之間串

連，在組織上、行動上實現任何形式的聯合。在處理過程中，要首先取得法律根據，依法取締。如宣佈取締後仍繼續秘密活動，則應對參加人員按照情節輕重，分別依法給予傳訊、搜查、警告、罰款、拘留或其他必要的處分，同時通知他們的家庭和所在單位密切合作。對非法刊物、非法組織的處理，不要登報、廣播。」「九號文件」下達後，全國各地計有上千人被拘捕和傳訊，包括徐文立、王希哲、楊靖、何求、傅申奇、秦永敏、孫維邦、徐水良、陳爾晉、薛明德、劉國凱等。其中徐文立判刑 15 年，王希哲判刑 14 年，多人被判 10 年、8 年、7 年的重刑，還有許多人被勞動教養。

在這樣的政治高壓下，我們這批人──四五運動、民主牆運動、競選運動的倖存者──應當怎麼辦？在我當時的一份發言提綱上，列舉了四種可能的選擇：

1.消極等待
2.洗刷歷史，在體制內循序而進
3.化整為零，進入已被體制接納的圈子
4.積極地進行可以進行的一切活動

所謂「等待」，就是「等待民主革命高潮再次來臨」。當時已經有了經驗，凡是落到文字上的東西（哪怕只是在幾個人的會議上的發言提綱），都要有所隱諱。軍濤在 2003 年講述了他一度有過的革命情緒及這種心態的轉變原因：

民主牆和競選使我開始與舊的體制分道揚鑣。
1981 年，鄧小平決定徹底封殺民主牆並且大規模抓

255

捕懲處民主牆活躍分子後，我不再寄希望於體制內活動，決心走獨立的道路，徹底獨立於權勢者的安排。那時，我感到憤懣和壓抑，甚至憤世嫉俗。就我早期的思想和個性而言，我應當走上暴力革命的道路。在和平表達政見、尋求變革被徹底鎮壓之後，在鄧小平背叛當年將其推上權位高峰的民主牆並如毛澤東一樣以鎮壓解決政治分歧之後，難道不應當摒棄改良的幻想、以革命推翻暴政、討還公道嗎？

尤其另我憤怒的是，中國人如此健忘，就在那樣一場深重災難後，竟如此容易再走老路，容忍和支持鄧小平的政治迫害。即使某些理解和同情民主牆者也好意勸說，我們走得太遠，才導致鄧的措施；如果能象他們那樣注意策略，就不會出事。我則爭辯，當魏京生被抓時，《北京之春》就知道下一個遲早是我們；這就是我們不加入民刊聯名批評魏京生、而是出專刊為其辯護的原因。我們當時與魏京生對中國的問題確實有不同的關注點和思路，但我們反對政治迫害；保衛魏京生實際上是保衛我們每個人的政治安全。我為這些政治短視而悲哀。激憤使我一度整日狂飲痛醉。

幾個因素使我沒有沿著思考革命的路走下去。首先，我看到共產黨內還有一大批勇於承認錯誤並銳意改革的人。胡耀邦先生是其代表。1957 年赫赫有名的林希翎女士曾向我介紹過胡耀邦對她的案子的關注情況。我本人在 79 年也曾與耀邦有過一次長談。那是當時北京之春代主編呂樸先生與我登門拜

訪耀邦。雖然我們是不速之客，耀邦還是見了我們。我力促耀邦改革，釋放魏京生。耀邦先生論及改革很動情。他列舉王安石的命運和自己的經驗告誡我們對於中國的改革要有耐心和深思熟慮。關於魏京生一案，他沒有直接回答，而是拿出一份貴州省委報告，介紹如何抓啟蒙社骨幹成員又釋放並關心他們生活的情況。顯然，耀邦主張放人。我還與胡啟立、李瑞環、王兆國、張黎群、韓天石、袁庚等領導人接觸過，他們的思想容量可以接受自由民主理念。由於我的人生境遇，我一直有機會近距離觀察共產黨或人們所說的體制內的各層領導的決策和行為。我深深感到在舊的體制由於制度缺陷不可避免地墮落腐敗的過程中，一大批有良知的人仍然苦鬥維護正義和試圖挽回頹勢；最終他們會得出改革體制的結論並以其權位和影響力結束這個體制；即使那些墮落者也可能出於個人利害考慮最後站在變革體制的一方。事實上，在保護和支持我的師友中，一直有眾多的共產黨人；鄧小平每次鎮壓自由民主運動都引起一批共產黨人與他分手，他們為此付出了沉重的個人代價。何家棟、嚴家其、郭羅基、于浩成、劉賓雁、蘇紹智、陳一諮、張煒、高文謙等是不同時期的代表。

　　第二，廣大人民在 80 年代接受並支持鄧小平主導的中國政局。我們畢竟追求的是民主理念；不論我們多麼憤世嫉俗地為民眾的糊塗而悲哀，我們必須正視他們的情感和利益。我們必須承認和維護普

通人按照普通人的幸福標準、是非觀念和代價承受力去追求自己的幸福的權利。

第三，在北京大學我越來越接受人道主義的思想道義原則。這一原則所要建立的社會是減少暴力和增強社會理性討論的功能。

第四，我接受自由民主理念是出於對上一代人發動的革命的殘酷後果的反思。在反思中，我們不能不問這樣的問題：為什麼當年那些以建立自由民主為目標的理想主義青年會變為殘酷的政治迫害狂？以子明的話說，自十九世紀末開始，中國的仁人志士一代比一代激進，總是在暴力顛覆上一代的政治理念的革命中確立自己的使命。一個答案是，革命者急於求成的熱情易於對不同意見採取仇恨心態並加以消滅。在中國已有如此眾多的同胞死於同胞之手後，我們不能再蹈舊轍；我們應當堅持以理性善意對待不同的政治意見和利益。我們必須注意實現崇高目標的手段不應是悖逆人性的方式。

第五，通過閱讀，我對西方進步過程有了更完整的瞭解，雖然其中也有血腥暴力和歹毒陰謀，但進步的主流是理性、和平、善意和合法。即使所謂革命也是政治領域的有限變革。那些大規模的伴隨社會革命的政治革命大都後果慘重且後來迷失方向，不是復辟就是倒退。革命不僅造成物質財富的巨大損失和生命幸福的犧牲災難，而且造成政治心態和社會心理創傷使得以後幾代人缺乏必要的精神資源和文化條件建立正常的和平生活秩序和合理的政治制度。

最後，在研究關於科學的哲學後知道了人類認識的局限性和尋求真理的過程性。暴力和強迫的環境不利於發現真理和適宜道路。然而，我並不否認革命在某些歷史關頭的重大推動作用。革命都是統治者拒絕改革並激化矛盾逼出來的，是人民在漸進改革失敗、無效或被堵死後不得已的選擇。當一個文明過於腐朽、統治精英拒絕和鎮壓一切改革時，只有革命才能建立新的更公正的社會。

「洗刷歷史，在體制內循序而進」，對於像我這樣的人是不可能的。我不是幹部子弟，不屬於「自家人」的範疇，而且我的真實思想，在 1975 年已經暴露無遺，當局不可能信任圖謀「進入鐵扇公主肚子裏翻跟斗的孫悟空」。

關於開除陳子明團籍處分的決定

陳子明，男，23 歲，職員出身，原在內蒙阿巴嘎旗額爾登畢公社插隊，一九七四年八月入北京化工學院學習。

陳在一九七五年七月二十七日，因從事反動秘密活動，被北京市公安局拘留審查。經查，陳在插隊期間與徐雲（內蒙錫盟師範學員）一起，以交談和寫信方式，交換、散佈了大量的反動觀點和不滿言論，形成了一系列反動謬論。他們誣衊我國的社會主義制度，歪曲階級鬥爭和無產階級專政，否定黨的各項方針政策，還狂妄地提出，要「爭取混入

黨內，竊取較高的權力，實行和平演變，最後達到制度的改變。」

⋯⋯經團委研究同意二系 7404 班團支部和二系團總支關於開除陳子明團籍的處分決定。

中國共產主義青年團北京化工學院委員會（章）

一九七五年十一月十二日

軍濤則與我不一樣，他是部隊大院的「驕子」，在老幹部的眼裏，「自己的孩子，犯點錯誤沒關係」。胡耀邦曾託二機部 401 所所長轉告軍濤，要他「不墜青雲之志」。這實際上是在暗示，只要軍濤能夠忍耐一下，經過這次坎坷後，他還是會有前途的。但是軍濤自己對於走體制內道路，早就沒有絲毫意願了，他鐵了心要以畢生精力探索一條「獨立的道路」。

「化整為零，進入已被體制接納的圈子」，這是當時朋友中極個別人的想法。體制內的青年圈子，是指正在浮出水面的幾個「太子黨」小圈子和已被鄧力群認可的「農村組」等。有人下決心走這條路之後，便斷絕了與我和軍濤等老朋友的關係，並在官方刊物上談自己如何從迷惘中覺醒。

我的主張是採取第四種選擇。堅定不移地走自己的路，隊伍不散，旗幟不倒，態度要積極，目標要適中，要有毅力、有長勁兒。現階段先把力量從直接政治活動轉到戰略研究方面來。在分工方面，我的具體設想是：

①方（覺），行（政學）；②陳（子明），政（治學）；③王（軍濤），未來學、青年學；④李

（盛平），歷史、官制方面；⑤魏軍：鄉村政權的
沿革、結構、比較、模式設計，鄉村政權與經濟組
織關係的文章，法學與社會學方法結合；⑥呂樸，
黨政關係，行政工作制度？⑦呂（嘉）民，國家計
畫資本主義的價值，大家可討論？蘇聯政體的演
變，馬恩列斯關於政體的思想；⑧胡平，可化名發
表，形成學派，倚重。

我當時還草擬了一份〈逐步建立社會發展戰略研究中心的設
想〉，全文如下：

一、建立專科研究小組
　　1.經濟學小組：就業問題小組＋北大經濟系一些
　　　人＋申申一些人
　　　課題：經濟發展戰略（包括就業），姜洪有詳
　　　細計畫
　　　廣義（包括經濟體制改革）、狹義
　　2.政治學小組：詳見另頁
　　　課題：集中於行政學方面
　　3.歷史學小組：一分校＋杭大周明等一些人＋北京
　　　其他人
　　　課題：世界近代史、共運史
　　4.哲學方法論：胡平＋……＋黎鳴＋軍濤？
　　5.文藝沙龍：老呂＋老彭＋……，創作與文藝評論
　　6.社會學與人類學：
　　7.法學：

二、多學科沙龍

　　一、二月聚會一次，分別報告各人的研究成果、本學科進展、動向等，輪流主持與報告，討論

　　人員：除上述小組成員外還可請農經會人參加，其他人。

　　最近的兩次報告：方覺的行政學，姜漁的就業小組成果。

三、確定多學科研究課題：

　　例如：匈牙利、捷克體制改革的全面考察：政治、經濟、歷史……法律。

四、成立秘書組

　　例如：閔琦、姜漁、任　、于曉生？

1981 年在香山（左起：畢誼民、林剛、孫慶祝、閔琦、王軍濤、魏軍、方覺、蓋克、XXX、陳子明）

　　由於受到兩種情緒的影響，上述倡議最初並沒有得到積極回應。一種情緒我當時稱之為「政治浪漫主義（過多的希望寄託在不可靠的想像上）」，幻想新的民主革命高潮會很快來臨，不想去做長期艱苦的理論跋涉和組織準備。另一種情緒我稱之為「政治悲觀主義」，受馬克思主義「階級論」和「體制論」束縛，認為現行體制經受住了民主運動的衝擊，已經重新站穩腳跟，掌權的「特權階級」不可能讓我們保持團隊型存在，只能水銀瀉地，各謀出路。對於先在社會上生存下來，逐步壯大自己的實力（首先是自己的素質和能力），然後再影響政治，這樣一條迂回曲折的路徑，許多人一時還不能接受。

　　當時真正搞起來的只有一個「勞動就業問題研究組」。這是由中國人民大學研究生會學術委員會正副主任王憶會、姜洪和該校人民代表競選人秦永楠、姜漁發起的，靈魂人物是原民辦刊物《沃土》主編姜洪。起初，「就業組」可以說是一個校內學術團體，在北京大學石小敏和中國科學院研究生院陳子明等人加盟後，就成為「九號文件」所謂「成員在單位之間……串連，在組織上、行動上實現……聯合」的跨單位團體了。

　　我一方面參加「就業組」的工作，一方面按照上述分工計畫，在政治學領域中進行了高強度的補課。我當時用半年多時間，讀遍了北京圖書館（現國家圖書館）幾乎所有的中文政治學專著，還選讀了少量英文的政治學論著。確定了如下的研究選題：

　　一、黨政分離，以黨代政
　　　　一元化，行政功能，決策功能
　　二、從巴黎公社到蘇維埃

——建立社會主義民主政體的初步嘗試

三、對於考任制的歷史考察（沿革，過去與今天）

    1.我國封建社會的科舉制

    2.歐美國家近代文官的核心

    3.日本建立考任制的途徑與效果

    4.考任制在孫中山的五權憲法思想中的地位

    5.列寧建立考任制的設想

    6.建立考任制是改革行政幹部制度的關鍵

四、關於國家與政府的定義問題

五、終身制與政府的穩定

六、人民代表大會制度的過去、現在與未來

七、政府目的與效能的關係

    我在 1982 年最先完成的一篇政治學論文是〈論國家機關行政幹部考任制度〉，提出將國家幹部分為選舉任用的政務幹部（政務官）和考試任用的行政幹部（文官）兩大類。之所以選擇文官制度（公務員制度）作為研究首選，有兩方面的原因。第一個原因，我祖父的哥哥陳大齊（陳百年），長期擔任國民政府考試院秘書長、考選委員會委員長，之前擔任過北京大學代理校長，赴台後擔任政治大學校長，可是我卻從來沒有聽祖父和父母介紹過他的情況，從對家史的補課自然而然地轉向了對考任制度的研究興趣。第二個原因，我認為公務員制度有可能是在當時情形下中國政治體制改革的一個突破口。〈論國家機關行政幹部考任制度〉和此後一些有關公務員制度的文章，我都通過一起在內蒙阿巴嘎旗插隊的「插友」、時任主管組織人事工作的政治局委員宋任窮的秘書秦曉，遞交了上去。

　　兩年以後，由於得到中國社會科學院青少年研究所（所長張黎群，副所長鍾沛璋、李景先，他們都屬於「團派」，其中李景先與我姑姑陳爾玉在「地下黨」時期同屬一個黨支部）的支持，「勞動就業問題研究組」擴充為「國情與青年問題研究組」，上述建立多學科研究團體的設想才得以付諸實施。但是好景不長，「國情組」在 1983 年的「清除精神污染」運動中被青少年研究所宣佈「脫鉤」，隨後該所本身也被撤銷，人員被合併到社會學所。在 1984 年「公司熱」興起後，我們才得以重新集結隊伍。

　　《鄧力群自述》稱：在整個八十年代，「每逢雙年，自由化氾濫；每逢單年，左派反擊」。我們可以說是完整地體驗了其中的五次震盪。跌到了，爬起來；再跌到，再爬起來；……一直到 1989 年被當局一網打盡。對於這一段的經歷，胡平和軍濤曾有過一個描述：

　　　　胡平：這批人「屢犯前科」、長期受到內部監控，而能把事業發展到如此程度，實在不容易。子明成天騎個破車四處跑，不管嚴冬酷暑不知疲倦。有時很晚到我家來，飯都沒顧得吃。隨便送上什麼東西，他都連說「好吃好吃」。我那時具體工作做得少。主要開開會，寫寫文章。我對子明開玩笑說「你是活動家，我是死動家」。

　　　　……王軍濤：那次，你、我、子明、××在××家談話。我講到我們不在體制之內。現行體制無非兩種可能，要麼由於封閉而垮臺，要麼由於開放而轉型，無論發生哪種變化，我們作為一支獨立

265

的、民間的、理性的和建設性的力量都會發揮它的
作用。

⋯⋯胡平：我們說好不去做官，給的官不要，
除非是靠競選。子明在八六年九月《青年論壇》組
織的討論會上也講要樹立新型知識份子的人格典
範，要靠理性，要有從容不迫的紳士風度，在政治
氣候好的時候也不借助權勢。

起初，軍濤在多學科研究團隊的組織、整合上投入不太多，
因為他有自己的一套想法。

通過閱讀和討論，我逐步建立起自己理解的自
由民主的理論基礎並且學會如何以其批判、解釋中
國的現實問題。在此基礎上，我越發意識到，在中
國實現自由民主不僅應當有理念，而且要有適宜的
途徑和戰略策略去開發活動領域與空間。我們還需
要獨立的實體去推動社會進步和實現我們的戰略。
沒有可操作的專案計畫和創造性實踐，自由民主就
是空洞的理念；歷史的可能性是人類創造性活動，
人類社會進步是通過各種力量互動實現的，不是概
念化的先驗分析能完全事先界定的。

軍濤認為，僅在首都北京尋找和開拓活動空間是不夠的，中
國最有改革活力的是在地方，尤其是在南方。

　　1984 年，當城市經濟體制開始改革後，我立即辭去公職，南下武漢創辦這樣的獨立實體。經謝小慶推薦，蒙華中師範學院院長章開沅先生邀請，我到武漢嘗試創辦以教育為基本資源的智力服務企業。後來又轉到武漢大學創辦江夏夜校，我擔任校長。我當時計畫創辦一所新時期的黃埔軍校。20 年代的中國是軍事定天下，因此應當辦軍事學校。80 年代中國需要更廣泛的人才在各個領域創造性地推動局勢變化，因此應然辦更多樣化的人才培訓學校。而後，我又轉到武漢發動機廠作企業診斷顧問。最後，我受聘擔任湖北省政府規劃辦公室秘書長助理，為九個縣市制定發展戰略編寫綱要，進行培訓。

　　在湖北，以及由此遊歷四川、陝西和廣東及深圳，使我收穫甚豐。武漢九省通衢，人才薈萃，又恰逢胡德平政治支持，有關廣富和吳官正在省市兩層倡言改革，一時風氣領天下之先。天時地利人和使我有機會接觸京城外的各階層人士。我先後與科技研究者、教育工作者、國營工廠幹部和工人、地方政府各級官員、私營企業主、出版家、工人活動家和個體工商戶以及江湖術士相交和共事。蕭遠、劉衛華、王志平、張志揚、魯蒙、陳家琪、鄧曉芒、黃克劍、蕭凡、胡發雲、張元奎、陳天生、蔡崇國、李明華、王一鳴、許蘇民、彭明、王振耀和徐勇以及客經武漢的雷幀孝、黃祥、朱正琳和馮倫

等都成為我的好友。我還利用辦學、經商、企業診
斷和為地方政府制定規劃，廣泛瞭解中國現實狀
況、問題和風土人情世故。當我回到北京時，已經
不再純粹是只知道理想和書本知識的理想主義者，
而是在心中建立起這樣的現實主義意識：設想每種
戰略策略一旦實施會在現實中有什麼回應和後果，
並在此基礎上尋求實際可操作的戰略方案。

1986 年 6 月，在新一輪政治體制改革高潮中，經軍濤和《青
年論壇》編輯部安排，我與龔祥瑞先生和閔琦到武漢大學、華中
師範大學、湖北省直機關業餘大學參加了一系列座談會和講演
會，介紹政治體制改革的最新動態。我與軍濤在九省通衢、當時
的改革試點城市武漢會合，心情非常愉悅。我們與軍濤結交的一
批新朋友暢談後，得知他在武漢打開了一片新天地並受到廣泛好
評和推崇。我們約定由軍濤牽頭，調動武漢各方面力量，開展
「公民論」系列課題，作為剛剛成立的中國政治發展與行政研究
中心（不久後改組為中國政治與行政科學研究所）的研究專案。
但是，有關部門不能容許軍濤在武漢大展身手。不久，軍濤就來
信告訴我：

　　　自六月份始，對我的壓力增大了。就在你們來
漢的同時，武漢市公安局黨委書記與湖北省規劃組
秘書長（他是聘我的人）要求他解除對我的聘約。
這位秘書長既同情我們的政治遭遇，又欽佩我們的
政治見識與勇氣，因此，不願這樣做，便問公安局

黨委書記「他有問題嗎？」回答：「目前還沒發現，但他應當回北京。」秘書長回答很乾脆：「他很能幹，這裏需要他。」接著幾日，省科委主任親自找我的幾個同事瞭解情況，大家對我評價均很高。最後，省保密委員會親自發文：「凡正式編制不在武漢者，一律不符合聘用於規劃工作。」這樣，我在湖北省規劃辦很難處身，秘書長又與科委主任商量，把我放到一個縣規劃指導組中去，但很快又由省裏來指示制止，並要求秘書長以黨員名義保證，儘快解除我的工作。當然，要妥善安排後路，待遇從優（多發工資和解聘費），開歡送會，給做一個很好的鑒定等。目前，我已離開規劃辦。

軍濤後來說：「我南下有兩個目的，1.搞調查，2.建生長點。湖北省為逼我回京專門搞了一個文件，讓檔案不在武漢的人離開武漢，當時這種人還有葛里西、馮倫等。他們的文件只發了兩分，就是針對我，最後把我逼回北京。」在專政機關的強大壓力下，軍濤沒能在武漢紮下根，達到建生長點的目標。然而，他的獨特經歷和廣泛人脈，成為我們這個團隊進一步發展壯大不可或缺的資源。

六、關鍵性的支持

正如鄧力群所說，在八十年代的改革過程中，1986 年是自由化的一個波峰，1987 年是一個波谷。在 1986 年，我們這個團隊如魚得水，獲得了很大的發展；到了 1987 年，就遭遇一次巨大的危機。

青年政治學研究會籌備組合影（前排右一王軍濤、右二陳子明，後排右三李盛平、右五閔琦）

我們在 1986 年策劃了一系列鼓吹政治體制改革的會議。閔琦當時是《中國社會科學》雜誌社編輯，他徵得總編輯黎澍的支持後，以該社學術活動的名義舉辦了「政治體制改革座談會」。3 月，軍濤正好回了一次北京，他與我和閔琦一起走訪了龔祥瑞

和蘇紹智等老一輩政治學者，為座談會作準備。4 月召開的這個座談會成為該年中國政治體制改革研討熱的起點，我和中國政治發展與行政研究中心的幾名成員都在會上發了言。5 月，我們又策劃了以中國社科院青年社會科學論壇、《政治學研究》編輯部和《中國社會科學》雜誌社名義召開的「政治體制改革座談會」，會議規模很大，連續安排了兩天發言。8 月，我們和社科院團委共同發起成立了「青年政治學研究會」籌備組，以籌備組的名義又舉辦了「三中全會以來的政治改革」、「政治改革與經濟改革」等多次學術研討會。

1986 年 7 月，中國政治與行政科學研究所正式成立。中國政治學會第一副會長李正文同意出任所長，由我擔任常務副所長。研究所下設政治發展研究室、社會調查與政治計量研究室、議會與政黨研究室、國際政治與外交研究室、法制建設研究室、行政與勞動人事研究室。在成立不到半年時間裏，召開了「經濟‧社會‧政治全方位改革的思考」、「共和國十年政治發展」、「中國外交的回顧和展望」、「政治計量學與社會調查」、「中國政治改革的國際環境」、「軍事政治學」、「執政黨與民主黨派關係問題」、「第三世界國家多政變的原因」、「國際政治理論研究」等一系列的學術討論會，出席者多則上百人，少則幾十人，多數有媒體記者出席並在報刊上發表會議消息、綜述或根據發言改寫的文章。研究所還有自己的內部刊物《政治與行政研究》（主編：何家棟，副主編：陳子明、李盛平），每期發行幾萬冊，印數超過了國內正式的政治學期刊。

1987 年初，胡耀邦下臺，我們這裏緊接著就出了狀況。2 月27 日，國家科委人才開發服務中心發文，決定與中國政治與行政

科學研究所「脫鉤」，要求其在近期內另擇掛靠單位。據稱，有三個政治局委員、兩個書記處書記過問了研究所召開「軍事政治學」討論會的情況，國家科委因此做出上述決定。3月3日，共青團中央與《中國青年報》聯合調查組又來研究所調查該報軍事記者楊浪在「第三世界國家多政變的原因」討論會上的發言及背景情況，並索取會議錄音磁帶，據說當時的總政治部主任余秋里對發言大為不滿，但我們拒絕了調查組的要求，沒有把楊浪的發言交給他們。

中國政治與行政科學研究所何去何從？所核心層在我家召開了一次 8 人會議。會上兩種意見爭執不下，討論從傍晚一直進行到午夜以後。一種意見認為，前兩年，因為高層沒有怎麼關注和重視，令我們得以在夾縫中生存和發展，現在中國政治與行政科學研究所已經進入了有關部門的瞄準鏡，是必死無疑了；只有解散該所，才能夠躲開密集的火力，尋找新的活路。另一種意見認為，有關部門從來沒有停止過對我們這些人的盯梢和干擾，至於叫什麼所、以什麼方式集結，並不是問題的關鍵；國家科委只是與我們「脫鉤」，並沒有叫我們「解散」；所的前身是中國政治發展與行政研究中心，隸屬於中國行政函授大學，後者是經北京市政府有關部門批准成立的合法機構，只要把研究所重新歸屬函授大學就可以了。最後付諸表決，3 票贊成保留研究所，3 票反對，2 票棄權（其中 1 票偏向贊成，1 票偏向反對），兩種意見勢均力敵。結果達成一個妥協：中國政治與行政科學研究所既不對外宣佈解散，也不再繼續運作，而是把它「冷凍」起來，人員分散到業已成立的另外兩個研究所。當時，只有軍濤、閔琦與我一起投了贊成票，並與我一起轉入北京社會經濟科學研究所。一些合作者離我而去，這已經是一年裏的第二次了。

　　在 1986 年的時候，我們已經擁有了兩所函授學院（北京財貿金融函授學院和中國行政函授大學），有學員 23 萬多人，專職員工百餘人，兼職教師數百人（主要是高校教師、研究人員和研究生）。可支配資金近 2000 萬元，其實際價值按現價計算應當加上一個零；由於我們的主要開支是人工費用，聘用中高級知識人才的費用 20 年來至少增加了 50 倍。在這種新的情況下，道路選擇的問題再次擺在了我們的面前。「洗刷歷史，在體制內循序而進」，「化整為零，進入已被體制接納的圈子」，以更加高級的樣式成為可能的選項。

　　到了八十年代中期，「體制」出現了一種重要的變化，許多原本是「體制外」或「非體制」的東西，經過「掛靠」關係，就可以嫁接上「體制」。當然，這種「掛靠體制」是「准體制」或者說「假體制」，既沒有黨團組織，也沒有鐵飯碗與社會保障，只是賦予了一種半合法性的「身份」。一旦所掛靠的單位與你「脫鉤」，不給你蓋主管單位章，你就無法進行工商與稅務年檢，也就變成非法的了。我們及時抓住了這個新出現的機會。王之虹當時在北京鐘錶工業公司擔任團委書記，她在「公司熱」中創辦了一個「團辦企業」──北京自強實業有限公司，只有三四個員工，很快，我們就在這個母公司下面辦了一系列的子、孫實體。自強公司下面辦了北方書刊發行公司；在自強公司諮詢部承辦河北省館陶縣和北京市西城區戰略發展規劃的基礎上，成立了北京經濟研究所；然後又以北方書刊發行公司和北京經濟研究所的名義發起成立兩個函授大學；在中國行政函授大學下面又成立了中國政治發展與行政研究中心，……一年多時間裏，就派生出十幾個經營開發和教學科研實體。

　　當時，只要我們注意「洗刷歷史」，至少是不再刺激當局的敏感點，是有可能在已經擴容了的廣義「體制」中存活下來的，甚至可以「悶聲發大財」。事實上，我們在八十年代中期，就已經在金融、企業諮詢和股份制改造、勞動人事培訓和職業介紹、民意測驗和商情調查等諸多方面，進行了佈局。軍濤從武漢回到北京後，沒有能夠立即在研究所中明確身份——是客卿顧問還是領導成員，他曾在短時間裏有所疑惑。我當時沒有告訴他，對於他的加盟，在研究所骨幹成員中引起了強烈的反彈，因為在我們這一批人中，軍濤的「歷史」和「現行」，具有最高的知名度和關注度，他的進入，勢必會改變研究所的形象與走向。

　　「進入已被體制接納的圈子」，在當時也不是什麼難事了。既不需要「悔過自新」，也不需要「化整為零」。幾個「太子黨」圈子，對於我們這個團隊都產生了濃厚興趣，鑒於他們的特殊地位，他們並不像一般人那樣怕「沾包」受牽連。我們組織的「二十世紀文庫」編委會，鄧樸方同意掛名主編；還一度同意由我們在華夏出版社下面辦一個華夏圖書發行公司，而一旦公司正式掛牌，我們已經籌備好的一個陣容強大的華夏讀書社就可以開張了。陳元同意我們在他擔任區委書記的西城區下面註冊北京經濟研究所（我擔任學術委員會主任）；還一度同意擔任由何家棟先生和我主編的《青年理論家文稿》輯刊名譽主編。我贊成與各方面人士建立良好的溝通和互動，但是反對捲起旗幟，被別人「收編」過去，成為政治上的附庸。這樣，在團隊內部就出現了裂痕，最後只好各走各路。當年的一位合作者，也是職員家庭出身，也有民刊和競選背景，通過「進入已被體制接納的圈子」，現在已經是一位副部級的官員。

　　當時，我在所務會議上說（記錄稿載《閔琦檔案》，現藏荷蘭萊頓大學）：

　　　　我不是不同意在體制內活動，在支持黨內改革派上也沒有分歧，但是，我們代表著政治多元化格局中的一元，我們應有自己的語言和態度，堅持自己特殊的「色彩」，不能把這種民間色彩視為必須甩掉的舊包袱。

　　　　我們面前有兩條別人正在走的路：一條是陳一咨、潘維明等人的影響決策之路；另一條是金觀濤等人的改造文化之路。我們應當走的是區別於前二者的第三條路，即：在民間社會紮根，促進某些社會階層成長之路。我們是一個同志兼朋友的政治集團，因為我們已集「四五」以來歷次民主運動的經驗於自身；同時我們還應當把自己辦成一個第一流的科研文化托拉斯。

　　團隊應當具有的屬性，我用一句話來概括：「我們是一個以政治為靈魂、以文化為形態、以經營為後盾、有獨立意識和既定目標的自覺的團體」。對於這一定位，軍濤給予了最初的推動和最有力的支援。他在 1986 年從武漢寫給我的信中，明確主張「舉旗」而不是「捲旗」。

　　　　去年，你的集團發展戰略給我印象很深（集團發展的四個條件：實體、旗幟、理論與隊伍）。現

在，你的實體問題或經濟問題已基本解決，後三個問題能否解決，我以為，除具體技術性細節外，以及一批結構合理的人之外，應屬旗幟最為重要。事實上，你有最有利的條件選擇旗幟。在今天中國激烈變化的形勢下，你的經歷是一筆經濟中的「不動產」（在熱鬧市面上）。你的關係，也有可能在最寬廣的範圍內選擇形象（從最激進的到最溫和的）。我想，你應當花點時間考慮旗幟問題。

如果你想從長遠角度看為事業奠定堅實的社會基礎，那就應樹起旗幟。這種旗幟，應當有幾點：（1）應當抓住困擾著我們整個民族（包括中央與老百姓）的問題。（2）應當能納入中央決策集團的苦惱與眼界，並在短期內對他們形成功效。（3）應當有豐富的歷史容量和彈性，在較長時間內與較複雜的形勢下不失其意義的魅力與價值。

有了旗幟，你可以超越時空的局限性建立隊伍。而且這能聚集的力量遠不是「隊伍」一詞能確切概括的。那是中國最有影響或最富於進取心的社會階層、集團和勢力。我覺得，你肯定能意識到，在最初聚集的創業者中，境界與理論的參差不齊，這不是靠理想、思想碰撞或事業發展能解決的問題，而是靠新的真正被旗幟激勵起來的人們不斷湧入來解決的。

說實話，我很自信，一直相信我們能構成國家生活的最大影響力量。因此，我不熱心於與別的力量搞什麼密切關係，或寄人籬下。我本無宗派，但介入現實，還是願意離志同道合的朋友近些。

（某些人）在投機於歷史發展潮流時，幾易旗幟，有奶是娘，有意識集醜惡政治大成於自身（權術意識）。在自己官僚化進程中，形成特殊的利益集團，並將一代人面臨的任務與中國學術界的水準、內容，全部庸俗化，並將「三中全會」以來中國青年對歷史反思批判之後倡導形成的知識份子良知，逐步毒化、吞食，即使從精神領域出發，也應予以打擊了。

我在黎鳴那裏，陳兆鋼那裏，楊百揆、包遵信等人那裏，都討論了知識份子的良知。這個問題，可以作為口號。知識份子的良知，首先表現在對「真理」的追求，即，從認識自身發展出發，展開學術研究，敢於得出結論，敢於涉獵禁區；其次，知識份子的良知表現在追求正義，即，大膽懷疑，平等待人的風尚。望在任何場合大講「知識份子的良知」。

軍濤成為研究所主要領導成員，投入團隊的具體運營操作後，很快總結出在專業領域的發展戰略：

建立一條思想生產和銷售流水線來推動精英思想和社會觀念變化。首先是研究開發思想產品，這包括翻譯和研究課題以及頭腦風暴式的沙龍討論。其次是生產，包括報告撰寫、書籍編輯和音像製作。再次是銷售推廣，包括講座、函授、培訓、圖書發行、研討會、報刊通訊、新聞熱點製造等。再

次，我們建立實驗基地，這不僅包括我們自己辦的
各類事業實體而且有我們選擇的各種發展地區和部
門；在這些實驗基地嘗試我們的想法。最後，有後
勤保障和資源（包括軟硬兩種資源）開發；為支援
我們的事業，我們建立了電腦中心、車隊、調查中
心和一套專職與兼職相結合的文秘處理班子。所有
這些環節都有專業化實體實施具體操作方案；而幾
十個在各個領域法律上獨立地運作的實體和專案通
過團隊核心的溝通和協作，形成相互銜接支援、蓬
勃創新發展的事業格局。

我當時也對來訪的前任美國社會學會主席科瑟教授說過：

　　社會學家進行社會調研工作，無論是拿政府的
錢還是拿資本家的錢，都很難不影響研究的公正
性。我們的目標是自己給自己當老闆，力爭實現自
我籌資、自由選題、自主發表，為具有獨立意識的
學者提供從資料、經費到報刊發表、出書的一條龍
服務。這就要求建立一個分工合作、資源分享、統
一調配（例如以暢銷書的利潤補貼可能賠本的學術
書），以強大經濟實力為後盾的綜合體。

軍濤受北京社會經濟科學研究所委派出任《經濟學週報》副
總編輯，配合總編輯何家棟先生，在短短幾個月中就把《經濟學
週報》辦成與《世界經濟導報》並駕齊驅的准民間媒體，這方面

的情況已經為許多人所瞭解；而軍濤作為團隊的地區開發負責人所進行的開拓性工作，知道的人還很少。

軍濤作為兩所函大的分校工作部主任，在全國各省市自治區建立了幾十所分校。我們的函授大學涵蓋了金融、審計、稅務、工商行政管理、物價、經濟法、貿易、工業會計、商業會計、行政事業單位會計，行政管理、人事管理、勞動管理 13 個專業，大多數學員都是地方上實權機構的幹部。通過辦函授，我們與這些人建立了師生之誼。

王軍濤在兩所函大分校工作會議上（左三王軍濤、左四郭夏、左六鄭棣）

軍濤作為北京人才評價考試中心副主任，與兗州礦務局簽訂了「建立人事評價系統和探索大企業人事制度改革的協議書」，成立駐兗州辦事處；領導了對蛇口工業區的企業診斷與人事培訓

計畫（在袁庚和周為民的支持下）；參與籌建了天津、深圳、武漢、呼和浩特、貴陽、南京、西安等地的分中心。

軍濤作為北京社會經濟科學研究所（後來兼《經濟學週報》）開發部主任，聯繫馬文瑞、郭洪濤等幾十位陝北籍老幹部來所座談，發起成立延安社會經濟發展基金會；又聯繫中國道教協會主席黎遇航，籌建茅山道教文化基金會。他還主持了社會調查員的選拔和培訓工作，為中國民意調查中心建立了遍佈全國的3萬人社會調查系統。

北京社會經濟科學研究所召開延安社會經濟發展基金會籌備會（後排左三畢誼民、左四王軍濤，站立講話者陳子明，拍攝錄影者王之虹）

我和軍濤都認為：改革的目的是要最終瓦解極權專制的全能主義國家，實現國家與社會的分流，重建市民社會，使各種社會中間層和仲介組織蓬勃成長。在特定的改革過渡階段，具有一定

獨立性的地方政府也可被視為社會中間層。在社經所的團隊發展戰略中，推動社會中間層和仲介組織的發育生長，具有特殊的重要性。軍濤 1986 年在武漢鎩羽而歸，兩年多之後，他在地方上「建生長點」的計畫，便以幾十倍的規模得以實現。

1989 年 4 月，軍濤攜幾位陝北老幹部和十幾名首都大報記者組成一個考察團，到延安與當地黨政一把手商榷建立基金會的具體辦法，還在西安受到陝西省委書記和省長的接見。隨後，考察團部分成員在北京社會經濟科學研究所副所長兼北京應用技術研究所所長畢誼民的率領下，赴寧夏自治區談判簽署一項價值幾百萬元的技術轉讓合同。將主要立足點放在促進公民社會發育和成熟上，不斷擴充團隊自身的政治經濟文化實力，這一積極而又穩妥的發展戰略，正在開花結果，展現出非常光明的前景。一般人可能難以想像，「六四」前夕的幾天，我們的北京人才評價考試中心，正在緊張地為國家 8 部委首次公務員錄用考試進行試卷的光電錄入、判分和結果分析。「六四」之後，中心主任謝小慶，一方面掩護王丹、包遵信、老木、張倫等人逃亡，一方面自己在被內部通緝的狀態下仍將此項工作善始善終，親自把有關報告送到了國家人事部。

七、築牆隔不斷兄弟情

1989 年「兩會」期間，香港《鏡報》月刊主編徐四民邀請北京社會經濟科學探究所的陳子明、王軍濤、閔琦、劉衛華、陳小平座談，座談記錄稿由高瑜整理後發表在《鏡報》4 月號上，標題是〈將民主從街頭引向人民大會堂〉。4 月 19 日，我又在陳希同點名的座談會上潑了些冷水，對在天安門廣場上重複四五運動

表示悲哀。4 月 23 日，我在所裏召集的「十年反思」學術會議的
開場白中說：「從今年以來，或者是說從 88 年下半年以來，就
是出現了一個形勢越來越熱的趨勢。這兩天以來，可以說這熱度
達到了頂點，當然可能還沒有到達頂點，五四可能還會進一步升
高。那麼在這種情況下，我想雖然我們有些同志也會到天安門
去，我想在座的同志都會去過，我也會去。恐怕我們最主要的身
份還是思想理論界的人。安排和組織這樣一個會，是想強調一下
清醒，在大家頭腦都很熱的情況下強調一下清醒，也想強調一下
放鬆。」我們都很關注廣場上的事態發展，可並不想把自己捲進
去，因為我們有既定的工作方針，手頭的事情也很忙。軍濤是在
胡耀邦逝世之後，才結束在西北的考察返回北京的。

1989 年春天的合影（左起：謝小慶、王軍濤、陳子明、畢誼民）

但是不斷有學生來徵求我和軍濤的意見，我也專門就學運問
題到姑姑家請教過一次。我的姑姑陳爾玉和姑丈金雪南是四十年
代學生運動的過來人，我和軍濤則是七十年代學生運動的過來

人。我們根據過去的經驗教訓，對八十年代末的師弟們說：歷來的學生運動都是不可能持久的，一般的週期是在 20 天左右；因此必須做到有張有弛，能放能收，在啟動和進攻的時候就要想到怎樣撤退和收束；學運要有明確的訴求，不能得寸進尺，獅子大開口，讓人家沒有退路，自己最後也沒有臺階下；4.27 大遊行後，運動重心應由遊行集會罷課轉向政治對話和校內民主建設。

5 月 10 日，我和軍濤、程翔、張偉國與學生對話團團長項小吉及童屹等在北京飯店香港《文匯報》駐京辦事處見過一次面。項小吉問，假設政府在結社自由和新聞自由兩個要求中只能滿足一項時，學生應該如何取捨——是優先要求結社自由，即確認學生獨立組織的合法性，還是優先要求新聞自由。我的意見是：應當把爭取新聞自由放在第一位；在結社自由問題上，可以考慮接受一種妥協方案——不堅持要求政府承認「高自聯」，只要政府承認現有學生會領導機構通過自由競選產生，就可以滿足了。經過討論，與會者均同意這個意見。事實證明，中共領導層當時確已準備在新聞開放上有所讓步，胡啟立、芮杏文於 5 月 11—13 日前往《中國青年報》、《人民日報》、《光明日報》、新華社，與編輯記者們進行了對話，並作出了一些承諾，隨即體現在各報的版面上。

就在官民雙方開始走向良性互動的關鍵時刻，突然出現了學生絕食。陳子華在《浴火重生》（香港：明鏡出版社，2004 年版）中寫道：

> 5 月 13 日上午，北大絕食團進行了絕食宣誓，隨即開赴絕食地點天安門廣場。這就迫使當局迅速尋找與學生有效溝通的渠道。中共中央統戰部的陶

斯亮受閻明復之命，委託周舵、鄭也夫、李肅三人分乘統戰部的三部麵包車，立即出發去從事這一工作。

下午 3 點，鄭也夫首先來到經濟學週報社，他對王軍濤等人說，閻部長讓找你們出面斡旋，勸說學生撤離廣場，請你們馬上就去。當時，社經所正在召開所務會議，主持會議的陳子明請鄭也夫先回避一下，以便所務會議就此問題展開討論。陳子明反對參與斡旋，認為社經所團體對學生的影響力有限，在目前情況下斡旋成功的機會很小，不如集中精力從事團體已經規劃好的各項工作。但多數人認為事關重大，只要有一線希望就應當嘗試一下。經過表決，所務會議批准王軍濤、陳小平、閔琦三人以個人名義參與中央統戰部組織的斡旋活動。他們隨即搭乘鄭也夫帶來的統戰部麵包車去中國政法大學，將學生對話團負責人項小吉等一部分學生領袖帶到統戰部會議室參加對話。由此開始，社經所被深深地捲入了運動的旋渦中心。

當時所務會議的表決結果是 3：8，我是投反對票的 3 人之一，軍濤是投贊成票的 8 人之一。但是，這並不表明我們在對待學運的基本態度上有所不同，這只是在要不要接受統戰部邀請介入斡旋的具體做法上的分歧。希望運動能夠理性、負責任、有理有利有節，是我們貫穿始終的一致態度。

5 月 15 日，我和軍濤、閔琦、劉衛華到全國總工會大樓出席了一個座談會。後來，檢察院起訴書稱：「陳子明在《中國工

運》編輯部召開的名為『政治體制改革與工會』座談會上，為陰謀顛覆政府進一步製造輿論，並出謀劃策說：……『我建議，現在最好是醞釀，不要出臺總工會這張牌』，『戈巴契夫來之後看中央有什麼反映，再出這張牌』，『牌要一張一張出，不要一下都出光了』，『出光了也就沒什麼威懾了』，『最好是善用威懾』。」檢察院採用的那次講話的錄音文字材料，共有五處重大錯誤，甚至編造了「判」江澤民「死刑」這樣的話。經過我與法官和技術人員共同核對錄音帶和文字材料，判決書刪掉了涉及江澤民的文字，並把上面一段話改為：「『我建議，現在最好是醞釀，不要出臺總工會這張牌』，『牌要一張一張出，不要一下都出光了』，『出光了你也就沒甚麼威懾了』，『最好是善用威懾，少用力量』。」判決書沒有隱瞞我主張「少用力量」，但他們為了判我「顛覆政府罪」，自然不會全面引用我的話。我當時緊接著就說：現在還不具備力量碰撞的條件。不要馬上動員工人上街，一下子又提出許多新的要求。這次運動只要能夠取得一個哪怕是最小的實際成果，開一個民主運動不以失敗告終的先例，就應當鳴金收兵。

5月17日，軍濤寫了一篇「本報評論員」文章〈寫於大學生絕食第五天〉（載《經濟學週報》，1989年5月21日），系統闡述了我們對時局的主張：

我們曾預期北京學潮將趨於平息，一場危機有可能在祥和的氣氛中走向和解。然而，由於受傳統思維框架的約束，政府未能做出靈活反應，竟錯過良機，致使事態迅速擴大。

必須建立一種機制，適時適度地適應變動，進行自我調整，有效地公平地整合各類利益；從而實現政治穩定。這種體制，只能是民主憲政。所謂民主憲政，主要包含如下原則：（1）以個人作為政治活動的基本出發點和歸宿與不可剝奪的基本人權，（2）代議制與普選，（3）責任內閣的行政政府，（4）分權制衡的政治體制，（5）黨派鬥爭公開化、合法化、規則化、非暴力化與結社自由，（6）社會生活領域多樣化與政府權力有限性，（7）輿論自由與出版自由及資訊開放。對於中國而言，主要指重新界定各類政治設施（黨、政府、企業、社會團體、公民等）許可權，調整它們之間的關係，制定各自的運行規則。

在某種意義上說，學運的基本目標業已實現，這場愛國民主運動已取得社會各方廣泛支持；學生提出平等對話、現場直播的要求，也同中共13大政治報告中提出的「重大情況讓人民知道，重大問回輕人民討論」方針完全一致。政府固執己見，已經輸了理，使自身陷被動。

目前，政府處於一種職權責分離狀態，以致無所作為，進退維谷，成了不負責任的政府。一方面思維仍停留在舊的規範之中，造成對危機的反應能力太弱；另一方面，政府權威的弱化及政府責任程度下降，使得政府處理事情效率低下。這種狀態中政府權力的有效性更多表現在消極阻礙作用上。

由於近幾年構成社會中堅的主要階層利益相對
受損，不滿情緒蔓延在社會各層，嚴重的經濟問題
又加劇了這種情緒。同時由於中國社會中構成中產
階級的社會階層過於弱小和缺乏獨立意識，在社會
態勢中難以成為主導力量，這就使得社會不滿很容
易演進成不負責、不顧後果的激憤情緒。近幾天社
會形勢的發展已引起民眾情緒的分化，其中不乏激
憤者。激奮情緒的發展很容易外化成缺乏理智的行
為。這就給一些沒落社會勢力以可乘之機，不惜挑
起事端，孤注一擲，從而激化矛盾，令各方失去克
制。這是大學生和知識界所必須警惕的。因此，大學
生應堅持理性精神；採取明智而靈活的態度，迅速結
束絕食，打開僵持局面。

形勢危急！我們必須找到一條出路，不能自己
毀滅自己。最現實的選擇是在法律和秩序的軌道上
解決問題。任何人都無權對這場學運作出政治判
決，我們要求全國人大立即召開特別會議，根據憲
法確立的原則，通過合法程式，對學運性質進行評
議。將民主從馬路上引向人民大會堂！

學生絕食進入第五天以後，形勢越來越危急，來自方方面面對
我和軍濤的壓力也越來越大。我在二審〈自我辯護書〉中寫道：

有兩件事對我產生了影響，使我部分地鬆動了
不介入的一貫立場。其一，是一批我素來敬仰和欽

佩的著名經濟學家要求我和王軍濤出面，代表穩健
改革派知識份子與激進改革派知識份子競爭對青年
學生的影響，防止不負責任的政治舉動導致改革倒
退的悲劇。其二，是一位地位和名望都很高的自然
科學家直接向我個人發出呼籲，拜託我利用前「四五
英雄」的身份，救救青年學生的生命。老一輩科學家
對國事和青年的關懷使我深受感動，這是比中央統戰
部來找我的兩次邀請更有影響力的道義命令。

　　5 月 18 日上午，在薊門飯店的會上，我曾指
出，現在學潮席捲全國，規模越來越大，捲入的人
越來越多，它存在著兩種可能的前途，一種是推進
改革，皆大歡喜，一種是改革倒退，演成悲劇；從
目前的勢頭看，情緒日益亢奮，口號日趨激烈，後
一種可能性極大，因而很多知識界人士都很擔憂，
但是大家都在背後你推我，我推你，誰也不願意自
己出面說話，因為誰都知道出頭椽子先爛。但是形
勢卻非常需要知識份子中的先進分子站出來用理性
的聲音說話，首先影響學生，再通過學生影響全
國，使事態首先穩定下來，才有可能通過談判解決
問題。

　　我想，那麼多人來找我們，並不是認為我們就多麼有分量，
一出馬就能解決問題，而是在情急之下，即使是微不足道的稻
草，也要嘗試一把。在那麼多人為絕食學生、為陷於危機的國家
而痛心疾首、奔走呼號的時候，我們也不能太愛惜羽毛了。而周

舵所說「只有你和學生站在一起，才能影響學生」（他和劉曉波最後正是以這種方式在「六四」凌晨挽救了許多學生的生命），導致我下決心召集薊門飯店會議。

5月19日上午，經過激烈的辯論，我們說服了薊門飯店會議參加者，必須動員高校教師和各方面力量，採用非常規的辦法，把絕食學生強行帶離廣場。下午2時許，從薊門飯店趕赴天安門廣場的北京大學教師後援團張炳九打電話告訴我，已把11名絕食絕水的學生帶離現場。我感到十分欣慰，我們的努力開始見成效了。僅僅一個小時之後，我又接了一個電話，獲悉當局已經下令戒嚴。我不禁長歎了一口氣，我們不僅是徒勞一場，而且已經註定了犧牲的命運。然而，我和軍濤都已經不是第一次面對犧牲了。我們對自己在八九民運中所做的一切，無怨無悔。

我在〈自我辯護書〉中寫道：

> 如果要在政治上給「八九學潮」評功擺好，那麼我將贊同公檢法機關中不少人的共同看法，現在的安排抬高了我的地位，本人實難從命。因為陳希同1989年6月30日給學潮定調子的報告中提到我名字的地方唯有一處，而這一次的事情也沒有被寫進起訴書和判決書，因為我在這一次的言論實在與「動亂」沾不上邊。但是，如果是在法律上特意選擇了我來為「八九學潮」辯護，那末我會勇敢承受，絕不推辭。因為許多無辜的青年已經含冤九泉之下，許多神州赤子已經漂流異國他鄉，無法再在

法庭上為自己申辯了；作為活著留在國內的人，為他們辯白洗冤是歷史所賦予的義不容辭的責任。從某種意義上說，現在選定我和王軍濤作為主要被告人是一件好事。因為我們對含冤受屈抱有充分的思想準備，為了救學生出虎口，我們從一開始就估計到存在著「好心沒好報」的可能性，並不惜為此做出自我犧牲，現在不過是「果然如此」、「求仁得仁」而已。

如果讓我在人身自由和真理之間做出選擇，我將毫不猶豫地選擇後者。我摯愛我的妻子、父母、弟妹、朋友，盼望與他們早日團聚，共用天倫之樂；但是，我絕不會以犧牲真理，喪失人格作為交換代價。我提倡政治妥協、社會調和；但是我唾棄學術無定見，思想如飄萍，隨波逐流，朝楚暮秦。當然，我不是主張抱殘守缺，固執己見；人們的思想應當追隨時代的進步與學問的增長，但絕不應當由於屈從權力和追逐私利而改變信念。在這方面，中國同盟會、國民黨和共產黨的無數英烈早已為我樹立了楷模。「人生自古誰無死，留取丹心照汗青。」況且，現實離死還差得遠呢。

一句話，不論等待我的是怎樣的冤枉和不幸，我將報之以永遠自信的笑容，海洋般寬廣的善意和松柏一樣挺立的傲骨，始終堅信愛的偉力和熾熱將熔化最堅硬的磐石和最冰冷的心房。

軍濤在他膾炙人口的〈給辯護律師的陳情信〉中寫道：

　　本來，我不該在法庭上為「運動」中不該我負責的事情和觀點辯護，因為，如你們所知，我並不認同這個「運動」的方式；其實，對它駁雜的內容，我也很難苟同。但是，當我看到那麼多運動的領袖和發起人，在面對後果時，不敢負責任，詆毀運動時，我感到很難過，因為，這些代表人物固然因此可以少受痛苦，但是死者呢？那些死難者無法為自己進行任何辯解，無論我在死者活著時多麼不贊同他們的觀點和行為，但我相信，他們不少人是想為中國和人民、為真理和正義戰鬥，獻出了生命。當他們離開這個世界後，我不能再強調分歧、而應更多地崇敬他們的動機，那些活著的他們的同道不敢為他們辯護，他們於九泉之下不會瞑目的。為不使我的同胞含冤九泉，我決定利用我的機會為他們合理的、但當時處於政治利害考慮我不贊成的觀點辯護。我知道，這樣做會加重對我的處罰，但唯其如此，才能讓死者安息。因為，在他們灑下熱血的土地上，仍有同胞在最困難處境下，不避風險，仗義執言。在星期天（二月十日）我致審判長的一封信中，我寫道：中華民族的凝聚力，絕不是腦滿腸肥的政治家的空話，而是同胞間血肉相關、相濡以沫的尊敬、理解、信任、愛以及生者對死者的真誠的懷念——不計利害、功過、恩怨和卑尊的

懷念，請二位先生諒解我，因為這肯定給你們的辯護造成不利。

二位先生，當我受到不公正待遇時，我並不為制度或暫時的缺陷過於擔心，這些可以通過決策或立法在幾天內解決，我最關心的是，我們這個民族的精神道德水準的淪喪，儘管我對人情世故有所估價，但還是為大量證言的內容吃驚，我仍堅守承諾，當某些言行是帶來懲罰的原因時，我願承擔；一俟它們成為榮譽或利益時，我將還歷史本來面目，還給應有者！感謝你們在大量卷宗中，澄清了一些事實，這些事實，是我不可能在目前形勢下啟齒的——當我知道這些事實會給他人帶來什麼。我不太看重人的尊卑，但我很看重人的精神是否有貴族格調——高貴。純正的心靈，在中國，即使知識份子，都太缺少這些了，當政治形勢有壓力時，整整一個職業階層都能不顧或麻木職業良心，這真讓人受不了，特別是法律，這是最神聖、莊嚴的職業，大概僅次於宗教了。

我並不過分重視政見分歧；政見總是可以變化的，而且經常變化；我最看重虔敬、真誠的追求精神，一個民族的興衰榮辱，多少有繫於此。因此，我更希望中國人、特別是主宰文化知識的知識份子要更有出息！

於是，我和軍濤就成為公安部秦城監獄和北京市第二監獄中的一對難兄難弟。我倆都是「二進宮」，我是在 14 年前，他是

在 13 年前；我當時是在炮局監獄，他當時是在半步橋監獄；我在秦城的編號是 8923，他的編號是 8922（鮑彤是 8901，王之虹是 8924）。

在秦城監獄，我曾經聽到過軍濤從我的牢房門口走過時說話的聲音，但是沒有看到過他。因為我們這些重犯的門口，24 小時有武警站崗，每當你把眼睛湊到貓眼往外看的時候，他們就用手把瞭望孔擋住。我平時不會大聲說話，所以與我隔了好幾個牢房的軍濤，應該聽不到我的聲音。但是有一次，我曾經聲嘶力竭地與法官爭辯，關在我隔壁的吳稼祥聽得很清楚，不知道軍濤聽到了沒有。我對一審法官曾抱有好感，因為他答應了我的要求，和我一起聽了上面說過的那盤錄音帶，並改正了起訴書中的錯誤。我曾對他說：知道你們無權決定審判的結果，但是希望你們能夠依法走完審判的全過程，不要急急忙忙開庭宣了了事。他點頭稱是，表示一定會依照法律程式辦事。1991 年 2 月 7 日晚，法官突然來到秦城監獄，要把開庭通知送達我。我拒絕接收，對他們說：你們同意的過程還沒走完，律師還沒有與證人見面核對情況，我要求一些證人寫的證言還沒有拿到，不能匆忙開庭。我離開審訊室後，他們又追到我的監舍，一定要把開庭通知留下。我對他們說：如果你們把開庭通知留在監舍中，我就一頭碰到牆上，讓你們開不成庭。最後，他們只好把開庭通知拿走。由於我有這樣強硬的態度，後來法院開庭時，他們不想觸怒我，耽誤了開庭十分鐘，也沒能說服我不帶茶缸子出庭。當時有 4 台攝像機現場拍攝審訊過程，據說政治局委員也在收看直播。我在法庭上端著茶缸子，翹著二郎腿，還多次打斷法官讓他重讀證言（讀得太快，我記錄不下來），據說是史無先例的。

　　判刑之後，我和軍濤（13 年）、任睕町（7 年）、包遵信（5 年）、王丹（4 年）從秦城監獄轉到北京市第二監獄關押。獄方為了給我們一個下馬威，把我們關在專門用來懲罰違紀犯人的單人禁閉室，試圖讓我們「認罪悔罪」後，再把我們轉到普通牢房。環形排列的禁閉室共有三十幾個號子，當時只關了我們 5 個人，每隔幾個號子關一個人。他們沒有想到，這樣一來，反而給了我們一個互通訊息的機會。我和軍濤的號子距離最近，只要提高一點聲音，就能彼此聽到。老包、老任、王丹離我較遠，但也可以扯著嗓子互致問候。禁閉室的面積不足 4 平方米，卻有 5 米多高，對於我來說，最大的不方便是晚上無法看書。我從秦城監獄帶過去一些書，其中包括《辭海》和一套十本《簡明不列顛百科全書》等大部頭的書。到了晚上，一支 15 瓦白熾燈掛在房頂上，我踩在近一米高的大部頭書上站著看書，仍然不能看清書上的字跡。這樣，一天就有五六個小時不能有效利用了。我和軍濤商量，我們也要給獄方一個下馬威，於是就用砸牢門和高聲喊叫的方式「請」來了監獄長，要求解決照明問題。此後，我們一不高興，就砸牢門，搞得獄方非常惱火，但也拿我們沒什麼辦法。沒有上級的批准，他們不敢對我們用刑具。

　　1991 年 8 月 13 日是軍濤的接見日，但是他只見到父母而沒有見到妻子。當他意識到是獄方禁止妻子與他見面時，便要求見獄政科的人，讓他們說明禁止的理由。從下午到晚上幾次口頭要求沒有回音後，他就像往常一樣砸門以示抗議。晚上大約九點鐘，有十幾個從未見過面的獄政人員突然衝進禁閉室，強行給他帶上了手銬，並把他關到離我較遠的另一頭的號子裏（當時老包、老任、王丹已經離開了禁閉室）。軍濤當即宣佈，從即日起

開始絕食抗議。我對軍濤喊話，我暫時先不與你共同行動，我明天還要接見家屬。第二天，獄方來了很多人，讓我保證不向家屬透露軍濤絕食的情況，否則就取消這次接見。我說，我保證不說軍濤的情況，我只說我自己的情況。見到妹妹陳子華後，我對她說：鑒於我向獄方提出的各項要求未得到滿足，鑒於我的朋友受到獄方的虐待，鑒於獄方禁止我的妻子王之虹與我見面，我宣佈自即日起實行無限期絕食。

我們的家屬隨即向北京市公安局申請遊行示威，抗議監獄當局虐待自己的親人，並把我們絕食的消息廣而告之。在國際輿論、各國政府、港澳各界、海外民運人士表示強烈關注的情況下，當局不得不做出種種姿態和讓步。8 月 16 日晚，獄方給王軍濤摘掉了手銬。22 日，獄方帶王軍濤去勞改局下屬的濱河醫院檢查身體，確認他患有肝病。30 日，新華社播發了一篇報導，對軍濤和我在監獄的情況作了「詳細報導」。31 日，新華社向海外播發了記者訪問北京市第二監獄監獄長和濱河醫院醫務處主任的專稿，文中透露：「監獄當局已決定於日內把王軍濤轉到條件較好的一所監獄醫院作進一步檢查並進行必要治療。」9 月 2 日，軍濤被送到延慶監獄內的醫院病房居住。10 日，獄方在我的號子裏安裝了 40 瓦的日光燈，配備了看書用的小桌子。趁我在放風圈的時候，獄方對我的號子新貌進行了錄像，這個錄像被官方賣給外國新聞機構，幾天後在 BBC 電視臺等播放。14 日，恢復了我的正常接見，北京市勞改局負責人通過王之虹向我贈送了薄一波的新著《若干重大決策與事件的回顧（上卷）》，表示願意為我在獄中的學習研究提供方便。

陳子明在北京市第二監獄監舍

　　最為可笑的是，8 月 19 日晚，監獄當局為了阻斷我和軍濤喊話，在禁閉室通道內臨時壘起了一堵磚牆。這在中華人民共和國監獄史上，可以稱得上是破天荒的笑話。一堵牆就能阻斷我們兄弟之間的情誼和訊息嗎？事實上，同情我和軍濤的獄政人員，一直在我們之間傳遞消息。軍濤轉到延慶監獄後，我們之間相隔百里；軍濤於 1994 年 4 月「保外就醫」被送往美國後，我們之間相隔萬里。但是，「海內存知己，天涯若比鄰」，我們之間的兄弟情誼是永遠隔不斷的。

八、獨立路　正義路

　　軍濤 30 年堅持不懈所走的「獨立的道路」，究竟是一條什麼樣的路呢？

　　首先，是一條獨立於共產黨的道路。軍濤在〈「四五」運動的意義與啟示〉中指出：「四五運動是中華民族現代化進程中與鴉片戰爭、共產黨政權建立並列的又一個具有轉折意義的大事件。鴉片戰爭，開始了揚棄古老文明的現代化。共產黨政權，開始了背離人類主流文明發展方向的社會主義革命。而四五運動則開始了非共產黨化的新探索。」我在〈歷史大視野中的四五運動〉中指出：「如果說最近一百多年來的歷史主要是中國現代化的歷史，那麼以五四和四五為兩個轉捩點，可以將其分為三個階段：從自強運動至五四運動是第一階段，從五四運動至四五運動是第二階段，從四五運動以來是第三階段。第一階段是渾渾噩噩的現代化；從五四運動開始了對現代化模式的自覺選擇，但是卻走上一條疏離世界現代化主流的歧途；以四五運動為起點，逐漸放棄了以毛澤東為典型的錯誤路線，開始向世界現代化主流回歸。」迄今為止共產黨所走的道路，仍然是一條給中國人民帶來災難的錯誤道路。我們認為，回歸現代化主流，擁抱普世文明價值，維護中國本位利益，才是正確的道路。

　　早在 1980 年，我就起草了《全國人民代表大會組織法（建議草案）》及其說明〈為把全國人大建設成最高國家機關而奮鬥〉，曾用作李盛平、王軍濤、陳子華和我本人的競選材料。其中指出：

> 　　三權分立的原則，它固然是資產階級思想家在反對封建專制時所確立，但它不是資產階級的專利品，而是整個人類的財富。國內外的經驗教訓都證明，只要與人民大眾相分離的公共權力還存在，只要管理國家還是一種專門的職業，就必須實行權力

的平衡和相互制約，否則獨裁和專制的出現將是不
可避免。本《草案》……採納了三權分立的原則。
直接選舉權是公民最基本的民主權利之一。對於一
個大國來說，縣級離國家中樞權力機構還差得很
遠，如果選民僅能選舉縣級人大代表，他們就不會
感到自己是國家主人翁，也不會把選舉嚴肅看待。
事實上，他們也無法影響國家的政局。因此，縣級
直接選舉對選民的民主教育是十分有限的。我們認
為，應當制訂一個明確的計畫，逐步完成從間接選
舉制到直接選舉制的過渡。……在過渡期間，應制
定出版法、結社法、集會法，逐步擴大公民權利，
為直接選舉做好必要的準備工作。到第八屆全國人
大時，在全國普遍實行直接選舉制。

　　我們認為到第七屆人大時，可以由選民直接選
舉共和國主席。在這種體制下，主席直接負責政府
行政工作，取消總理的職位。實行與美國總統制相
類似的主席制……當人們從幾名候選人中選擇一位主
席時，注意的重心必然要落在他們的政治路線和施政
方針上，選民們就由此直接干預了國家的前途。

1989 年 5 月上旬，軍濤在接受香港《百姓》記者張潔鳳採訪
時說（載《百姓》半月刊，總第 192 期、193 期）：

　　天安門、民主牆時代，人們要推翻毛澤東的一
套，但新的應怎樣走，需要打大架，競選時提出的

框架就是，要考慮政權的人民性，應該保留民主牆、民辦報紙、民辦刊物，當時閔琦寫出版自由，胡平寫的言論自由，還有胡平當時準備寫結社自由，再有討論二院、三院、五院制，涉及整個國家的根本的原則。當時對天安門事件的反思就是為什麼會出現林彪四人幫時代，一是政治專制，一是思想迷信，認為應通過思想解放運動破除迷信，通過民主化來改變專制。

當時選舉法出來，我們主要是考慮怎樣能使中國一下子按照民主憲政的原則構成中央政體。那時候允許對國家體制有比較宏觀的設想，現在的基本原則、框架都定下來了。當然，我們現在可以按照民主憲政的原則來對現制度進行批判。

我認為中國的多黨制大概有三種發育模式，……當然，這得取決於共產黨，它要同意改，如果它不同意，說不定有一天人民將它衝破了。這是一次給共產黨的壓力和挑戰，也是給了它機會。

二三十年過去了，三權分立、直接選舉、多黨制，這些體現現代化主流文明的基本制度，一樣也還沒有實現。獨立的道路，仍然漫長而且荊棘叢生。

其次，獨立的道路，並不是共產黨的一個映射、一個反面鏡像。毛澤東說：「凡是敵人反對的，我們就要擁護；凡是敵人擁護的，我們就要反對。」遵循這種行為邏輯，就依然是被共產黨牽著鼻子走。「反共」本身並不構成一個標準，我們是用正義標

準、實踐標準來檢驗共產黨的所作所為，才得出「共產黨錯了」的結論。這不意味共產黨從來沒有做過好事。中共和國民政府、國際反法西斯陣營一起反對日本侵略，取得了中國抗戰的勝利；毛澤東與尼克森「一條線」反對北極熊，最終導致了「以蘇聯為首的社會主義陣營」的垮臺；這都是站在了歷史大潮流的一邊。我們是以中國人民和世界人民的利益為宗旨，不需要刻意與共產黨在每一個問題上「黑白分明」。既有部分的重疊，又有分歧與對立，這是一種政治的常態。

去年 8 月，我和丁子霖、劉曉波、包遵信、于浩成、鮑彤等人簽署聯名信，在「對能在自己的祖國舉辦（奧運）這樣一個象徵人類和平、友誼和公正的盛會」感到「自豪和歡欣」的同時，嚴正指出：「一個基本人權得不到尊重和保障的世界，只會是一個分裂而破碎的世界，不可能有尊嚴、平等與和睦。所以，那人人共用的『同一個夢想』不應該是別的，恰恰是《世界人權宣言》所規定的、《中華人民共和國憲法》所肯定的那些人人應享有的普世人權。……所以，我們認為，北京奧運的口號應該是：『同一個世界，同一個夢想，同樣的人權』」。

今年汶川大地震後，軍濤一方面立即在紐約街頭風雨中為災區受害同胞募捐，一方面寫文章向執政者問責，追究當局在地震預報、快速啟動國際救援、監督校舍建造方面的嚴重失職。他指出：

　　一個正義的、有活力的和不斷進步的社會需要一個全面動態平衡機制，既謹慎地維護社會的善意，也不斷積極地揭露和解決問題。這是一個社會政治上穩定和成熟的主要標誌之一。

在這樣的動態平衡機制中，有兩種人必須「政治掛帥」：一種是政治學者，另一種是反對派。他們的天然職責就是在每個災難出現或者每個公共事件中，都追問政治問題和政府應當承擔的責任。

反對派是政治生活中緊緊盯住政府的問題的政治力量。反對派的職責就是監督和批評政府，假定政府在一切行為中上都有作惡動機，分析政府在一切舉措和行為，揭露潛在的問題，提出替代政府的政策、人事和制度的方案；反對派的最高目標就是，經由主流民意合理認定的程式和方式，替換現有的政府。

沒有反對派，不僅永遠沒有超越政府局限的進步，而且缺乏競爭壓力導致政府更容易濫用權力造成更大的社會危害。有如那些開發新產品的廠家和投資者，反對派是開發新政治或推動政治變化的動力來源之一；他們承擔了開發新政治的所有代價，而社會可以享受新政治的好處。

第三，我們所謂的獨立的道路，不僅僅是指獨立的知識份子的道路，更是指獨立的政治反對派的道路。

獨立的知識份子，可以「眾人皆醉我獨醒」，可以獨自吟唱「陽春白雪」而無視「下里巴人」，可以只抱持價值倫理，「不自由，毋寧死」，「道不行，乘桴浮於海」。獨立的政治反對派，則要講責任倫理和政治效果。

獨立的知識份子，可以「躲進小樓成一統」，可以「以一人敵萬人」，可以在思想上永不妥協。獨立的政治反對派，則要著

眼於爭取大多數，並在必要時實行妥協。我在「六四」前夜為《經濟學週報》撰寫的社論（因報紙被封而未能刊出）中說：

> 以往的「革命傳統」片面強調政治堅定性、不屈不撓的鬥爭精神，而掩蓋了現實中常常難以避免的政治妥協──抗日戰爭初期的國共合作，抗美援朝戰爭最終簽署停戰協定……事實上，偉大的政治家不僅是敢於和善於鬥爭的政治家，也是敢於和善於妥協的政治家。為了國家和人民的最高利益，不惜「犧牲小我，成全大我」，這是政治家最值得稱道的一種美德。在新的民主政治體系中，以妥協求共識是題中應有之義；在新的民主政治文化中，以退讓求團結是一種基礎知識和基本訓練；在新的民主政治倫理中，敢於妥協、善於讓步應視為政治家的美德。

當然，與民眾水乳交融，從民間汲取道義和政治力量，不斷發展和壯大自己，永遠是政治反對派的第一要義。沒有政治實力，就根本談不到政治妥協。只有在八九民運那樣的場合，憲政民主派才有可能與中共講妥協。

王軍濤被流放美國前，從監獄直接押解到首都機場候機室

　　現在，軍濤已經被流放海外，我則處於最嚴密的監控之下，由我們自己來實施八十年代制定的團隊發展戰略，已經沒有了空間。但是，我們欣喜地看到，一代新人正在茁壯成長。他們比我們做得更多、更好。中國民主化的希望在年輕人身上。至於我和軍濤，我們將會在獨立路上繼續艱難跋涉，扮演最適合我們發揮作用的角色，為強盛、繁榮、民主、文明的中國而無怨無悔地奮鬥終身。

寫於 2008 年 5～6 月

附錄　朋友們的祝賀與感言

（子明按：〈銀婚感言〉寄給朋友們後，收到了許多熱情洋溢的祝賀與感言。我和之虹讀後深受感動，這麼多年來，正是朋友們的關懷和支持，才使我們能夠堅持走到今天。從中挑選了一部分，作為本書的附錄。）

之虹：

感人至深！！讀後感慨萬千！！

即被你們真摯的愛情深深打動——幾度感動得熱淚盈眶；又羨慕你們精彩的人生！

你們的婚姻堪稱楷模，雖然沒有花前月下的甜言蜜語，卻把愛情的堅貞演繹到極致！無論是你們婚前的坦誠相待，還是婚後之虹為子明的事業拋卻世人皆看好的官運前程；無論是子明頭戴光環還是面對驚濤駭浪；能為子明身陷囹圄出獄後又能為子明奔走呼號；擁有這麼傑出優秀的女性為妻，子明的驕傲對妻子的款款深情溢於言表，濃濃愛意深藏於字裏行間；之虹能成為中國最優秀的男人——魯迅先生稱之為「中國的脊樑」——子明的妻子是你的驕傲！能得到子明這麼深情的摯愛是你的幸福！最難能可貴的是你們在為理想而奮鬥的時候身邊有著摯愛的伴侶——不會孤獨——並給以力量！

此時也祝福你們幸福到金婚！到永遠！

欣平　2007.1.11

305

（我都不知道用什麼語言來表達，有什麼語言能夠表達，在這裏任何語言都顯得蒼白，還是我運用語言的能力實在有限！）

子明、之虹：

〈荊棘路，幸福路〉奉悉。

與你們僅一面之交，在北大側門，之虹駕車來去，更在點頭之間。

也夫曾數次說，中國，我們一代人中間，只有子明真是一條好漢，「閱書無數，曼德拉式的人物！」老何也數次說：「子明和之虹，不容易啊！年輕一代，給我最多的就是他倆！」我這裏兩部列印書稿《今日中國的保守主義》、《20世紀人類思想——進步主義與保守主義之間》，老何就說，主要是子明的作品，我掛名而已。去年八月，陪北明、劉小雁去同仁看望老何，他還甚健談，送我們出來時還說，什麼時候讓你和子明見一面。笑答，已經見過。心想，由老何介紹，在老何家裏見你們，可不一樣。前一天問丁東，說不要再打電話了，老何已不能回話，彌留之際了。我在重慶，第二天老何就真的走了，來不及送行。

在那家茶樓，子明英爽自如，與老何也夫的介紹和想像傳聞全無二致，由此感歎命運厚待斯人。而十數年風雨裏無數環節，只有你們自己才能如風吹江海，巨浪細波不忍遺漏。

屠格涅夫、赫爾岑和別爾嘉耶夫、梅烈日可夫斯基等俄國先知，也都先後把俄國的悲劇化為個人

生命形式，西方基督教十字架在十九和二十世紀俄國因此真正道成肉身。中國晚了一個世紀，但只要有這種擔當和化育功夫，任何時候都不晚。你們倆是我們一代的驕傲，我們時代無畏的候鳥。路正長，你們曾以自己的孤獨和高傲送走漫漫長夜，與你們同在跋涉的朋友，無分故人新知，識與不識，都將與你們同在。

　　新年來而又往，春節時至，一併祝福。

王康　鞠躬
2007 年 1 月 12 日　重慶

子明、之虹：

　　〈感懷〉還未讀完，已有許多感動。愛與命運連在一起，才有價值和意義。永遠為你們祝福！

（賀）延光　2007.01.12

子明：

　　衷心地為你和之虹祝福。

　　二十五年，風雨同行，矢志不渝，甘苦與共。在這多變的時代，你們分享有漫長而豐富的共同記憶。還有什麼能比它更寶貴？

　　願你們攜手向前，願我們早日相聚。

　　明天一定會到來。

你們的永遠的朋友　胡平
1 月 12 日

子明、之虹：

謝謝寄來你們的婚姻白皮書，還等著看金婚的。

高瑜　2007.1.12

〈感懷〉的感懷

三生有幸，80 年代中期，我得以結識中國的三座思想庫，按照時間順序是何家棟、王軍濤、陳子明。

交往多了自然也結識了他們的另一半。筆耕最勤的是子明，不斷有著述問世，90 年代畫地為牢的境遇下，竟然帶動了何家棟，使得這位幹了一輩子革命，寫了一輩子革命文學，當了半輩子右派的劉賓雁的老友，變成思想爆發的火山，兩個人一起合著政論文集。子明寫書著文，何家棟、王軍濤、還有他的妻子王之虹，都變成他書中的內容，因為這三個人都是他生活不可分割的部分。從中我們可以盡情體味到性情中人的性情之筆。

今天讀到子明寫的〈荊棘路，幸福路——銀婚感懷〉，令人的聯想和感懷太多了，雖然你們的很多事我都是知道的，見到的，聽何老告訴過的。子明能夠記錄下來，是交給 80 年代之後的中國歷史的一份個人遺產。你們的愛情、婚姻和改革、和六四、和牢獄、和軟禁緊緊相隨，你們一起披荊斬棘，銀婚之時回味幸福，這種幸福不是每個人都可能享受的。我彷彿看見何老緊緊擁抱著你們，

他含著幸福的淚水拍打著之虹的後背，對這個特殊的女兒表示父親的祝福。今天，我們所有人的幸福淚水都和你們灑在一起，朋友們會以真誠的愛送你們走向金婚之路。

高瑜

賀陳子明、王之虹銀婚之喜

1
青梅竹馬一鴛鴦，
鶼鰈情深對豺狼；
荊棘滿途過廿五，
斬盡荊棘有陽光。
2
九洲從來多災難，
百載犧牲為誰忙？
萬年老船出峽日，
子明之虹美名揚。

武宜三敬賀
二○○七年一月十二日於流浮山寨

子明：

　　收到你發來的〈感懷〉一文，非常感動。感動的倒不完全是你們曲折的人生經歷，甚至也不完全是你們的堅貞愛情，或許更多的是你們在經歷了這許多事情以後，依然那麼健康、自信。

作為晚生後輩，向你們致敬，並祝你和子虹大姐銀婚快樂，祝大姐生日快樂！

高超群上　2007.1.12

之虹，子明：

首先祝賀兩位銀婚。你們經歷的磨難多於常人，但是你們得到幸福也多於常人。

我印象中子明是個絕頂聰明的人。有一年在羊坊店地下室的時候，所裏買了一台彩色電視機，我們幾個人擠著調了半天沒調好，子明站在旁邊不做聲看著，一會擠過來，幾下就調好了。

子明給我的印象又很內向，有點工作狂。子明出來之前，之虹去探監，經常說的都是要給他找這樣資料找那樣資料。後來出來了，每次都說到用電腦寫東西的事。好像是之虹電腦用得更精通一些。

真沒想到子明內心的情感世界是如此的豐富，不亞於他的政治激情！看來要瞭解一個朋友，真的需要一生。

在此之前，我一直覺得在朋友們常常並提的兩個朋友中，子明人情味要少一些，軍濤則更是一個性情中人。看來，子明的人情味不少啊。至少對之虹不少。

其實我所知道的子明和之虹，也就是八十年代中到末的一段。讀這篇文章，知道了這之前和之後的一些事情。

子明這個〈感懷〉也是對一段生活的小結了。應該提提你們的兒子。

看來，子明值得我學習的地方還多了一條：對老婆要愛，還要表達，那怕有時候有點難於啟齒，還得說出來。

向子明學習！問之虹好。

最後，要感謝二位把這篇感人至深的文章發給我，令我有幸拜讀。

（張）明澍　2007.1.12

子明和之虹：你們好！

精彩的文章和動人的愛情故事，我和我的女友非常喜歡。我希望讀到你們的所有文章，請寄來更多的佳作。

劉剛　2007.1.12

子明、之虹：新年好！

〈感懷〉收到，但由於在哈爾濱出差，晚了兩天打開。你們的愛情生活是美好的，難得的，是你們雙方的福份。非常羨慕，也非常感動。真應該為你們的銀婚祝賀一下。等我們回北京後。

最近我們比較忙。業務上一直在哈爾濱做，初步開創了工作平臺。家裏事情也很多，王瑛的爸爸住到我們家來了，王瑛的女兒還有一個月分娩，因此也顧不上與你們聯繫。

春節前碰一次吧，給你們補辦銀婚紀念。

（周）為民、王瑛　1 月 12 日

子明：

收到郵件和〈感懷〉，讀時深深感動和敬佩。

代問之虹好

（徐）友漁　1月13日

子明：

讀完了全文，幾次熱淚盈眶！

朋友們多次談到，你之所以一直能保持身心「完好」，和之虹和你們的美滿婚姻關係重大，從這個意義上來說你是幸運的。當然之虹也是幸運的，一個女人得到物質的滿足並不難，但是在精神上能如此水乳交融太難得了。

祝賀你們的銀婚，祝福你們一生美滿！

徐曉　1月13日

昨晚剛返，已看到大作，尚未讀完。尊囑先覆。我想大家應該給你倆搞個活動，什麼是道德資源？這就是。

新年快樂

秦暉　1月13日

百年好合，廿載礪磨，銀婚誌喜，歲月如歌
恭賀子明、之虹

秦暉、金雁　2007.1.27

子明：你好！

談點不成熟的想法，僅供參考。

你發來的〈荊棘路，幸福路〉粗略地拜讀了一遍，恕我直言，內容很豐富，事情很感人，但實在沒有寫好。我的主要意見如下：

其一，你的眼界不夠寬，把你和之虹的銀婚僅僅看成是你們兩人之間的私事，是不對的。如果你們僅僅是一對普通的百姓，我無可挑剔，但你們不是。你們是為中華民族的民主運動英勇獻身的夫妻。你們不僅是生活上伴侶，你們還是事業上的同志，你們更是民主事業的戰友。凡是還有點良知的中國人都會尊重你們。短短的一篇文章遠不足以向人們表達你們這場銀婚的真實意義。

其二，文革以後，尤其自六四事件以來，中國的大多數民眾已經得了「恐政病」——恐懼政治、遠離政治。對於從事政治，決心為民主事業獻身的人，尤其是那些被當局劃進另冊的人，女士們是躲之唯恐不及，更別說與之共同生活，甘苦與共了。人們甚至把那些為民主事業奮鬥者視為不正常的人。當今的那些女士們，追求伴侶的條件無不是房子、車子、票子。之虹卻寧可選擇甘願為民主事業獻身的你，她的品格之高，她準備面對苦難的意志……這一切應該得到充分的表述。應該讓廣大的民眾知道，當今的中國還有這樣值得人們尊重的女性。

其三，建議把這篇文章擴充為一本書——你們的傳記。我想那將肯定是一本既富有思想性，同時更富有人情味，內容精彩、浪漫、妙趣橫生的書。僅就你們為中國民主運動所做出的巨大貢獻這一點，就已經為當今和今後的國人樹立了極為可貴的人生榜樣。

以上想法未必恰當，只當是發一時之感想吧！不妥之處請包含。

祝愉快，並代問之虹好。

曹志傑　1 月 15 日

子明、之虹：你們好。

首先祝賀你們銀婚幸福美滿，再祝你們生日快樂。看了子明的紀念文章，真情流露，感人至深，能像你們這樣夫妻相伴，大概是婚禮上最好的祝福了。

子明為國家民族奉獻一切，令人敬仰，之虹歷盡磨難，忠貞不移，使人欽佩。從你們身上不僅看到愛情，還看到責任，更看到中國的希望，有你們這樣的朋友，我一直引為驕傲。

多多保重，來日方長，文明不會遠隔，好人一生平安。

徐雲　1 月 16 日

子明：

　　報歉回信晚了。我只把你的大作轉發了多人，忘了還要回信。

　　你寫的東西讀起來非常熟悉，但又有點異樣：我們的生活原本非常平凡，但寫了出來，就既有國家和民族的命運，也有一代人的兒女情懷。

　　感謝你寫了下來。

　　我與新中國同年，內控的日子超過了四十年。我以後好像應該寫個東西留給後人，告訴他們什麼叫作「內控」，為什麼可以把「內控」視作貢獻。

　　我這裏還有你其他幾篇電子文稿，以王思睿署名的有大國之道，州政中國，團結在民主的旗幟下；直接署名的有政法系：與公民社會一起成長，拓展自由民主的本土資源。

　　若有別的作品也望發我。

　　問之虹好

　　新年快樂

（陳）樂波

子明和之虹：

　　這個信箱我基本不用，今天突然想起才打開看見你的文章，子明能寫這樣的文章對我來說好像西邊出太陽，不過事實上也早就應該有這樣的文章，但是你的文章究竟寫得如何，我還無法發表感想，因為無論如何我都打不開。再給我發一次吧，發到我常用的信箱，……這個信箱我天天都打開。一直

說和之虹一起過個生日，我是 1 月 11 日的生日啊，老是忘記，因為我都沒過生日，今年的生日還是一個朋友提醒了我我才想起來，已經是那一天了，就那樣過去了。日子過的好馬虎啊。祝你和之虹快樂幸福，你今生的福氣就是找到了之虹。

王小平　1 月 17 日

子明兄，您好！

感謝發來〈感懷〉一文，閱讀中幾欲感動失聲，淚奪盈眶。曾經在何家棟先生家和丁子霖老師家等處見過嫂子為你辛忙奔波，四處尋找書籍，供你獄中學用。在美國與軍濤和小平也議論過你們的遭遇和境況。你們的大義大仁大勇之為，必當激發和喚醒更多志士仁人奮起。在你們銀婚之際，誠祝安康幸福，為國民保重。

敬禮！

（杜）鋼建　1 月 18 日

一個月前的證婚詞

男女愛情最為純潔的，在於它在我們漫長的一生中，以簡單之極的力量把我們拔出了惡俗，我們卑微或許失敗的一生因此而得到了昇華。我們生發的愛情，應對了庸常的歲月、黑暗的社會和亂世。這種愛情，已經是並仍然是屬於林徽因女士的，已經是並仍然是屬於魯迅先生的，已經是並仍然是屬

316

於瞿秋白先生的，已經是並仍然是屬於王小波先生的。

　　男女愛情最為理性的，在於它在我們社會坎陷的歷史裏，以堅忍的心智守望了身體、存在乃至家園。這種愛情展示了生存自我設定的邊界，它以「少年夫妻老來伴」的愛情伴侶，驗證了人性的尊嚴和節制。這種愛情，已經是並仍然是屬於薩特波伏娃的，已經是並仍然是屬於千千萬萬無名無數的大眾。

　　男女愛情最為高尚、最為優秀的，在於它在我們人類漫長的進化史上，以水滴石穿的堅韌柔情，擊潰了專制、獸性的家國天下生活，它把人從家、國、天下中解放出來，使人回歸了人本身。在人本身的目的面前，家庭、家族、國家、部落甚至人生等等所謂的利益獲得都得回答它們各自的正當性。這種質疑並抗擊管制和異化的努力，最終更改了我們的婚姻家庭生活，使得自由、平等的觀念在近代以來即成為文明人的共識。傾國傾城的故事，「愛江山，更愛美人」的故事中西方一再上演。歷史學家們證實，農奴制、黑奴制、一夫多妻制、男權制、種族專制、國家專制，幾乎都是被人類的愛情率先也最絕決地拋棄了。

　　近代以來，愛情甚至抬起了它最柔弱的肩膀，譜寫了我們人類爭取自由最動人的樂章。從夏完淳、譚嗣同到林覺民，從俄國十二月黨人到捷克七

317

七憲章的參與者，到臺灣美麗島事件中的先進分子，愛情都成為為自由而戰最堅定的戰士。那些真正偉大的「天下為公」的革命家們，幾乎都跟愛情難解難分，從孫中山，到哈威爾，到曼德拉，都曾經「兒女情長」，這些英雄豪傑都有著心中「最柔軟的一塊」，當然，在他們的革命時代，愛情甚至化身為女性而無私地奉獻了一切。因此，在我們為民主社會的人性實績表示祝賀和憧憬的同時，我們確知，其中有愛情的犧牲和實現。

　　直到今天，愛情仍在爭取解放的人類歷史裏充當尖兵。在婚姻、政權、家庭、人性的專制和黑暗面前，愛情顯示了它那不可思議、不可稱量的力量，愛情的自信自覺足與日月同輝。專制壓迫到極致，愛到極致；社會黑暗到傷害，愛到傷害並回應了傷害。在我們當代的大陸中國，這種解放仍在進行，除了性獨立出來顛覆、嘲笑社會成見和專制生活外，最優美、最純潔、最堅不可摧的力量不是自由主義的觀念、不是 NGO 的實踐、不是中產階級的發育，而是愛情。我們當代中國人可傳可誦的愛情，都是這種人生正義跟社會正義的完美結合，都是對我們自身充分個體化又充分社會化的最好解答。這種愛情，已經是並仍然是屬於高爾泰先生浦小雨女士的，已經是並仍然是屬於陳子明先生王之虹女士的，已經是並仍然是屬於劉曉波先生劉霞女士的，已經是並仍然是屬於胡佳先生曾金

燕女士的，已經是並仍然是屬於陳光誠先生袁偉靜女士的。

今天，我們在這裏，懷著感謝的心來祝賀郭玉閃先生和潘海霞女士，祝賀他們參與榮耀了我們當代中國人的愛情。

余世存　1月20日

子明兄，你好！

多年來，一直注視著你們伉儷的奮鬥和命運！兄在法庭上的凜然大義和之虹媲美十二月黨人妻子的高尚堅貞，都深深激動著我們！在沒有英雄的時代，你們就是英雄！你們的腳印已經深深刻印在我們民族苦難的歷史之中。

我和北明希望有朝一日能夠在美國接待你們！

有何指教，請示下。

北明附筆問候！

鄭義　1月24日

子明兄：

謝謝你的文章。近日我雜事纏身，未能及時回覆，殊為抱歉！

北明同我早已拜讀過了。生出很多感慨，主要是敬重。你們理想加愛情的生涯，即便在我們這一代人中，也是不可多得的，令人羨慕，景仰的。

25年共同生活，走過了多少艱險，創造出多少輝煌！你們是值得驕傲自豪的！人生不易。在暴政

319

之下，多少家庭就這樣破碎了。劉賓雁見老友，第一句話就是：家庭破裂了沒有？家庭還在就好！——可見右派一代，家庭破裂的有多少！文章的題目甚好，荊棘之路，正是光榮之路！能贏的這種光榮的，堪稱人傑。

北明特別感歎道：之虹及許多 89 繫獄者妻子，完全不比十二月黨人妻子們差。共產黨比當年的沙皇政府要兇殘多了！

我們始終關注著你們，並以你們為驕傲！

我們的書寫得早，都是手寫稿本，要變成電子書很費勁。又沒有時間，就拖下來了。

祝好！

北明附筆問候！

鄭義　1 月 29 日

留取丹心照汗青
——讀〈銀婚感懷〉隨感

張平

今年 1 月是子明 55 歲生日，之虹 50 歲生日，同時也是他們銀婚 25 周年紀念。讀了〈銀婚感懷〉我浮想聯翩，感慨萬千，歷歷往事彷彿就在昨天。特別是再過幾個月就是「六四」18 周年紀念日了，一直埋藏在我心底二十幾年、十幾年的許多話方吐

320

為快。作為一個歷史見證人，一個多病纏身的老人，我有責任有義務，憑著自己的良知把被淹沒的歷史講述出來，告知後人並留給未來。

一、從「敕封英雄」到人民英雄

　　1979 天，有一群年輕人集合在西單民主牆邊，這就是後來很著名的青年民主社團《北京之春》。我是「黃埔二期」生，即《北京之春》印製第二期「非法期刊」時經過嚴江征先生（後來著名的社會活動家、大陸中國探險事業的創始人）介紹加入《北京之春》的。為此，我終身感激嚴江征大哥，感激他把我引向了一條無怨無悔、充滿荊棘的路。
　　《北京之春》編輯部的大多數成員都是中共當局於 1976 年「天安門廣場反革命事件」平反之後，「欽定」的「四五英雄」。
　　作為一個「上山入夥」較晚的小夥計，一名後學，我對編輯部裏這些「四五英雄」從內心裏是普遍尊敬的，是佩服的。
　　但是，另一方面我對當局的「任命」和「敕封」又有自己不同的看法。我認為當局以抓入監獄為標準劃線，劃分英雄的標準。這就有些「世無英雄，遂使豎子成名」的味道了。歷史真實是，許多沒有抓住的漏網之魚也是英雄。例如王立山先生，即那位「欲悲鬧鬼叫，……劍出鞘」的詩作者。

　　例如李盛平先生，他當時率先送了一塊很大的匾，放在紀念碑的浮雕上面，使過路人從長安街的遠處就可以看見，上面寫著「民族英魂」，這個寓意很明顯，就是抬周抑毛。這在當時起到了很大的煽動作用。

　　例如嚴江征先生，他不但寫下了一組用詞造句優美的「反動詩詞」，而且在「四五運動」期間上竄下跳，到處串聯。1978 年夏天，那時還是華國鋒「兩個凡是」時期，我倆兒許多天躺在天山最高峰托木爾峰雪線附近中國登山科學考察隊營地附近的草地上，我們一起回顧悲壯的「天安門反革命事件」，一起批判毛澤東。嚴江征對我一首接一首的背誦他創作的矛頭直指四人幫的詩詞，之後又背誦了許多俄國詩人赫爾岑和許多俄國十二月黨人創作的詩篇。當時他一臉凝重，憂國憂民之心溢於言表。近 30 年過去了，至今我還記得他背誦的其中的名句：「沒有人強迫我們，是我們自己選擇了這條充滿荊棘的路，……」。「每當我想起俄羅斯，都止不住熱淚盈眶，……」。他莊重的對我說，「誰能救中國，今後我就跟誰走」。我沒有嚴江征那些才氣，當時我只背誦了聞一多的〈一句話〉：「……這話叫我今天是怎麼說？你不信鐵樹開花也可，那麼有一句話你聽著：等火山忍不住了緘默，不要發抖、伸舌頭、頓腳，等到春天裏一個霹靂，爆一聲：咱們的中國！」

在那一刻我就認定了嚴江征是一個有膽有識，有才華，人品高尚富有正義感的值得充分信任的人。作為一個共軍高級將領後代（而且是中央紅軍嫡系將領，四五運動時擔任軍中要職），他投身四五運動反對四人幫不是出於個人私利，而是出於國家興亡匹夫有責的歷史責任感。嚴江征和李盛平等人不是「敕封英雄」，而是「人民英雄」。

1976 年 10 月「一舉粉碎四人幫」之後，陸續從北京的各監獄和拘留所裏釋放出 388 人，這些人後來被當局「敕封」為「天安門英雄」。其實，這些人在當時就大致區分為三種人：一種是保周（恩來）英雄；一種是反四人幫英雄；一種是反毛澤東，反專制，求民主的英雄。因此，「天安門英雄」這個大集體的個人含金量具有很大的不同。前兩種人大約占了總數的 90%（是當局能給他們「敕封」的根本原因和當時中共黨內政治鬥爭的形勢需要），第三種人只是極少數。前兩種人滿足了敕封的英雄稱號，或者是在飽嚐了鐵窗之苦和嚴刑拷打之後停止不前了。第三種人不識當局「敕封」的抬舉，走向了西單民主牆。同時也就開始實現了由敕封英雄向人民英雄的轉變。《北京之春》社團聚合了大多數從天安門廣場走向西單民主牆的敕封英雄。這是「北京之春」社團與西單民主牆下其他社團的最大不同。

在我加入北京之春社團的幾乎同時，我又加入
了劉會遠（谷牧之子，後來成為深圳「六四」首犯
之一）發起的「五星月刊」（當時的暫定名）社
團。活動地點在百萬莊國家建委招待所的一個小會
議室裏。主要成員有：張過平（當時是中央廣播電
臺記者，汪東興的外甥，兩年後考上美國時任卡特
總統的國家安全事務助理布熱津斯基先生的研究生
去了美國，並因此被當時的中紀委和相關部門立案
偵查）、秦小鷹（知名作家、現任外交部長李肇星
的內弟）、劉青（後來任《中國農民日報》的記者
部主任，是因「六四」事件被「農民日報」開除公
職的唯一人員）、沈志華（後來是著名作家、出版
家）、郭路生（著名詩人，李立三的女婿）等人。
這些人都是文革前的老高中生，清一色的高幹子
弟，清一色的當年「聯動分子」。而我只是社團裏
一個小兄弟。

　　《五星月刊》社團在當時西單民主牆時期是思
想解放走在最前衛的社團之一。如果按照當局那時
期的標準衡量，完全夠得上是一個反革命小集團
案。我們討論的議題有：中國如何走向多黨制？至
今我還記得當年劉會遠說過，「文化大革命中各地
分裂出的兩大派組織，是兩黨制的基礎和雛形」。
重大議題還有中國的私有化問題，國企改造問題等
等。張過平提出說，「國企改造的第一步是取消工
廠企業裏的黨組織」；「私有化的第一步是從股份

制開始」。針對當時的「真理大討論」，遇平寫了一篇〈實踐不是檢驗真理的唯一標準〉，文章寫得很有水平。大家還討論了應允許共產黨內的派別合法化等等議題。那時我們還接觸外國記者，一起座談討論並瞭解外部世界的情況。我們接觸的是東歐社會主義國家的記者，（那時北京還沒有西方常駐記者）。我至今記得秦小鷹在友誼賓館公寓樓的套房客廳裏用簡單英語與東德記者交談的風采。郭路生朗誦他尚未發表的新作〈相信未來，相信生命〉，那時，誰能想到 10 年後的「未來」是機槍掃射，坦克壓人的血腥鎮壓？青年大學生為了愛國而失去「生命」？

好景不長，沒過多久，當局發了黨內秘密文件，不許高幹子弟參與西單民主牆的活動。與此同時魏京生、傅月華、劉青（四五論壇）等人先後被捕。在這種政治形勢發生逆轉的情況下，五星社團的同仁們葉公好龍，出於階級立場的本能，放棄了對真理的追求，放棄了對民主自由的奮鬥，五星月刊社團解散了。類似情況還有鍾家倫組織的社團。

滄海橫流方顯出英雄本色。北京之春社團雖然也有幾個成員黯然退出了，但是大多數人臨危不懼，不改初衷，繼續奮鬥。體現出由敕封英雄向人民英雄的歷史轉變。

平心而論，在當時，北京之春社團在成員總體思想理論水平的高度和認識中國社會問題的深度上

不如五星月刊社團。原因是多方面的：在年齡、閱歷方面，之春社團是以文革前的老初中生為主；成員之間年齡差距過大，老大哥與小弟弟之間差 15 歲。五星社團除我以外幾乎都是老高中生。五星社團成員之間關係深厚，相互信任感強，所以在交流中很快能深入下去。就背景方面，五星社團的人大多能搞到供應高幹的內部發行的禁書，多吃了「禁果」自身營養較好。但是就個案而言，我印象最深的，達到了這個思想理論高度的就是陳子明。

那時，北京之春的常設活動據點是位於西城區三裏河閔琦的家。我至今仍清晰地記得，在一次星期日的例會上，子明首先宣讀了他寫的一篇文章，內容是關於改革共產黨的。其中講到黨產與國家財產的分離問題，共產黨的活動經費應該限於黨費收入，不能濫用國家財政開支等等。出於種種原因，這篇文章沒有在會議上展開討論，可是文章給我的震動很大，那時我就認定了這個認識時間不長的小老兄不簡單，不平凡，屬於出類拔萃之類的人物。

原因不複雜，陳子明的外表與他的思想觀點、內心世界之間形成了巨大的反差，當時之春社團裏的人在著裝上有幾個最不重儀表的其中就有子明。再者，子明作為曾被開除的學生被平反後，此時正在化工學院補習學業，在緊張的學習之外能寫出這樣的文章絕不是一朝一夕的功夫，而且文章之外的餘音就「深」了。特別是之春社團成員之間基本上

都是認識時間不長沒有歷史淵源，尚談不上私交的時段下，能這樣旗幟鮮明地在沙龍式的討論會上向眾人亮出自己內心深處的觀點，這本身就是一種凜然大氣，一種大家風範，一種貴族精神。再聯繫當時鄧小平已經發表了四個堅持的講話這個大背景，按照當局的標準定性子明為現行反革命分子一點也不冤枉他。從那時開始我就主動多接觸子明，多瞭解子明。

那時子明的家住在禮士路南口，我住在阜城門外，兩人相距不遠接觸方便。在交往中我知道了他的一個重大經歷。

在 1976 年四五運動中，在 4 月 5 日爆發天安門廣場反革命事件之前，區別於寫詩詞這種性質為個體性的行為，曾經發生過的群體反抗事件中，4 月 4 日晚上，在紀念碑西北角台基上貼出〈第十一次路線鬥爭〉的小字報事件是一個四五總爆發之前的最高潮。

4 月 4 日是星期日，白天大概有上百萬人去了天安門廣場，有單位集體去的，有朋友聚合去的，也有全家集體去的。我是與商業部同宿舍的鄰居青年十幾人聚合去的。晚飯後閒著沒事，大家又聚在一起聊白天的事，興奮之餘我們五、六個人又騎車到了廣場。大約在晚 10 點左右，那時廣場上的人已經不多了，只有紀念碑西北角一帶的人最多，有好幾千人站在圈兒外旁觀，其中不乏中年人，現場氣

氛肅殺，空氣中充滿火藥味，便衣員警混雜很多，
（因為我的同學、戰友裏有多人是幹員警的，我瞭
解這些人）。在緊貼著紀念碑台基的圈兒裏有幾百
人在同聲重複喊讀著〈第十一次路線鬥爭〉小字
報，文章的矛頭直指江青，說她是第十一次路線鬥
爭的壞頭頭，號召人民起來鬥爭。那時尚沒有「四
人幫」的說法，而無論是從夫妻關係角度還是從政
治宣傳角度，或是文革十年歷史事實角度看，江青
是與毛澤東聯繫在一起的。江青在公眾場合出現都
是代表毛澤東看望「小將們」、「貧下中農們」、
「解放軍指戰員們」，無數次的接見都有許多「中
央首長」陪同，可是沒有一次一個人站出來指出，
江青不代表毛澤東。周恩來反而多次帶頭高呼口
號：「向江青同志學習！向江青同志致敬！」

　　我站在那裏心想，圈兒裏喊讀小字報的人都夠
現行反革命份子，圈外的便衣就在旁邊等著捉人
那。五年前（1971 年）我和劉會遠、張遏平等人在
部隊裏就一起罵毛澤東，詛咒他不死。眼前幾百人
一起攻擊江青，這是把矛頭直指毛澤東。當時心情
激動，熱血沸騰。此時整個廣場寂靜無別的聲音，
只有這幾百人同聲吶喊攻擊江青的怒吼聲，響徹廣
場，刺向黑暗的夜空。我們幾人猶豫了一會兒，一
咬牙都鑽進了人群，我一直擠到紀念碑基座的牆
邊，這才發現原來小字報是由一個人先大聲讀出
來，再傳給周圍的人重複著喊讀。我一邊跟著喊讀

一邊想，那第一個喊讀的人是個膽大包天的人，是個真英雄，抓住後二話沒有，不用審肯定砍頭。自己當時沒有膽量承擔這種殺頭的生命風險。心裏頭對這個喊話的第一人很佩服。當然，這個第一人應該不是一個人，因為核心圈裏太擠了太熱了，一會兒就熱的大汗淋淋，那時的節氣還是穿棉衣的時候。而且喊的時間太長嗓子也受不了。因此現場的情況就像一個人的心臟那樣收縮擴張，收縮擴張。擴張，是裏面喊累了的人，熱壞了的人擠出來，更主要的原因是絕大多數人那時對毛澤東都存在恐懼感，毛澤東──共產黨──無產階級專政──鎮壓──反革命──監獄──殺頭，這在邏輯上和現實生活中是一脈相承的。趨利避害是一般人的本能，所以，儘快離開這個兇險之地的心裏動機加快了收縮擴張流動的頻率。我參加喊讀出來之後，並未馬上離去，反復在人群裏穿插觀察局勢，當時現場並沒有抓人，我認為主要原因是便衣們需要上級的命令。後來我到事先約定的集合地點與朋友們會合後就回家了。

　　陳子明就是那個第一個喊話的捨身飼虎為主義獻身的拼命三郎，具有「百萬軍中取敵酋首級」的大英雄氣概。後來我又從孫慶祝那裏瞭解到，四月五日中午他們四人去天安門廣場首都工人民兵指揮部裏談判（即後來著名的四五談判代表）是子明領的頭，是他作為首席代表交涉的。他不但具有超人

329

的膽略而且他還具有深刻的思想與淵博的知識。這
就使他成為英雄圈裏拔出來的英雄。我對他的敬佩
更大大的加深了。

　　後來，在形勢更進一步的惡化之後，北京之春
社團也被迫解散了。社團散了，但是人員並沒有散
去。我與子明還保持著來往。在交流中我進一步瞭
解到，子明看過許多書，讀過《資本論》、伯恩斯
坦的書、考斯基的書，涉獵非常廣泛，知識淵博，
文科理科都很精通。他這個人不講吃不講穿，不貪
財不好色，具有過人的沈著冷靜，遇事不情緒化，
氣量大，重信義、講義氣、綜合素質極高，具有領
袖風範。領袖不是自封的，是在鬥爭中產生的。

二、從英雄到大英雄

　　黑格爾說過，產生英雄的時代是悲劇的時代。
俗話說，家貧出孝子，國破見忠臣。大悲劇時代、
大動盪時代才會產生大英雄。

　　隨著中國改革開放的步伐加快與進展，以子明
為主幹 1986 年創建了北京社會經濟科學研究所為龍
頭的企事業集團。子明是這個集團的最高領導人。
1987 年夏天我從國營單位下海後加入這個集團，成
為一個部門的負責人，歸子明直接領導。

　　那時集團已經聚集了幾百人，可以說是人才濟
濟，是當時大陸中國與北京最大的民間科研與政治
社團。集中了自 1976 年四五運動、西單民主牆運

動、高校競選運動產生出來的各種骨幹力量。還有一批高校的青年教師和博士生與國家科研單位的骨幹研究人員。

任晥町出獄後生活困難，子明把他的妻子張鳳穎安排在所裏當出納。公安部副部長親自找劉剛的父親談話讓他把兒子帶離北京，劉剛在北京無處可以立足，子明給他在所裏安排了工作和住處。那時我和劉迪都常駐研究所裏，劉迪幾次對我說，「子明不容易，沒有子明建立起水泊梁山，哪來的今天大聚義」。

「各路諸侯」聚在一起，由於年齡、性格、學識、經歷、素質、志向的差異，客觀上需要一個磨合期。分歧、矛盾、誤會、爭論是在所難免的。子明作為最高領導，化解矛盾、消除誤會、引導爭論、加強團結作了大量的工作，有時很艱難，委曲求全很不容易。

回憶往事今天看來，出現上述情況有多種原因：

鄧小平說，改革開放是摸著石頭過河。中國的民主化進程也是要摸著石頭過河，沒有現成的方案模式可以照搬。作為民間的科研學術團體，思想自由是必須堅持的原則。所以分歧在所難免。

當時全中國都處在經商的大潮之中，我們這個集團一方面要解決謀生問題，沒有人白給一分錢贊助一分錢；另一方面社會調查、學術研究、出書立說又需要大量經費。這兩者之間存在著二律背反。

　　解決生計問題需要一套班子一套人馬，這支隊伍是由王之虹領軍的，許多人是由之虹原公司帶過來的，是創業創收的有功之臣。另一支隊伍的許多人是與子明多年風風雨雨闖過來的老戰友、老難友、老朋友或者是被事業感召慕名而來的四海人才。

　　兩方面的人融合在一起，在待遇、責任、分工、職務等方面產生諸多矛盾在所難免。據我瞭解，大家對陳子華、于國祿沒什麼矛盾。于國祿為人隨和、謙虛，有人緣。陳子華是女中豪傑，她在商學院上學時參加高校競選時是獨立參選人，這在當時是鳳毛麟角的，也是難能可貴的。她被「老同志」們認作「自己人」，當作小妹妹。當時所謂「家族統治」與子華、國祿無關。

　　「老同志」們與「公司派」之間發生矛盾，必然要導致到王之虹身上，她是集團行政、後勤的主要領導人。

　　其實各有各的問題，各有各的道理。「公司派」的人認為自己創業有功。「老同志」們擺老資格，同時認為自己是衝著子明來的，是加入推動中國民主大業來的。不是沖你之虹「要飯」來的。其中許多人個性都很強，一些人又是從當局監獄裏淌腳鐐出來的，死刑犯都有幾個。私交上認為自己和子明並肩戰鬥時還沒你王之虹什麼事吶。如今還要看著你手下的人臉色辦事心裏氣不忿。

其實大家承認，之虹是個女強人，很聰明、辦事很果斷潑辣，有組織能力。她為集團的創立、發展做出了很大的貢獻，這都是難能可貴的。可是，那時之虹才 27、8 歲，只是一個女青年，她的經驗、閱歷尚不是很成熟，處理問題不能說是盡善盡美。

我當時出於自身的來路經歷，情感上自然是完全站在「老同志」一邊。在當時對之虹也心存成見，事後看來是我錯怪了之虹，在此我借此機會向之虹道歉。

做人應該襟懷坦蕩光明磊落，我不願搞那些背後嘀嘀咕咕的小動作，就在一次與子明個別交談工作之後，帶著疑問直接了當向子明明確提出了所謂「家族統治」問題。子明當時很嚴肅，鄭重地對我說，「你應該相信我，你知道我是立志要為中國的民主事業獻身的人，大家最終會明白我的所作所為」。我當時還想，如果我不相信子明的話我就不會向他說這件事，子明自己可能也有點誤會。當水混沌的時候不要急，慢慢會澄清的。

後來就發生了之虹忍痛淡出集團決策圈的事情。這與一批「老同志」以不同的方式向子明施加了壓力是有必然聯繫的。客觀上我也參與了這件事。之虹淡出的事發生後我內心有些不落忍。但從另一角度看，我對子明更加佩服了。他所作的不是常人所能作出來的。

　　那時集團辦的有函授大學，子明掌控著上千萬的資金，可是我幾次到他家裏去彙報工作趕上吃飯時，都是他親手下兩碗掛麵（或陽春麵）一人一碗，邊吃邊談。有時去晚一點趕上他在吃飯，自己也是一碗掛麵。朋友們都知道他就是這樣的人，根本不是裝出來的。多少年穿的始終是樸樸素素，家裏還是那幾件舊傢俱。「富貴不淫」他是真正不打折扣做到了的。「貧賤不移」是我觀察他近 30 年從不帶水分的，在任何逆境中，困境時，他都不墜青雲之志。「威武不屈」是億萬中國人民都看到了的。子明身上值得我學習的東西太多了。

　　林則徐說過，「觀操守在利害時，觀精力在饑疲時，觀度量在喜怒時，觀存養在紛華時，觀鎮定在震驚時」。子明的操守、度量、鎮定和存養是出類拔萃的，他是那種可以承受住大富貴，大苦難，大風浪，大悲歡，大離合，生生死死反覆考驗的特殊之人。這些不但在幾次歷史關頭和大風浪中已經體現出來，也可以在許許多多日常生活瑣事中體現出來。他不但對朋友們普遍很寬容，容忍別人的缺點、弱點，而且能夠承受別人對他的誤解，忍別人所不能忍。他從不在背後議論別人的是是非非，總是看到別人的長處。他對人有情有意，一付古道熱腸。有一個他的老朋友告訴我，前些年子明在服刑中得了絕症，手術出院後他保外就醫，馬上給這位老朋友打電話，問寒問暖問困難問老人好，子明的語氣即親切又鎮定，使他即感動

又佩服。我也記得，19 年前的夏天，在一個學術討論會上，子明與廣州來的李正天先生（原文革中著名的「李一哲大字報」的主筆之一）不期而遇，為了等李正天交流，子明在正天先生的座位旁邊站立了 20 分鐘，表現出子明對這位老大哥和前輩的極大尊重。當時我就在旁邊目睹了這一幕。那時子明已經是大名人了，他之所以這樣謙虛，是他對歷史的尊重，對中國民主事業的尊重，我當時看得出來子明是發自內心的。子明在服刑保外就醫期間，自身環境惡劣，重病在身，生計為艱，可他還是擠出自己有限的生活費接濟別的難友，當時我心裏既敬佩又難過，又感動。

子明為中國的民主自由事業，為中華民族復興，為六四死難烈士們，他敢於拋頭顱敢於灑熱血，他為我們這個苦難的民族奮鬥 30 多年了，這次 13 年大獄他把牢底坐穿了！再加上 4 年沒有自由的嚴密警衛管制，在 17 年之中，他讀破了萬卷書，魂穿中華五千年，洞察環球八萬里，著作幾乎等身。真是太難能可貴了。子明是中國人民的好兒子，是當之無愧的中華民族的脊樑，是一個大英雄。

在子明與之虹銀婚的今天，我衷心祝願他們健康，快樂，幸福，長壽，看到自己為之奮鬥的宏大理想早日實現。

絜西德勒！

2007 年 1 月 26 日

《釵頭鳳》二首
——為子明、之虹銀婚賀

命相依，情長久，肝膽同源魂魄守。斯里弄，兩人
家，別去江南，牽手年華。緣！緣！緣！

草青青，寒風驟，七六七九又八九。槍聲落，長安
街，人生幾度，十年離索。破！破！破！

續絕學，牢坐透，落難等身陪左右。小湯山，功德
林，陰霾蔽日，天地人間。寒！寒！寒！

山河在，今非昨，全球一體還中國。轉乾坤，民安
樂，金婚把酒，小看城郭。賀！賀！賀！

孫慶祝　2007 年 1 月 26 日

子明：您好！

　　很高興接到您的來信，很高興拜讀您關於您與
之虹美滿婚姻的大作！

　　茲賦長短句六首，祝賀您和之虹的銀婚紀念！

　　我由於電腦遭到嚴重破壞，不得不乘 2 個小時
的火車，送到哥本哈根來請人修理。為了不錯過您
們 07 年 1 月份的假期，這封信是我在朋友家早起寫
的。祝您們

　　萬事如意、心想事成！

爾晉　2007-1-28 日

祝賀陳子明王之虹銀婚兼及其他（仿蝶戀花長短句六首）

陳泱潮（陳爾晉）2007-1-28

小序

　　余自 1981 年 4 月，被中共當作「全國非法刊物非法組織『反革命集團首犯』」抓捕後，和子明失去聯繫已經 26 年。日前讀其〈銀婚感懷：荊棘路，幸福路〉，感慨繫之！不禁即書此長短句六首以為祝賀和紀念。

一、逢佳期
　　○七一月是佳期，
　　子明之虹，
　　銀婚且雙生（注1）。
　　誰說我輩無幸福？
　　請君一讀《荊棘路》。

　　歷史大幕拉開處，
　　金童玉女，，
　　譜寫愛情賦。
　　荊棘叢中參天樹，
　　挺拔屹立枝葉茂！

二、成絕唱
　　讀到子明自薦處，
　　開懷大笑，
　　好個快婿也！
　　甚難得青梅竹馬，
　　世交之緣情誼重。

　　情真意切重承諾，

337

交心獻身，
一生廝守住。
縱即使鐵鏈鎖身，
相濡以沫成絕唱！

三、上上選

欲成大事需內助，
古往今來，
幾個賢內助？
馬后懷餅燙酥胸（注2），
之虹送書腰損傷。

一樣可圈可點，
歷史卷宗，
斷不會忘卻。
堅守故土上上選，
家國兩愛子明顧！

四、銷魂散

下海先驅為夫君，
不攀高枝，
夯實事業基。
法人代表千鈞擔，
夫書備忘後盾護！

攜手攻關更佳話，
研究助理，
碩果同心鑄！
知賓待客廣結緣，
相夫教子第一賢！

五、孤鴻自憐

貼身毛褲禦君寒，
一枚金橘，
兩相甜暖。
讀到深情眷戀處，
不由我心顧影憐。

余身至今是孤鴻，
羨慕子明，
常服銷魂散！
陳釀香茗誰識我，
何時才能結良緣？

六、穩操勝卷

黎群、沛璋與景先，
故人情懷，
難得見此篇。
八十年代往事鮮，
爾晉常憶諸先賢(注3)。

南京綁架我為酋，
君當六‧四，
又定為「黑手」！
長江後浪推前浪，
神洲終必獲自由！

（注1）　2007 年 1 月，是陳子明夫婦結婚 25 周年紀念，
　　　　　也是子明 55 歲、之虹 50 歲生日同在的月份。
（注2）　馬后者，郭子興義女、朱元璋之妻。「馬后懷餅
　　　　　燙酥胸」，典出元璋曾遭拘押，馬氏違令偷送煎
　　　　　餅給拘押中的元璋充饑，胸膛曾因此而燙傷。
（注3）　見陳泱潮：〈沉痛緬懷張黎群，深切追思胡耀
　　　　　邦〉、〈氣貫長虹──不可替代的歷史的記載〉
　　　　　等文章。

子明兄，你好！

　　感謝今天的聚會，我寫了個小博客，剛上就給
拿下了。你始終是我的精神兄長和導師，如果你的
事業需要我盡力的，請安排。另外，你何時有時

間，我們兩家聚聚，王潔也非常喜歡你的文章，她也關心王之虹的創業。

王巍　1月29日

今天中午，一位相識二十多年的朋友利用銀婚的機會約了近三十位朋友相聚。這位朋友由於政治原因入獄長達十三年，又被剝奪了四年的政治權力。我當年在讀研究生時期就與他結識，在他的引導下參與了文人經商的活動，主編了許多書籍，開辦函授大學，參與創辦了民間研究機構等。大約三年裏，他的激情、視野和思想能力強烈感染著許多同齡人，我深受教誨，引以為師。後來，我去國外讀書期間，他因政治活動入獄。回國後始終無緣見面，但可以經常讀到他在獄中的筆記和著述。他太太更是一代女傑，不斷創業並支持丈夫的事業。剛剛出獄那年，我曾與他們夫婦一起聚餐，這位朋友炯炯的眼神和深刻的思想，特別是平和的生活態度更讓我感歎，精神須從磨礪出。李敖曾有書：天下沒有白坐的黑牢，信矣！

今天的聚會中多有當今的社會名流和學界領袖，許多我久仰大名，許多我曾短暫共事過。席間多有歷史的洞察，當代的點評，精神的追溯和世事的調侃。一位年逾五十的女士描述俄國十二月黨人和他們妻子的品格風骨的故事，一位老友朗聲背誦普希金的詩詞的情景讓我心中惆悵不已，多少往

事，曾經的激情和理想頓時復蘇。看到如此不同經歷和閱歷的各界朋友共同由衷推舉主人公夫婦為當代中國人的脊樑，我深以為然，慶幸能有機會與他們為友，希望能看到他們在當代歷史上應有的貢獻。如同另一位前輩所言：能夠影響歷史的，最終不是權力，而是思想。

一位頗負盛名的思想家在席間談到：今天的世俗化和庸人態度之流行正是以一代人的使命感和獻身精神為基礎的。此言甚佳。問題是，這一代人還能夠成為社會主流麼，有精神有思想的人不斷被平庸的社會「逆向淘汰」，這個大國能夠真正崛起麼？

這幾天，看到網上傳出中國新聞出版總署副署長鄔書林先生 1 月 11 日對中國出版的八本圖書發佈禁令的消息，實在令人憤怒。在今天這樣開放時代，還搞這種天怒人怨的文字獄，如此囂張，難道這一代人的犧牲還不夠麼？

之虹、子明：

今天的聚會很難得，大家都很興奮，我更是高興！與其說是朋友們給你倆祝賀銀婚，毋寧說是你們為久別的朋友提供了一次聚會的理由。今天李肅偷偷搶了單，你們的金婚我再辦吧。

今天大家講得很好，有錄音嗎？是珍貴的歷史資料，人生閃光的一天！請蕭遠儘快把盤做好，發給每人留念。王巍說我還是那麼激情，這是因為有

了你們磨難中的相守，有了朋友相聚的真誠，有了
回顧我們人生的感動！我愛你們，讓我們用激情迎
接明天。

我沒主持過婚宴，今天受命客串一把，你們如
新婚一樣，感覺真好。

小畢（誼民）　1月28日

子明：

你好！非常感謝送來的大作。因為參加一些六四
紀念活動，今天剛剛定下心來，慢慢閱讀這篇驚人的
愛情宣言。

你和之虹的故事，此前一無所知，看後心靈震
撼。前些時候看到過關於你們同訪香港的報導，其
中提到你們夫妻恩愛溢於言表，還曾感到一絲好
奇，完全沒料到其中蘊涵二十五年如此波瀾不驚的
深厚。

你們一如既往的相知相愛，起始於坦誠和信
任，維繫於相互間的信任和愛護，鍛煉於苦難和堅
忍，也豐潤於理想和不倦追求，令人敬佩，也令人
在倍感心酸與溫潤之後，難以抑制地欽羨嚮往。中
國近代以來的政治思想界名人，多以私生活中情感
多變為特徵，你們是我此刻能想到的唯一例外，在
百煉鋼和繞指柔的萬千變化中，始終與對方心心相
印，情感堅貞。

也許，子明在世一生，最重大的使命竟是要為現代中華民族的情感生活開新？

大作是對之虹的禮贊，也是你們雙方愛情的昇華。你們開始交往時嚴肅而飽含內在激情的通信，你們在監獄中第一次見面時的緊緊擁抱，你在之虹三十六歲生日時寫的信，在她三十七歲生日時寫的詩，特別是她收到你 93 年生日信後的回信，在在顯示你們兩人內心深遠的相互吸引與熱愛，也含蓄地展示了之虹在經歷種種令人難以想像的動盪時，堅定信任著你的愛，卻仍無法抑制看到你明確表達愛意時的感動。如今，這些身內身外的體驗形諸文字，應該也是這偉大愛情橫空出世的明確認定吧？

讀完一遍，又讀了一遍。上網去查，看到余世存一篇文章裏有提，再沒有別的。不禁感慨你們對這愛情的珍惜。二十五年，身外的風風雨雨，心中的堅韌卓絕，這愛情值得你們驕傲、自豪、寶貴。

為之虹而感動，為她而驕傲。

衷心祝福你們前行路上風浪漸平，愛與生命共存。

（王）超華　2007.6.6

子明：

真心就能寫出感人之作，你的〈銀婚感懷〉讓二幼感動，感動於你的誠實、平淡。其實，你所說的「革命」時代，我雖然與你們在同一片天空下生活，年齡也僅比你小了十歲光景而已，但對於我來

說，這些「革命」事蹟卻仍是陌生的。我出生在藝
術世家，所以，對政治並不熟知，雖然我的爹媽在
五七年雙雙被打成右派，我們的家族無一倖免地都
遭到紅色風暴的洗禮。但是，我們只會痛恨，卻從
未想過在紅政之下，能夠像你與軍濤，乃至之虹這
樣，去成就些什麼。可能，這就是我們的天壤之別。

（陳）二幼　2008.5.17

關於〈銀婚感言〉的感言

謝小慶

經過半個世紀唯物主義的浸淫和 30 年商品大潮
的席捲，今天，許多人已經不再相信愛情、友誼和
奉獻精神，尤其是一些年輕人。有的年輕人公開宣
稱「無利不起早」，有的女大學生公開宣稱希望被
有錢的老闆包養「給我錢，給我車，給我房子，我給
你身體，給你快樂！」在他們的眼裏，「天下熙熙，
皆為利來，天下攘攘，皆為利往」。

在學歷、地位、住房等各種「條件」的交易之
外，世上是否有真正的愛情呢？對此，不少人產生
了懷疑，不再相信真正的愛情。金代詩人元好問在他
那首膾炙人口的〈雁丘詞〉中慨歎：「問世間，情為
何物，直教生死相許。」雁尚有愛，人豈無情？步入
銀婚的子明、之虹夫婦已經用自己患難與共、相知
相守的行為，對這個問題作出了明確的回答。

　　「一個人可以沒有朋友，但必須結識很多很多有用的人」。在人際交往中，這種功利的處世哲學已經成為一些人的信條。人與人是否僅僅是互相利用？人與人之間，尤其是男人與男人之間，是否可以有肝膽相照、不棄不離的友誼？對此，不少人產生了懷疑，不再相信真正的友誼。子明、軍濤和他們的朋友們，在那些最艱難的日子裏，面對種種的威逼利誘，已經用自己的行為對這個問題作出了明確的回答。我為結識了這樣一些朋友而感到慶幸，為自己有這樣一些朋友而感到驕傲。

　　今天，許多人不再相信世界上真有「先天下之憂而憂、後天下之樂而樂」仁人志士。在他們的眼裏，只有野心家和投機者。他們公開宣稱：「犧牲是一種選擇，但不是美德」。（「范跑跑」語）在他們的眼中，為人民的富足和民族的復興而捨生忘死的子明、軍濤這樣一些人，不過是一些沽名釣譽的「玩火者」。對於有些人，一輩子都無法理解世界上為什麼會有一些人「捨生取義」，就好像一個夢想著天天有肉吃的乞丐，永遠無法理解有些人並不喜歡吃肉。子明、軍濤可能永遠無法得到這些人的理解，也根本不需要得到這些人的理解。「路遙知馬力，日久見人心」，「疾風知勁草，歲寒識松柏」。伴隨時間的流逝，伴隨事實真相逐漸浮出水面，伴隨更多的人瞭解真相，我相信，子明、軍濤將得到越來越多的人的理解。

2008.9.8

國家圖書館出版品預行編目

荊棘路、獨立路——陳子明自述 / 陳子明著. --
一版. -- 臺北市：秀威資訊科技, 2009.03
面； 公分. -- (史地傳記；PC0061)
BOD 版
ISBN 978-986-221-170-0(平裝)

1. 陳子明 2. 傳記 3. 中國

782.887 98002159

史地傳記類　PC0061

荊棘路、獨立路——陳子明自述

作　　者 / 陳子明
主　　編 / 蔡登山
發 行 人 / 宋政坤
執行編輯 / 賴敬暉
圖文排版 / 郭雅雯
封面設計 / 陳佩蓉
數位轉譯 / 徐真玉　沈裕閔
圖書銷售 / 林怡君
法律顧問 / 毛國樑　律師
出版印製 / 秀威資訊科技股份有限公司
　　　　　台北市內湖區瑞光路 583 巷 25 號 1 樓
　　　　　電話：02-2657-9211　傳真：02-2657-9106
　　　　　E-mail：service@showwe.com.tw
經 銷 商 / 紅螞蟻圖書有限公司
　　　　　台北市內湖區舊宗路二段 121 巷 28、32 號 4 樓
　　　　　電話：02-2795-3656　傳真：02-2795-4100
　　　　　http：//www.e-redant.com

2009 年 3 月　BOD 一版
定價：420 元

讀 者 回 函 卡

感謝您購買本書，為提升服務品質，煩請填寫以下問卷，收到您的寶貴意見後，我們會仔細收藏記錄並回贈紀念品，謝謝！

1. 您購買的書名：_____

2. 您從何得知本書的消息？

   □網路書店　□部落格　□資料庫搜尋　□書訊　□電子報　□書店

   □平面媒體　□ 朋友推薦　□網站推薦　□其他_____

3. 您對本書的評價：(請填代號　1.非常滿意 2.滿意 3.尚可 4.再改進)

   封面設計____　版面編排____　內容____　文/譯筆____　價格____

4. 讀完書後您覺得：

   □很有收獲　□有收獲　□收獲不多　□沒收獲

5. 您會推薦本書給朋友嗎？

   □會　□不會，為什麼？_____

6. 其他寶貴的意見：_____

   _____

   _____

   _____

讀者基本資料

姓名：_____ 年齡：_____ 性別：□女 □男

聯絡電話：_____ E-mail：_____

地址：_____

學歷：□高中(含)以下　□高中　□專科學校　□大學

　　　□研究所(含)以上 □其他_____

職業：□製造業 □金融業 □資訊業 □軍警 □傳播業 □自由業

　　　□服務業 □公務員 □教職　□學生 □其他_____

秀威與 BOD

BOD（Books On Demand）是數位出版的大趨勢，秀威資訊率先運用 POD 數位印刷設備來生產書籍，並提供作者全程數位出版服務，致使書籍產銷零庫存，知識傳承不絕版，目前已開闢以下書系：

一、BOD 學術著作—專業論述的閱讀延伸
二、BOD 個人著作—分享生命的心路歷程
三、BOD 旅遊著作—個人深度旅遊文學創作
四、BOD 大陸學者—大陸專業學者學術出版
五、POD 獨家經銷—數位產製的代發行書籍

BOD 秀威網路書店：www.showwe.com.tw
政府出版品網路書店：www.govbooks.com.tw

永不絕版的故事・自己寫・永不休止的音符・自己唱